Irland

E-Book *inklusive*

Das E-Book herunterladen – so einfach geht's:
1. Besuchen Sie www.vistapoint.de/ebook
2. Klicken Sie dort auf den Button »E-Books der Reiseführer-Reihe *weltweit*«.
3. Geben Sie Ihre E-Mail-Adresse und den folgenden Download-Code ein.

    Code: BOR-PAEZ-9AAF-14

4. Klicken Sie auf »Herunterladen«.
5. Das E-Book wird als E-PDF gespeichert und kann auf Tablet, Smartphone und ausgewählten E-Readern gelesen werden.

Ausführliche Hinweise zum Download-Vorgang finden Sie hier:
www.vistapoint.de/ebook

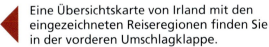

Eine Übersichtskarte von Irland mit den eingezeichneten Reiseregionen finden Sie in der vorderen Umschlagklappe.

Christian Nowak und Rasso Knoller

Irland
die Grüne Insel

Irland – die Grüne Insel

Ruhe und Entspannung – das suchen die meisten Touristen, die Irland bereisen. Von Sehenswürdigkeit zu Sehenswürdigkeit hetzen wollen nur die wenigsten Gäste, die ins Land kommen. Sie nehmen für die Zeit ihres Urlaubs das ausgeglichene Temperament ihrer Gastgeber an und kommen so auch der irischen Seele ein wenig näher.

»Die Grüne Insel« – wie oft hat man diese Floskel schon gehört und gelesen, und doch beschreibt sie die Natur des Landes absolut treffend: saftige Wiesen, auf denen je nach Region Schafe oder Kühe weiden, und üppig bepflanzte Vorgärten, in denen auch noch zur Adventszeit Rosen und Ginster blühen. Frost gibt es in Irland nur selten. So verführt das milde Wetter die abgehärteten Iren selbst noch im Dezember,

Blütenkissen pinkfarbener Grasnelken an der Steilküste der Halbinsel Dingle

im T-Shirt auf die Straße zu gehen.

Erkauft werden muss das Ganze allerdings mit Regen, der üppig und gleichmäßig übers Jahr verteilt fällt und der für die Iren ebenso selbstverständlich zum Leben gehört wie ihre Pubs. Drinnen in der Gaststube ist man dann immerhin sicher vor dem Regen. Ein irisches

Irland – die Grüne Insel

Sprichwort besagt, dass der Innenraum eines Pubs der einzige Ort im ganzen Land ist, an dem es nicht regnet.

Ganz so schlimm ist es aber nicht. Denn meist verzieht sich der Regen genauso schnell, wie er gekommen ist, und die dann durchbrechende Sonne macht Irland zur »Insel der Regenbogen«. Dann wirkt alles noch grüner und schöner, und man kann den Nationalstolz der Iren verstehen, der sie auch Zeiten großer Not überstehen ließ. Perioden, in denen Hunderttausende zur Auswanderung gezwungen waren, und Zeiten, in denen Kriege und Gewalt das Land zerrissen.

Doch die Zeiten der Bürgerkriegswirren in Nordirland sind lange vorbei. So ist es kein Wunder, dass immer mehr Touristen Irland für sich entdecken. Die Insel ist das ideale Reiseland für Naturliebhaber, die ihre Ferien mit Angeln, Wandern oder Reiten verbringen wollen, aber auch für Menschen, die sich für alte Kulturen interessieren oder einfach Gemütlichkeit und gute Laune zu schätzen wissen. Die irische Freundlichkeit ist sprichwörtlich. Bei einem Guinness im Pub wird jeder Reisende schnell zu einem Freund. In diesen Sinne: Willkommen in Irland – »Fáilte go Éireann«.

Unterwegs im »Reich der Schafe«

Auf der Dingle Peninsula mit Blick auf die Blasket Islands

Klima, Städte, Wirtschaft, Highlights

Klima, Städte, Wirtschaft und touristische Highlights

Georgianische Hauseingänge in Dublin

Dublin am River Liffey, Hauptstadt der Republik Irland

Klima

Da gibt es nichts schönzureden. In Irland regnet es mehr als in den meisten anderen Reiseländern. Ein Trost ist allenfalls, dass es oft nicht besonders lange regnet und sich Regen, Sonne und Wolken beständig abwechseln. Am meisten Niederschlag geht im bergigen Südwesten des Landes nieder. Die Temperaturen steigen auch im Sommer nur selten über 20 Grad. Andererseits sind selbst im November noch Temperaturen bis 15 Grad möglich. Frost herrscht in den Flachlagen nur äußerst selten, wenn doch mal, dann vor allem im Nordwesten des Landes. Der Grund für das milde Wetter ist der Golfstrom, der in Irland ein gemäßigtes atlantisches Klima schafft.

Städte

Die irische Insel wird im Wesentlichen von zwei Städten beherrscht: Dublin (Republik Irland, 527 000 Einwohner) und Belfast (Nordirland, 281 000 Einwohner). Die jeweils an Nummer zwei liegenden Städte Cork (140 000 Einwohner) und Derry (100 000 Einwohner) folgen – nicht nur was die Einwohnerzahl

Hausboote passieren Clonmacnoise, die einzigartige Klosterruine am Ufer des Shannon

angeht – mit deutlichem Abstand. Dublin wie Belfast sind auch als eigenständige Reiseziele geeignet, beide Städte bieten genügend Sehenswertes für einen mehrtägigen Aufenthalt. Vor allem Belfast hat in den vergangenen Jahren enorm aufgeholt. Die Stadt leidet zu Unrecht immer noch ein wenig unter ihrem schlechten Ruf aus der Zeit der »Troubles« und ist von Touristen bisher nur wenig entdeckt. Dublin und Belfast sind nicht nur der politische, sondern auch der wirtschaftliche und kulturelle Mittelpunkt im jeweiligen Landesteil.

Cork und Derry haben mit ihren schmucken Altstädten durchaus ihren Reiz und lohnen auf jeden Fall einen Umweg. Gerade Derry ist ein sehr schönes Städtchen und bietet mit seiner völlig erhaltenen Stadtmauer eine auf der irischen Insel einmalige Sehenswürdigkeit. Allerdings: Wer keine speziellen Interessen hat, hat in einem Tag alles gesehen.

Und die jeweilige Nummer drei? Lisburn, die drittgrößte Stadt des Nordens, ist beinahe ein Vorort von Belfast. Und in Limerick steht zwar eine alte Burg, doch ein wirkliches touristisches Highlight ist die Stadt nicht. Allerdings dient sie vielen Touristen als Ausgangspunkt für eine Hausboottour auf dem Shannon.

Bestens erhalten: Das Kreuz von Muiredach zählt zu den schönsten Irlands

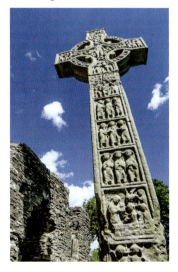

Wirtschaft

Mal oben mal unten – Irland hat auf der Achterbahnfahrt der Wirtschaft schon alles erlebt. Im 19. Jahrhundert war Irland das Armenhaus Euro-

Klima, Städte, Wirtschaft, Highlights

pas. Hunderttausende Iren verließen ihre Heimat, um in den USA oder Australien ihr Glück zu suchen. Später, in der Zeit nach dem Zweiten Weltkrieg, ging es mit der irischen Wirtschaft langsam, aber beständig bergauf. Dann jedoch führte Ende der 1970er und Anfang der 1980er Jahre die »zweite Ölkrise« zu einer deutlichen Abschwächung des Wirtschaftswachstums, 1983 musste man erstmals nach dem Krieg sogar einen Rückgang des Bruttoinlandprodukts (BIP) vermelden. Die Inflation stieg zeitweise auf über 20 Prozent.

Zwar stabilisierte sich die Lage allmählich, doch erst Mitte der 1990er Jahre kam es zu einem deutlichen Wirtschaftsaufschwung – zwischen 1995 und 2007 nahm das BIP im Schnitt um 5 Prozent pro Jahr zu. Damit hatte Irland europaweit die größten Wachstumsraten. Allerdings war der Boom teilweise künstlich gemacht. Viele amerikanische Unternehmen – wie beispielsweise Dell, Intel und Microsoft – investierten riesige Summen in Irland. Um weitere Unternehmen anzuwerben, wurde die Unternehmenssteuer auf 12,5 Prozent und damit den niedrigsten Wert in Europa abgesenkt. Im Jahr 2000 wurde ein gesetzlicher Mindestlohn von 1183 Euro festgeschrieben. Das ehemalige Auswandererland wurde zum Einwandererland. Besonders aus Osteuropa, und da wiederum vor allem aus Polen, strömten Arbeitskräfte ins Land. Die Be-

Hummerkörbe im County Connemara

völkerung stieg von 3,79 Millionen Einwohnern im Jahr 2000 auf 4,34 Millionen im Jahr 2007.

Die Bauindustrie begann ab dem Jahr 2000 stark zu expandieren. Bald schon allerdings wuchs dieser Sektor über das vernünftige Maß hinaus. Ein ungesunder Immobilienboom suchte das Land wie eine Krankheit heim. Jeder glaubte, der Aufschwung würde ewig anhalten, jeder wollte mit Spekulationsgewinnen einfaches Geld machen. Ein Haus zu kaufen schien plötzlich für jeden erschwinglich. Dass man für Immobilien Mondpreise zahlen musste – der Preis eines Hauses stieg von 2002 bis 2007 um 65 Prozent – schreckte die Käufer nicht ab.

Als sich aber die von den USA ausgehende Immobilien- und Bankenkrise zu einer Weltwirtschaftskrise auswuchs, war Irland zunächst stärker betroffen als jedes andere Land der EU. Der »keltische Tiger«, wie sich das Land in Aufschwungzeiten gern nennen ließ, landete als Bettvorleger. Die Kredite platzten und Banken gingen bankrott. Die drohende Zahlungsunfähigkeit des irischen Staates konnte 2010 nur durch massive Kredite aus Brüssel abgewendet werden.

Nach und nach wurde der Niedergang durch eine rigide Sparpolitik gestoppt. Langsam geht es wieder aufwärts. Vergessen ist die Krise aber noch nicht. Die Armutsquote ist in Irland so hoch wie in kaum einem anderen Land der EU. Auch für die Besucher sind die Auswirkungen der Krise noch sichtbar: In einigen Regionen fährt man an nie vollendeten Neubaugebieten vorbei, in anderen hängt an jedem zweiten Haus ein »For Sale«-Schild.

Touristische Highlights

Den ersten Irlandurlaub widmen viele Besucher der Hauptstadt. Dublin bietet einiges an städtebaulicher Schönheit und verfügt über ein attraktives Umland. Vermutlich ist es aber vor allem doch die besondere Atmosphäre der Stadt, die die Besucher anlockt. Entspannt und freundlich geht man hier miteinander um. Der abendliche Bummel von einem Pub zum anderen ist für viele Touristen mindestens genauso wichtig wie der Besuch des Nationalmuseums, des Trinity College oder der St. Patrick's Cathedral am Nachmittag.

Im Süden des Landes, in den Provinzen Cork und Kerry, ragen fünf Halbinseln wie Finger ins Meer hinein. Dingle, Iveragh – mit dem Ring of Kerry –, Beara, Sheep's Head und Mizen gehören zu den schönsten Regionen Irlands und, wie manche meinen, Europas. Es sind perfekte Urlaubsziele für

Klima, Städte, Wirtschaft, Highlights

Ebbe-Vergnügen: das Sammeln von Miesmuscheln, Austern und anderen Mollusken oder ...

... das Beobachten der Meeresfauna

Klima, Städte, Wirtschaft, Highlights

Aktivurlauber: Wandern, Fahrradfahren oder einfach nur am Meer entlangspazieren. Allerdings ist der Ring of Kerry – zumindest für irische Verhältnisse – schon ziemlich überlaufen. Im Sommer fahren die Touristenbusse dicht an dicht um die Halbinsel.

Im Hinterland liegt der spektakuläre Killarney Nationalpark mit seiner Hügellandschaft, mit Wasserfällen und Seen. Doch auch auf städtisches Flair braucht man hier im Süden nicht zu verzichten. Cork, die zweitgrößte Stadt des Landes, sieht sich selbst als die heimliche Hauptstadt und in ewiger Konkurrenz zu Dublin. Das ist nun zwar etwas weit hergeholt, doch was die Kneipendichte und die Feierfreude angeht, kann es die etwa 140 000 Einwohner zählende Stadt auch mit größeren Metropolen aufnehmen.

Der Westen ist generell etwas spektakulärer als die Ostküste. Ein herausragendes Beispiel dafür sind die Cliffs of Moher, die über 200 Meter steil aus dem Meer aufragen. Zu den weiteren Highlights auf einer Reise entlang der Westküste zählt das Bergland von Connemara. Welch herben Reiz diese Region ausstrahlt, vermittelt sich zwar schon beim Durchfahren, wirklich »erspüren« kann man Connemara jedoch nur mit Wanderstiefeln und Rucksack.

Ähnliches gilt auch für die nordwestliche Region des Landes nördlich von Sligo. Hier ist die Einwohnerdichte am geringsten, die Landschaft ist weniger zersiedelt und die Natur noch wild und ungezähmt. Die erste Adresse für Wanderer ist hier oben der Glenveagh Nationalpark mit seiner rauen Berglandschaft.

Klima, Städte, Wirtschaft, Highlights

Eine der schönsten Regionen der Grünen Insel: der Killarney Nationalpark auf der Iveragh-Halbinsel im Südwesten Irlands

Klima, Städte, Wirtschaft, Highlights

Auf keinen Fall versäumen sollte man eine Rundfahrt um die Halbinsel Inishowen, zumal diese ab Derry, der zweitgrößten Stadt Nordirlands, recht einfach zu erreichen ist.

Der Trumpf Nordirlands ist – abgesehen von den beiden Städten Belfast und Derry – vor allem die Küste zwischen Carrickfergus und Portrush. Hier reiht sich eine Sehenswürdigkeit an die andere: alte Burgen, weite Strände, spektakuläre Klippen und als Highlight der Giant's Causeway. Die 40 000 Basaltsäulen, die hier aus der Erde ragen, wurden von der UNESCO bereits 1986 zum Weltnaturerbe ernannt. Giant's Causeway, der Damm des Riesen, zählt heute zu den meistbesuchten Sehenswürdigkeiten des Landes.

Im Osten des Landes lohnen das alte Seebad Bray und die Wicklow Mountains einen Ausflug von Dublin aus. Kilkenny am Nore River gilt als eine der schönsten Städte Irlands; ein Besuchermagnet ist die Burg aus dem 12. Jahrhundert.

Das Zentrum des Landes wird von vielen Irlandbesuchern unterschätzt und ist als Urlaubsregion noch kaum entdeckt. Hierher kommen die Touristen nur, um eine Hausboottour auf dem Shannon anzutreten oder in den Seen und Flüssen der Region zu angeln. Landschaftlich mag das Landesinnere in der Tat etwas hinter den spektakulären Küstenregionen zurückstehen, dafür findet man gerade hier besonders viele historische Zeugnisse.

Ebbe an der Küste Connemaras

Übers ganze Land verstreut liegen die Stätten des frühen Christentums. Die Ruinen von Clonmacnoise, Glendalough oder Monasterboice sind mehr als nur einen Umweg wert. Weil Irland über Jahrhunderte heftig umkämpft war, wird das Land von einer dichten Reihe von Burgen und Befestigungsanlagen durchzogen. Einst kriegerischen Zwecken dienend, sind es heute beliebte Reiseziele. Besonders gut erhalten ist Trim Castle nordwestlich von Dublin. Da es dem Idealbild einer mittelalterlichen Burganlage perfekt entspricht und

zudem malerisch am Fluss Boyne liegt, dient es häufig als Kulisse für Ritterfilme.

Bedeutend sind auch die Reste aus der Stein- und Bronzezeit, die man überall in Irland findet. Das Ganggrab von Newgrange, von der UNESCO 1993 zum Weltkulturerbe ernannt, ist das bekannteste Bauwerk aus dieser Zeit. Aber auch Knowth in unmittelbarer Nachbarschaft von Newgrange, Grianán of Aileach im Norden, Céide Fields im Westen und Tulsk im Zentrum des Landes sind beeindruckende Zeugen aus grauer Vorzeit.

Für alle jene, die Parks und Gärten lieben, ist Irland ohnehin ein traumhaftes Reiseziel. Der reichliche Regen und das relativ milde Klima ohne Frost schaffen ideale Bedingungen für viele Pflanzen. Die meisten Schlösser und Herrschaftshäuser sind von großen Parkanlagen umgeben. Powerscourt Gardens südlich von Dublin, Mount Stewart House auf der Ards-Halbinsel östlich von Belfast und Muckross House im County Kerry sind nur drei Beispiele für die unzähligen schönen Gärten, die Irland zu bieten hat.

Klima, Städte, Wirtschaft, Highlights

Highlight des Nordens: die Kreidefelsen an der Causeway-Küste

Chronik Irlands

Daten zur Landesgeschichte

Älter als die Pyramiden von Gizeh: das Ganggrab in Newgrange

Um 7500 v. Chr.
Erste Besiedlung der irischen Insel durch kontinentaleuropäische Jäger, Fischer und Sammler. Zu dieser Zeit ist Irland noch fast komplett von dichten Wäldern bedeckt.

4000–2500 v. Chr.
Vor allem große Grabhügel, die bis in die Bronzezeit genutzt wurden, zeugen von einer hoch entwickelten jungsteinzeitlichen Kultur. Besonders beeindruckende Beispiele sind Knowth und Newgrange, die beide zum Weltkulturerbe zählen. Knowth im Boyne Valley besteht aus einem Haupthügel sowie rund 20 kleineren Hügeln. Das Ganggrab von Newgrange, oberhalb einer weiten Flussbiegung gelegen, zählt zu den weltweit bedeutendsten Megalithanlagen und wurde um 3100 v. Chr. erbaut.

Um 2500 v. Chr.
Zu dieser Zeit tauchen die ersten »Becherleute« in Irland auf, von denen man charakteristische Töpferarbeiten gefunden hat.

Um 1500 v. Chr.
Die Metallverarbeitung und insbesondere die Goldschmiedekunst erreichen ein hohes Niveau.

Ab 600 v. Chr.
Die ersten Kelten kommen wahrscheinlich von Frankreich nach Irland. Verschiedene Stämme, unter ihnen die Gälen, wandern ein und bringen die keltische Sprache, das spätere Irisch, auf die Insel mit. Sie alle verehren die Sonne als höchste Gottheit. Kleinere Königreiche vereinigen sich zu fünf Hoheitsgebieten: Connacht, Ulster, Munster, Leinster des Südens und Leinster des Nordens (Meath).

Verzierter Steinblock mit Dreifachspirale in Newgrange

Ab 430
Mit der Missionierung des heiligen Patrick beginnt die Christianisierung Irlands. Es entsteht eine eigenständige irische Kirche; die nächsten 300 Jahre gelten wegen der Kloster-Kultur als Blütezeit des frühchristlichen Irland. In der Nähe des heutigen Dublin werden die ersten Holzkirchen erbaut.

Chronik Irlands

Mit St. Patrick beginnt die Christianisierung Irlands

Um 800
Die Wikinger, die schon die Orkney- und Shetlandinseln besiedelt haben, erreichen nun auch Irland. Nach rund 50 Jahren, in denen sie ihre gefürchteten Überfälle vor allem auf Klöster richten, gründen die Wikinger an den Küsten die ersten permanenten Siedlungen. Aus diesen Siedlungen werden sich unter anderem die Städte Dublin, Wicklow, Wexford und Waterford entwickeln.

902
Die Kelten besiegen und vertreiben die Wikinger, die jedoch schon einige Jahre später zurückkehren.

1005
Der Hochkönig Brian Boru herrscht nicht unumstritten über ein geeintes Irland. 1014 besiegt er in der Schlacht von Clontarf in der Nähe des heutigen Dublin die Wikinger. Diejenigen, die die Schlacht überlebt haben, ziehen sich zum Großteil nach England und Schottland zurück. Da Brian Boru und sein Thronfolger in der Schlacht gefallen sind, entsteht ein Machtvakuum und Irland zerfällt wieder in rivalisierende Kleinkönigreiche.

1169–72
Der englische König Heinrich II. erobert mit seinem Normannenheer den Osten Irlands. Anschließend verteilt er große Ländereien als Lehen an normannische Barone. Sie errichten befestigte Wohn- und Wehrtürme, die *Town Houses*. Noch heute prägen rund 2000 teils als Ruine erhalten gebliebene *Town Houses* das Landschaftsbild Irlands.

13. Jh.
Zwei Drittel des Landes stehen unter der Herrschaft des englischen Adels, der sich jedoch schnell assimiliert. Daher nimmt gegen Ende des 13. Jahrhunderts der englische Einfluss wieder ab.

1315
Die Schotten überfallen Irland. Edward Bruce, der Bruder des schottischen Königs, wird zum irischen König gekrönt. Er fällt drei Jahre später im Kampf.

1348
Eine verheerende Pestepidemie wütet auf der Insel; innerhalb von nur drei Jahren stirbt rund ein Drittel der Bevölkerung am »Schwarzen Tod«. Große Teile des Landes verfallen in Anarchie.

1394
Richard II. landet in Irland und besiegt den König von Leinster, womit die englische Herrschaft neu untermauert wird.

1534
Thomas Fitzgerald zettelt eine Revolte gegen England an. Heinrich VIII. lässt den Aufstand niederschlagen.

1541
Irland wird zum »Kingdom of Ireland«; damit wird der englische König Heinrich VIII. auch König von Irland. Unter ihm werden alle

Das keltische Kreuz symbolisiert die vier Himmelsrichtungen und die vier Jahreszeiten

Unter Heinrich VIII. werden alle Kirchengüter eingezogen (Gemälde von Hans Holbein d. J., um 1536)

Seine Tochter, Königin Elizabeth I., erklärt Irland 1560 zu einem protestantischen Land

Kirchengüter eingezogen, dennoch halten die Iren zum Großteil am katholischen Glauben fest.

1560
Die staatlich geförderte Ansiedlung von Briten in Irland nimmt stark zu, gleichzeitig wird die katholische Mehrheit immer mehr unterdrückt. Schließlich erklärt Königin Elizabeth I. Irland zu einem protestantischen Land. Englisches Recht wird eingeführt. In der Folgezeit kommt es häufig zu Aufständen, die immer wieder niedergeschlagen werden. Als Vergeltung werden irische Grundbesitzer enteignet, woraufhin zahlreiche Adlige das Land verlassen.

1649
Oliver Cromwell führt einen Feldzug gegen das aufständische Irland an. Nach der Landung schlägt er einen seit Anfang der 1640er Jahre gärenden Aufstand brutal nieder. Die Städte Drogheda und Wexford werden vollständig zerstört. Es folgt eine Zwangsumsiedlung katholischer Landbesitzer nach Westirland. Einige Aufständische werden sogar als Sklaven in die Karibik verschifft. Statt Sold erhalten die Soldaten oft Grundstücke, sie lassen sich hauptsächlich in Ulster nieder.

1689
Katholische Truppen unter James II. belagern Derry 105 Tage lang. Viele Bewohner sterben an Hunger und Krankheiten. Die Kanonen, mit denen die Stadt verteidigt wurde, sind heute noch auf der Stadtmauer zu sehen.

1690
Am River Boyne kämpfen zwei britische Könige gegeneinander. James II., der die irische Sache unterstützt, unterliegt gegen Wilhelm von Oranien. Dessen Sieg wird bis heute von den protestantischen Unionisten in Nordirland gefeiert.

1691
Die Briten führen die Strafgesetze ein, die es den Katholiken unter anderem verbieten öffentliche Ämter auszuüben.

1731
Der »Belfast Newsletter« erscheint erstmalig – es ist die älteste bis heute erscheinende Zeitung der Welt.

1782
Das irische Parlament, in dem nur Protestanten vertreten sind, erhält mehr Rechte.

1797/98
Ein Aufstand der »United Irishmen«, der auf die Unabhängigkeit des Landes zielt, wird niedergeschlagen. Der Anführer Theobald Wolfe Tone wird von den Engländern verhaftet und begeht Selbstmord.

Chronik Irlands

1800
Das Parlament löst sich selbst auf, da die Engländer die meisten Abgeordneten mit großen Geldsummen bestochen haben.

1801
Im »Act of Union« wird Irland mit dem Königreich Großbritannien vereinigt. Dublin wird Hauptsitz der britischen Verwaltung.

1803
Erneuter und wieder erfolgloser Aufstand gegen die Briten.

1823
Gründung der »Catholic Association« durch Daniel O'Connell, die 1829 die Aufhebung der antikatholischen Gesetze erreicht.

1845–48
Ab 1845 breitet sich die Kartoffelfäule auf der Insel aus und nimmt vor allem den Armen das Hauptnahrungsmittel. Die britische Regierung verweigert jegliche Hilfe, was die Große Hungersnot auslöst – rund eine Million Iren sterben. Die gleichzeitige Auswanderungswelle verringert die Einwohnerzahl weiter: von zuvor 8,5 Millionen auf sechs Millionen. Dublin erlebt hingegen einen Bevölkerungszuwachs, denn wer nicht auswandern kann, versucht sein Glück in der Stadt. Der Ruf nach besseren Pachtrechten wird laut, der Widerstand gegen London wächst.

1867
Der Aufstand der »Irish Republican Brotherhood« gegen die Briten wird niedergeschlagen.

1879
Als die Preise für landwirtschaftliche Produkte drastisch sinken und die Bauern ihre Pacht nicht mehr bezahlen können, werden sie von den Eigentümern vertrieben. Gründung der »Land League«, die für Reformen bei den Pachtgesetzen kämpft.

Ab 1880
Charles Parnell Stewart wird immer mehr zur führenden Person im irischen Widerstand. Er kämpft für Autonomie und Bodenreformen. In Nordirland formiert sich eine Bewegung, die gegen die irische Selbstständigkeit eintritt.

1884
Gründung des gälischen Sportverbandes, der sich auch für den Erhalt der irischen Traditionen einsetzt.

1893
Gründung der »Gaelic League« zum Schutz der irischen Sprache und Literatur.

1905
Gründung der Partei »Sinn Féin«, die zum passiven Widerstand gegen die britische Herrschaft auffordert.

»Catholicism is more than a Religion, it is a Political Power«: Mural in der Shankill Road in Belfast zu Ehren von Oliver Cromwell, Lordprotektor von England, Schottland und Irland im 17. Jahrhundert

Historische Landkarte Irlands (um 1716) des deutschen Kartografen Johann Baptist Homann

Chronik Irlands

Das bewegende Denkmal der Großen Hungersnot (The Famine) am Custom House Quay in Dublin: ausgezehrte und hungernde Menschen auf dem Weg zum Auswandererschiff

Ein technisches Meisterwerk seiner Zeit: Am 31. Mai 1911 läuft die »Titanic« in der Belfaster Werft Harland & Wolff Ltd. vom Stapel

1911
Am 31. Mai läuft die »Titanic« in Belfast vom Stapel. Das von der Reederei Harland & Wolff gebaute Schiff gilt als technisches Meisterwerk.

1913
Generalstreik in Dublin.

1914
Das britische Unterhaus verabschiedet die »Home Rule Bill«, die Irland eine eigene Verfassung und Selbstverwaltung gewähren soll. Wegen des Ausbruchs des Ersten Weltkriegs wird das Gesetz jedoch nicht umgesetzt.

1916
Der Osteraufstand von Dublin kann von den Briten noch einmal niedergeschlagen werden. Die Aufständischen rufen die Irische Republik aus, werden aber nach nur sechs Tagen besiegt. Die Anführer werden hingerichtet, 300 Menschen getötet und die Innenstadt Dublins wird verwüstet. Erst durch die übertriebene britische Reaktion provoziert, schlägt sich die Bevölkerung, die bis dahin wenig Interesse für die Rebellion gezeigt hat, auf die Seite der Aufständischen. Sinn Féin ist zwar kaum an dem Aufstand beteiligt, wird in der Folgezeit aber zum Sammelbecken der Unabhängigkeitsbewegung.

1919
Die irischen Abgeordneten im Parlament von Westminster gründen in Dublin ein eigenes Parlament, rufen die Unabhängigkeit Irlands aus und bilden unter Eamon de Valera eine eigene Regierung. Die überwiegend protestantischen Grafschaften von Ulster im Norden bleiben auf eigenen Wunsch bei England. Um seinen Einfluss auf den neuen Staat nicht ganz zu verlieren, besteht England darauf, dass Irland Mitglied des Commonwealth bleibt.

1919–21
Der Unabhängigkeitskrieg endet mit dem englisch-irischen Vertrag und der Gründung des Freistaates Irland sowie der Teilung der Insel. Irland erhält in dem Vertrag beschränkte Unabhängigkeit. In Nordirland beherrschen die Protestanten Verwaltung und Wirtschaft. Doch der neue unabhängige Staat hat die gleichen Probleme, die schon zur Besatzungszeit bestanden: Die Wirtschaft ist zu schwach, um allen Iren ein gesichertes Einkommen zu bieten. Die »Fianna Fáil« und die »Fine Gael Labour Party« werden einander in relativ kurzer Folge in der Regierungsverantwortung ablösen.

1922–23
Irischer Bürgerkrieg: Innerhalb der irischen Parteien kommt es zum Streit über den englisch-irischen Vertrag. Bald werden die Streitigkeiten auch mit Waffengewalt ausgetragen. 4000 Menschen kommen im Verlauf des Bürgerkriegs ums Leben. Nach Kriegsende tritt der Irische Freistaat dem Völkerbund bei und beginnt mit einer radikalen Landreform.

1923/25
Der Nobelpreis für Literatur geht an W. B. Yeats und George Bernard Shaw.

1926
Gründung der Partei »Fianna Fáil« unter Eamon de Valera.

1932
Wahlsieg von »Fianna Fáil«, Eamon de Valera wird Premierminister.

1937
Irland erhält eine neue Verfassung, in der die vollständige Unabgängigkeit von Großbritannien erklärt wird. Der Anspruch auf Nordirland wird aufrechterhalten, der Freistaat gibt sich den gälischen Namen Éire, die katholische Kirche erhält Sonderrechte.

1939–45
Irland bleibt im Zweiten Weltkrieg neutral. Die Deutsche Luftwaffe bombardiert 1941 aus Versehen Dublin – 28 Menschen sterben.

1949
Irland tritt aus dem Commonwealth aus und erklärt sich zur Republik.

1955
Irland tritt der UNO bei.

1966
Die IRA (Irisch-Republikanische Armee) sprengt die Nelsonsäule in der Dubliner O'Connell Street in die Luft.

1967
In Nordirland gründet sich eine Bürgerrechtsbewegung gegen die Diskriminierung der Katholiken.

1969
Protestantische Demonstranten ziehen durch katholische Stadtviertel in Derry. Daraufhin kommt es zu Straßenschlachten zwischen Katholiken, Protestanten und der Polizei. Die irische Armee verlegt Streitkräfte an die Grenze zu Nordirland. Die gewalttätigen Zusammenstöße zwischen Polizei und Bürgerrechtsdemonstranten in Derry und Belfast sowie die immer brutaler werdenden Auseinandersetzungen zwischen nationalistischen und unionistischen Bevölkerungsgruppen beantwortet die Londoner Regierung mit der Entsendung von Truppen. Das Jahr 1969 markiert den Beginn der »Troubles«, die Irland jahrzehntelang ins Chaos stürzen.
  Samuel Beckett wird im selben Jahr der Nobelpreis für Literatur verliehen.

1972
Am 30. Januar, dem »Bloody Sunday«, töten britische Fallschirmjäger im nordirischen Derry 14 unbewaffnete Demonstranten. Daraufhin wird das Belfaster Parlament aufgelöst und Nordirland von London aus regiert.

Chronik Irlands

Das General Post Office in Dublin ist 1916 Schauplatz des Osteraufstandes

Eamon de Valera wird 1932 zum irischen Premierminister gewählt

Chronik Irlands

Aus der Zeit der »Troubles« – Wandmalerei in Derry/Londonderry

Bei einer Reihe von Bombenanschlägen in Belfast werden am 1. Juli, dem »Bloody Friday«, elf Menschen getötet und 130 verletzt. In den folgenden Jahren verübt die Irisch-Republikanische Armee (IRA) zahlreiche Bombenanschläge, ohne jedoch die Mehrheit der nordirischen Katholiken hinter sich zu haben. Auf der anderen Seite widersetzt sich der Pfarrer Ian Paisley als Mitglied des nordirischen Parlaments jeglicher Annäherung zwischen Irland und Nordirland.

1973
Irland wird Mitglied der EG. Nach einigen Anlaufschwierigkeiten kommt es zu einem wirtschaftlichen Aufschwung, der Irland den Beinamen »Keltischer Tiger« einbringt.

1976
Friedensnobelpreis für die Gründerinnen der Ulster Friedensbewegung Mairead Corrigan und Betty Williams.

1980er Jahre
Schwere Wirtschaftskrise, viele Iren verlassen das Land. Hungerstreik von IRA-Aktivisten 1981 im Gefängnis von Long Kesh, wobei zehn von ihnen sterben.

1994
Die IRA-nahe »Sinn Féin« erklärt eine einseitige Waffenruhe; es kommt zu ersten Gesprächen zwischen der katholischen Sinn-Féin-Partei und der britischen Regierung.

1995
Die Ehescheidung wird zugelassen.

1996
Die IRA kündigt den Waffenstillstand wieder auf, es folgen gewalttätige Auseinandersetzungen zwischen Protestanten und Katholiken. Politische Morde und Bombenanschläge erschüttern ganz Nordirland.

1997
Nach dem Wahlsieg der »Labour Party« in Großbritannien kommt es zur Wiederaufnahme der Friedensgespräche für Nordirland. Trotzdem geht die Gewalt weiter.

1998
Durchbruch in den Friedensverhandlungen. Am 10. April wird zwischen den Regierungen Irlands und Großbritanniens sowie den nordirischen Parteien das Karfreitagsabkommen geschlossen. Für Nordirland wird eine größere Autonomie von London vereinbart. Außerdem legt das Abkommen fest, dass der Verfassungsanspruch Irlands auf Nordirland gestrichen wird. Einer Verfassungsänderung stimmen in einem Referendum 94 Prozent der Wähler zu.

2000
Eine neue Welle der Gewalt überzieht Nordirland. Großbritannien schickt erneut Truppen.

Chronik Irlands

2002
Irland übernimmt den Euro als Währung.

2004
Der irische Premierminister übernimmt den Ratsvorsitz in der EU und führt die Verhandlungen über eine neue Europäische Verfassung zum Abschluss. In allen Pubs und öffentlichen Gebäuden wird Rauchverbot erlassen.

2005
Die IRA erklärt ihren endgültigen Gewaltverzicht und übergibt ihre Waffen.

2006
Der britische Premier Tony Blair und der irische Regierungschef Bertie Ahern stellen den nordirischen Streitparteien ein Ultimatum zur Regierungsbildung. Protestanten und Katholiken auf eine Regierung der nationalen Einheit.

2007
Bertie Ahern wird zum dritten Mal als irischer Ministerpräsident gewählt. Die Finanzkrise trifft Irland besonders hart, da das schnelle Wachstum der letzten Jahre zum Großteil auf Spekulationsblasen beruhte. Der mit Krediten aus dem Ausland finanzierte Bauboom kommt fast völlig zum Stillstand, die Immobilienblase platzt und dem Staat fehlen plötzlich fast 20 Prozent der Steuereinnahmen.

2008
Am 6. Mai tritt Bertie Ahern als Ministerpräsident und Parteivorsitzender zurück. Sein Nachfolger wird Brian Cowen.

2009
In einem zweiten Referendum stimmt die Mehrheit der irischen Bevölkerung dem EU-Vertrag von Lissabon zu.

2008–10
Das Land leidet immer noch stark unter der Weltwirtschaftskrise, es steht kurz vor dem Staatsbankrott. Im Herbst 2010 muss Irland als erstes Land unter den Euro-Rettungsschirm von EU und IWF und bekommt Finanzhilfen in Höhe von 85 Milliarden Euro.

2012
Durch rigorose Sparbemühungen und das milliardenschwere Rettungspaket hat Irland seine Wettbewerbsfähigkeit verbessert. Inzwischen sind sich die Kontrolleure relativ sicher, dass Irland die Ziele erreichen wird.

Dort, wo die »Titanic« 1911 vom Stapel lief, wird ein hochmodernes Titanic-Erlebniszentrum eröffnet.

2013
Im nordirischen Enniskillen findet der G8-Gipfel statt.

Die »Titanic« kurz vor ihrem Stapellauf 1911 in Belfast

»When she left, she was alright«: Mit »Titanic Belfast« feiert die Stadt nicht den Untergang des Luxusliners, sondern das, was vor 100 Jahren in Belfast geleistet wurde

Irlands berühmteste Sehenswürdigkeit: die Cliffs of Moher

Die schönsten Reiseregionen Irlands

**REGION 1
Dublin**

Die Ha'penny Bridge über den River Liffey und das Zentrum des Dubliner Nachtlebens – Temple Bar

Dublin

Poesie und Pubs – Stadt der Schriftsteller und Schenken

Schriftsteller und Dichter haben sich in Dublin schon immer wohlgefühlt. James Joyce wurde hier geboren. George Bernard Shaw, Samuel Beckett und auch Oscar Wilde lebten hier. In letzter Zeit entdecken jedoch auch immer mehr Touristen die irische Hauptstadt für sich. Ein Grund dafür sind sicher die zahlreichen sogenannten Billigflieger, die eine Reise nach Dublin für viele erschwinglich machen. Doch inzwischen hat sich auch der Ruf der einstigen »grauen Maus« unter den europäischen Haupt-

städten grundlegend gewandelt: Früher Reiseziel nur für eingefleischte Fans, ist Dublin heute »in«. Was das kulturelle Erbe angeht, kann es die Stadt zwar nicht mit London, Wien oder Berlin aufnehmen, doch viel Sehenswertes hat auch sie zu bieten: das Trinity College mit dem Book of Kells, das Dublin Castle, die Christ Church und die St. Patrick's Cathedral oder auch das Guinness Storehouse – die riesige Ausstellung der gleichnamigen Brauerei.

**REGION 1
Dublin**

Den eigentlichen Reiz der Stadt machen jedoch ihre Menschen aus. Ihre Freundlichkeit wirkt natürlich und nicht aufgesetzt. Die Hilfsbereitschaft kommt von Herzen. Kontakte schließt man schnell in Dublin. Spätestens, wenn abends in den Pubs bei Guinness und Livemusik die Stimmung steigt, werden Fremde zu Freunden. Ohnehin sind die gemütlichen Pubs für nicht wenige Touristen der Hauptgrund, nach Dublin zu kommen – der Kneipenbezirk Temple Bar ist eine der wichtigsten Attraktionen. Dass Pubs auch Orte der Kultur sein können, bewiesen schon die Schriftsteller der Stadt: Die meisten von ihnen verbrachten viele Stunden ihres Lebens am Tresen. Eine Pub-Wanderung auf ihren Spuren gehört zu den meistgebuchten Touren der Stadt.

Und dann ist da noch die Natur: Keine Stunde vom Zentrum der Hauptstadt entfernt, kann man im Hafenbecken der Insel Howth den Seehunden beim Planschen zusehen. Oder auf einsamen Pfaden in den Wicklow Mountains wandern.

Dublin heißt seine Gäste willkommen – vielleicht mit weniger weltstädtischem Charme als manch andere europäische Hauptstadt, dafür aber mit viel Herz.

Bier und Beten: Bedeutende Kirchen, die Guinness Brauerei und das älteste Pub des Landes bei einem Rundgang entdecken

Von der ❶ **Touristeninformation** in der Suffolk Street, die in der ehemaligen St. Andrew Church untergebracht ist, sind es nur wenige Schritte ins Vergnügungsviertel

**REGION 1
Dublin**

❷ **Temple Bar.** Am Gebäude der Central Bank vorbei, geht man die Fownes Street hinab und biegt dann in die Temple Bar ein – der Name der Straße ist identisch mit dem des Viertels. Gleich an der Ecke liegt die **Temple Bar Gallery**, ein dreistöckiges Gebäude, in dem wechselnde Ausstellungen zu sehen sind. Obwohl im Viertel viele Künstler ihre Ateliers haben, stehen doch die Gaumengenüsse im Vordergrund: Ein Restaurant neben dem anderen, die Kneipen liegen wie an einer Per-

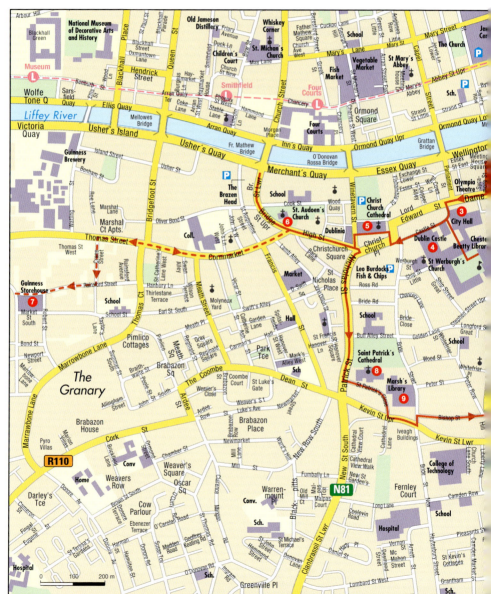

lenschnur aneinandergereiht dicht an dicht. An der Ecke zur Fleet Street liegt das wegen seines farbenfrohen Äußeren viel fotografierte Restaurant **The Oliver St. John Gogarty**. Wenig später passiert man »The Temple Bar Trading Company« – die richtige Adresse für alle, die sich Souvenirs mit Temple-Bar-Aufschriften besorgen wollen. Schließlich findet sich an der Ecke Temple Bar/Meeting House Square das **National Photographic Archive** mit wechselnden Fotoausstellungen.

**REGION 1
Dublin**

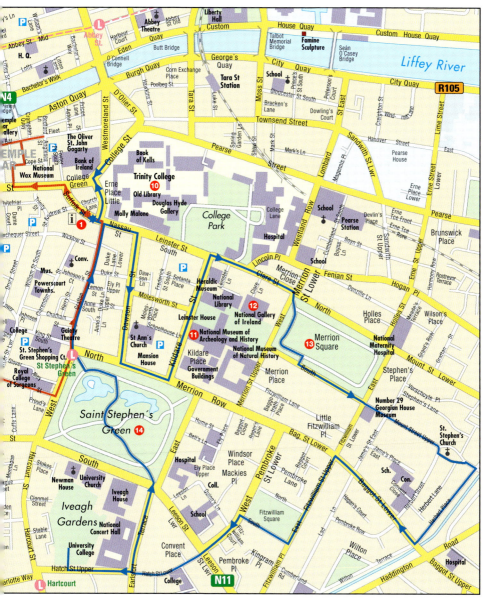

REGION 1
Dublin

Direkt dahinter biegt man links in die enge Sycamore Street ein und erreicht nach wenigen Schritten die geschäftige Dame Street, an der die ❸ **City Hall** liegt. Obwohl das Mitte des 18. Jahrhunderts als Königliche Börse errichtete Gebäude mit seiner großen Kuppel kaum zu übersehen ist, wird es sowohl von Touristen als auch von Einheimischen nur selten besucht – was schade ist, denn hier gibt es viel zu sehen. Bemerkenswert ist die Haupthalle mit den Statuen irischer Nationalhelden und der von zwölf Säulen getragenen und mit Fresken geschmückten Kuppel. Im Untergeschoss ist eine sehr sehenswerte **Ausstellung zur Stadtgeschichte** untergebracht. Seine Funktion als Börse verlor der Bau Mitte des 19. Jahrhunderts: Die Wirtschaft in Irland lag am Boden und es gab kaum noch Firmen, die Aktien ausgeben konnten, als die Stadt das

❷ **Temple Bar**
Zwischen Dame St. und den Quais liegt das Kneipen- und Ausgehviertel Dublins, benannt nach Sir William Temple (1555–1627), der hier einst ein Grundstück besaß. Heute ist Temple Bar das Herzstück der Stadt. Das war nicht immer so: Im Laufe des 19. Jahrhunderts verkam die Gegend zusehends. Wer es sich leisten konnte, zog weg, und die Gebäude verfielen immer mehr. Genau das erwies sich später als Glück: Das Viertel machte einen so schäbigen Eindruck, dass sogar die Grundstücksspekulanten einen großen Bogen darum machten. In den 1980er Jahren sollte Temple Bar abgerissen werden und einem Busbahnhof weichen. In dieser Phase wurden die Gebäude zur Zwischennutzung preisgünstig vermietet, wodurch Künstler und kleine Geschäftsleute zurück ins Viertel kamen. Sie waren es auch, die gegen den Abriss der Häuser protestierten – und zwar mit Erfolg: Die irische Regierung rief eine Gesellschaft zum Erhalt des Viertels ins Leben. Im Laufe der 1990er Jahre wurde Temple Bar saniert. Heute reihen sich hier fast 200 Restaurants und Kneipen aneinander.

Gebäude kaufte und ab 1852 als Rathaus nutzte. Seit einigen Jahren werden die Amtsgeschäfte allerdings in einem Neubau am Wood Quay abgewickelt.

Gleich neben der City Hall, etwas zurückgesetzt, liegt das ❹ **Dublin Castle**. Zu Beginn des 13. Jahrhunderts von den Engländern erbaut, wurde es im 18. Jahrhundert renoviert. Im Rahmen einer Schlossführung kann man unter anderem die State Apartments besuchen. In diesen wird heutzutage der Staatspräsident in sein Amt eingeführt; dort empfängt er auch Staatsgäste.

Ebenfalls auf dem Gelände des Schlosses liegt die **Chester Beatty Library**. Die von ihrem Namensgeber Sir Alfred Chester Beatty im Laufe eines Sammlerlebens zusammengetragene Ausstellung wurde 2002 zum europäischen Museum des Jahres gekürt. Sie beheimatet neben Kuriosem und Kunstschätzen aus Asien, darunter eine beeindruckende Kollektion chinesischer Jadebücher, auch eine sehr gute Ausstellung über die führenden Weltreligionen.

Durch die Castle Street erreicht man nach wenigen Schritten die ❺ **Christ Church Cathedral**. Sie wurde im 12. Jahrhundert an der Stelle einer Holzkirche aus dem Jahr 1030 erbaut und ist damit das älteste noch erhaltene Gebäude der Stadt. Im Inneren sehenswert sind der Sarkophag des Normannenkriegers Strongbow, eine Reliquie des Kirchengründers – des heiligen Lawrence – sowie der Domschatz in der Krypta.

Dublin Castle symbolisiert die englische Vorherrschaft über 700 Jahre

Königliche Skulptur am Eingang zur Krypta der Chapel Royal in Dublin Castle: Hochkönig Brian Boru

**REGION 1
Dublin**

Die Christ Church Cathedral ist die ältere der beiden im Mittelalter errichteten Kathedralen in Dublin; oben ein gotisches Kapitell im Kircheninneren

Die gleich nebenan gelegene Ausstellung **Dublinia and the Viking World** präsentiert auf unterhaltsame Weise die mittelalterliche Stadtgeschichte. Besucher erhalten zudem einen Einblick in das Leben der Wikinger, die einst Dublin gründeten. Wer sowohl Dublinia als auch Christ Church Cathedral besuchen will, sollte zuerst in die Ausstellung gehen: Dort kann man nämlich ein ermäßigtes Kombiticket für den Besuch beider Sehenswürdigkeiten kaufen. In umgekehrter Reihenfolge funktioniert das sonderbarerweise nicht.

Einige Schritte auf der High Street weiter stadtauswärts erreicht man die ❻ **St. Audoen's Church**, erbaut im 13. Jahrhundert. Das Westportal stammt aus der Vorgängerkirche und datiert sogar bis ins Jahr 1190 zurück. Besichtigt werden kann die Kirche mit den ältesten Glocken Irlands und dem *lucky stone*, dessen Berührung Glück bringen soll, nur zwischen April und Oktober.

Direkt um die Ecke in der Lower Bridge Street 20 liegt das älteste Pub Irlands. Im **Brazen Head** kann man gemütlich sein Bier trinken und zugleich preisgünstige irische Hausmannskost genießen – bei gutem Wetter auch im Innenhof unter freiem Himmel. Wer es eilig hat, holt sich bei **Leo Burdocks**, dem angeblich besten *Chipper* der Stadt, Fish and Chips auf die Hand. Damit befindet man sich dann in prominenter Gesellschaft, denn laut Firmenprospekt haben sich hier schon Sandra Bullock, Tom Cruise, Bruce Springsteen und die komplette Crew von U2 ihren Fisch geholt. Der Imbissladen liegt in der Werburgh Street 2, gleich gegenüber der Kathedrale.

Für einen Abstecher zum ❼ **Guinness Storehouse** muss man von der Christ Church Cathedral zehn Minuten Fußweg bis zum Firmensitz des berühmten Brauereierzeugnisses zurücklegen. Die Hauptstraßen High Street, Cornmarket und Thomas Street entlang und an der St. Catherine's Church von 1769 vorbei, erreicht man linker Hand die Crane Street. Durch sie gelangt man schließlich zum Storehouse. In einer opulenten und deshalb manchmal etwas verwirrenden Multivisionshow wird die Herstellung des Bieres und die Geschichte der Brauerei erklärt. Der Höhepunkt des Rundgangs ist aber ohnehin der Besuch der Gravity Bar im obersten Stockwerk: Hier kann man endlich ein Guinness probieren – und das kostenlos, denn ein Glas des dunkelbraunen Bieres ist im Eintrittspreis inbegriffen. Außerdem hat man von hier oben aus den besten Blick über Dublin.

**REGION 1
Dublin**

Von der Christ Church Cathedral aus erreicht man durch die Nicholas und St. Patrick's Street innerhalb nur weniger Hundert Meter die nächste bedeutende Kirche – die ❽ **St. Patrick's Cathedral**. Bevor man die Kirche betritt, ist ein kurzer Rundgang durch den kleinen Park vor dem Kirchengebäude zu empfehlen. Auf der Rückseite des Parks sind in einer Mauer Gedenktafeln eingelassen, die an die wichtigsten irischen Dichter erinnern. Der Grundstein zum Bau von St. Patrick's wurde schon im Jahr 1191 gelegt. Ihr heutiges gotisches Aussehen erhielt die Kirche aber erst bei Umbauarbeiten im 13. Jahrhundert. Im Innern der Kathedrale liegen einige sehr berühmte Iren begraben, unter anderem der Schriftsteller Jonathan Swift (1667–1745) und die beiden irischen Präsidenten Douglas Hyde (1860–1949) und Erskine Childers (1905–1974).

Unmittelbar hinter der St. Patrick's Cathedral biegt man links in die kleine St. Patrick's Close ein. Man folgt der Gasse etwa 50 Meter und erreicht linker Hand ❾ **Marsh's Library**, die älteste öffentliche Bücherei Irlands. Sie wurde 1710 vom Erzbischof Narcissus Marsh eingerichtet. Der Besuch lohnt sich,

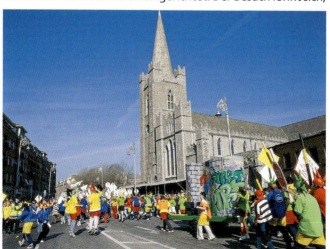

St. Patrick's Day vor der St. Patrick's Cathedral

**REGION 1
Dublin**

»Hair Fashion« auf der Grafton Street

denn die Räume wurden seitdem nicht verändert. Sonntags ist die Bibliothek allerdings geschlossen.

Der Weg zurück zum Ausgangspunkt dieses Rundgangs führt durch die Bishop und die Yorck Street zum Stadtpark St. Stephen's Green. Durch die Grafton Street mit ihren vielen Geschäften geht es dann weiter zum Büro der ❶ **Touristeninformation** in der Suffolk Street. Ein kleiner Abstecher zum **Powerscourt Townhouse Centre** – nur wenige Meter abseits der Grafton Street, Eingang bei »Barretts Shoe Shop« und der Powerscourt Clock – lohnt sich für diejenigen, die mit Designerware im Gepäck die Rückreise nach Hause antreten wollen. In dem alten Herrschaftshaus aus dem 18. Jahrhundert befindet sich nämlich das edelste Einkaufszentrum der Stadt.

Ein Rundgang zu Museen, Prachtbauten und gepflegten Parks aus georgianischer Zeit

Wegen der zentralen Lage in der Suffolk Street bietet sich das ❶ **Touristenbüro** als Ausgangspunkt auch für diesen Stadtrundgang an. Er führt durch die südlich der Liffey gelegene Innenstadt zu vielen wichtigen Museen, dabei kommt man immer wieder durch Straßen, die von typisch georgianischen Stadthäusern gesäumt sind. Unterwegs gibt es aber auch mehrere grüne Oasen wie den Merrion Square, St. Stephen's Green oder Iveagh Gardens, die mit ihren gepflegten Rasenflächen, Blumenrabatten und Bänken zum Verweilen einladen.

Auch wer schon gut mit Informationsmaterial versorgt ist, sollte nicht versäumen, einen Blick in die Touristeninformation zu werfen, die in der ehemaligen St. Andrew Church von 1862 untergebracht ist. Außerdem gibt es hier einen gut sortierten Souvenirshop. Beim Hinausgehen wendet man sich nach rechts und geht ein kurzes Stück auf der Suffolk Street bis zur Kreuzung Grafton Street. Hier steht die Bronzefigur der **Molly Malone** mit ihrem Karren. Meist ist sie von Touristen umlagert, die sich zusammen mit der legendären Fischhändlerin fotografieren lassen wollen.

Von Molly Malone sind es nur wenige Schritte bis man am **College Green**, einer der belebtesten Ecken der Stadt, anlangt. Zur Rushhour herrscht regelmäßig Verkehrschaos, weil hier drei der wichtigsten Straßen aufeinandertreffen. Beherrschend ist die Fassade des ❿ **Trinity College**, hinter der sich die älteste Universität Irlands verbirgt. Seit die Uni im

Jahr 1592 von der englischen Königin Elisabeth I. gegründet wurde, hat sie unter anderem Berühmtheiten wie Jonathan Swift, Oscar Wilde, Bram Stoker oder Samuel Beckett hervorgebracht. Durch eine kleine Tür betritt man mit dem Strom der Studenten den Campus und schon nach wenigen Metern ist nichts mehr vom Lärm auf dem College Green zu hören. Inmitten des weiten Innenhofs steht das Wahrzeichen der Universität, der 1852 errichtete Campanile.

Von außen relativ unscheinbar ist das lange Gebäude zur Rechten, in dem sich die **Old Library** befindet. Als größte Kostbarkeit wird in der Schatzkammer das **Book of Kells** aufbewahrt. Das in lateinischen Großbuchstaben geschriebene Buch ist rund 1200 Jahre alt und enthält die vier Evangelien. Verfasst wurde die Kostbarkeit höchstwahrscheinlich von Mönchen auf der Insel Iona vor der Westküste Schottlands. Jedoch zumindest ein Teil, so nimmt man an, entstand in Kells, in der irischen Grafschaft Meath. Dorthin waren die Mönche nach einem Überfall der Wikinger geflüchtet. In den Ausstellungsräumen sind neben dem Original dieses Buches, das durch seine farbige Ornamentik fasziniert, weitere kostbare mittelalterliche Evangelienhandschriften zu sehen.

Im ersten Stock befindet sich mit dem **Long Room** eine einzigartige Bibliothek. In den zweistöckigen Regalen, die bis unter die Tonnengewölbedecke reichen, lagern rund 200 000 kostbare, in Leder gebundene Bücher. Seit dem Jahr 1743 gibt es an beiden Längsseiten eine Sammlung von Marmorbüsten, die unter anderem Berühmtheiten wie Platon, Sokrates, Cicero, Aristoteles, Shakespeare, Locke, Newton, Swift und Bacon darstellen. In einem eher unscheinbaren Schaukasten ist die wahrscheinlich älteste Harfe Irlands aus dem 15. Jahrhundert ausgestellt. Nach einer Legende soll sie sogar noch älter sein und von Brian Boru stammen, einem irischen König, der im Jahr 1014 starb.

**REGION 1
Dublin**

Molly Malone
An der Ecke Grafton und Suffolk Street steht das Denkmal von Molly Malone, der wahrscheinlich bekanntesten Dublinerin. Respektlos, aber liebevoll nennen die Dubliner sie »the tart with the cart« – das Flittchen mit dem Karren. Offiziell war sie eine Fischhändlerin, die im vom Armut gebeutelten Dublin des 17. Jahrhunderts lebte. Doch der tiefe Ausschnitt ihres Kleides legt nahe, dass sie nicht nur Muscheln verkauft hat, bevor die Cholera sie dahinraffte. Ob sie wirklich gelebt hat, ist nicht belegt, trotzdem ist sie durch das irische Volkslied »Cockles and Mussels« (Herzmuscheln und Miesmuscheln), das man zu später Stunde in so manchem Pub hört, berühmt geworden.

Die freizügige Fischhändlerin Molly Malone

**REGION 1
Dublin**

Das wertvollste Exponat im Trinity College: das Manuskript des »Book of Kells« aus dem 8. Jahrhundert

Einen Besuch wert: die eindrucksvolle Old Library im Trinity College

Verlässt man das Trinity College wieder durch die kleine Tür, die zum College Green führt, blickt man halbrechts auf ein imposantes Gebäude, in dem heute die **Bank of Ireland** ihre Geschäfte abwickelt. Ursprünglich war das ab 1729 von Edward Lovett Pearce errichtete Gebäude als Tagungsort des irischen Parlaments gedacht. Diese Funktion erfüllte der stattliche Bau aber nur bis 1801. Ein Blick ins Innere der Bank ist durchaus lohnend, denn die Kassettendecke in der Schalterhalle und das Obergeschoss sind beeindruckende Zeugnisse georgianischer Baukunst.

Von der Bank of Ireland geht man nun den kurzen Weg zurück zu Molly Malone und biegt hier nach links in die Nassau Street ein. Dieser folgt man ebenfalls nur ein kurzes Stück und biegt bald nach rechts in die Dawson Street ein. Hier kann man in mehreren Buchläden stöbern, sich das 1710 errichtete **Mansion House**, den Sitz des Bürgermeisters, anschauen, einen Blick in die **St. Anne's Church** werfen und dann auf eine Tasse Kaffee oder Tee ins sehenswerte **Café en Seine** einkehren. Die Dawson Street endet schließlich am St. Stephen's Green, einem Park, der gegen Ende dieser Tour noch erkundet wird. Zunächst biegt man jedoch in die Kildare Street ein, nicht ohne einen Blick auf die Hotellegende Shelbourne zu werfen.

Der Rundgang durch eines der Museumsviertel Dublins beginnt mit dem Besuch des ⓫ **National Museum of Archaeology and History**. Schon die von klassischen Säulen aus irischem Marmor getragene und von einer 19 Meter hohen Kuppel

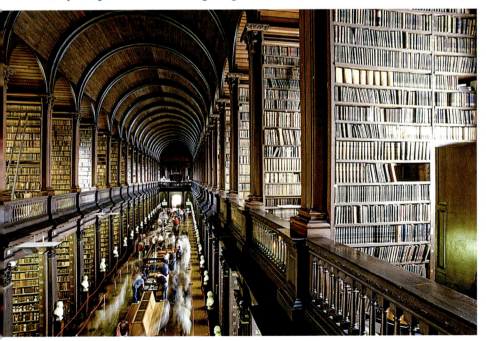

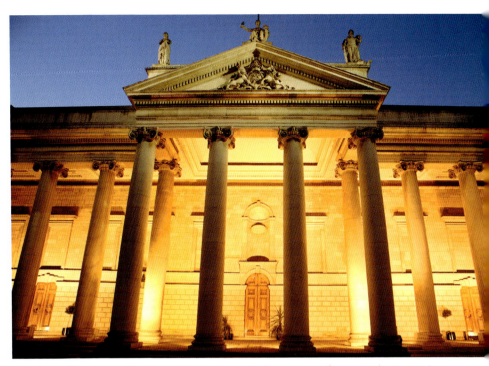

Der imposante Bau der Bank of Ireland

gekrönte Eingangshalle ist einen näheren Blick wert. Auch die nun folgenden Innenräume des 1890 eröffneten Museums zählen zu den schönsten Beispielen des viktorianischen Palladianismus. In der zentralen Emporenhalle sind Funde des prähistorischen Irlands wie Waffen und Steinwerkzeuge sowie eine umfangreiche Sammlung von Goldgegenständen aus der Bronzezeit zu sehen. In der Schatzkammer befinden sich herausragende Beispiele der keltischen und frühchristlichen Metallschmiedekunst. Im sogenannten goldenen Zeitalter der irischen Kunst ab dem 5. Jahrhundert entstanden Meisterwerke wie der »Kelch von Ardagh«, die »Brosche von Tara« und der »Bischofsstab von Clonmacnoise«. Im ersten Stock kann man den Rundgang durch die Landesgeschichte mit der Zeit der Wikinger und dem Mittelalter fortsetzen. Außerdem erhält man eine kleine Einführung in die Geschichte des alten Ägyptens.

Das **Leinster House** neben dem Museum, das 1745 für den späteren Herzog von Leinster errichtet wurde, nutzen heute die beiden Kammern des irischen Parlaments, das Unterhaus *Daíl* und das Oberhaus *Seannad*, für ihre Sitzungen. Dem irischen Architekten des Weißen Hauses in Washington D.C. diente es als Inspiration.

Das Dreigespann der historischen Gebäude in der Kildare Street beschließt die **National Library**, die ihre umfangreichen Buchbestände in einem sehr ansprechenden Ambiente prä-

Die keltische Tara-Brosche im National Museum of Archaeology and History

**REGION 1
Dublin**

Meisterwerk in der National Gallery of Ireland: Goyas »Porträt der Antonia Zárate« (um 1805)

sentiert. Sehenswert sind das Foyer und die mit Stuck verzierte Kuppelhalle.

Ein weiteres Highlight des Museumsviertels ist die 1864 eröffnete ⓬ **National Gallery of Ireland**. Anfangs bestand das Gebäude am Merrion Square nur aus dem von Francis Fowke entworfenen sogenannten Dargan-Flügel. Doch die immer größer werdende Sammlung erforderte laufend Erweiterungen der Ausstellungsflächen. So besteht die Nationalgalerie heute aus einer – gelungenen – Mischung aus ehrwürdigen viktorianischen und modernen Räumen. Verteilt auf drei Stockwerke und vier Flügel bieten die 54 Galerien Einblicke in die westeuropäische Malerei vom Mittelalter bis zum 20. Jahrhundert. Den Kern der Sammlungen bilden die irische Schule und die Yeats Collection, die Irlands bekanntestem Maler Jack B. Yeats gewidmet ist. Eine Nationalgalerie kommt natürlich nicht ohne berühmte internationale Namen aus: In Dublin sind dies unter anderen Caravaggio, Vermeer, Rembrandt, Monet und Picasso. Bei den sonst doch recht hohen Eintrittspreisen der Dubliner Museen ist es besonders erfreulich, dass der Besuch der Nationalgalerie kostenlos ist.

Von der National Gallery sind es nur wenige Schritte bis zum schönsten Park aus georgianischer Zeit, dem Archbishop Ryan Park, den die Dubliner aber nur ⓭ **Merrion Square** nennen. Bevor man in den umzäunten Park hineingeht und sich an der Stille und den gepflegten Beeten erfreut, lohnt ein Blick auf die fast lückenlosen Reihen der georgianischen Häuser, die den Park umgeben. Typisch für diesen Häusertyp sind die schnörkellosen Fassaden aus roten oder braunen Backsteinen und vor allem die bunten Türen. Rund um den Park hat schon so manch berühmter Dubliner gewohnt, in der Nr. 1 Oscar Wilde, in der Nr. 84 William Butler Yeats und in der

Im Archbishop Ryan Park am Merrion Square lächelt Oscar Wilde auf einem Stein selbstgefällig über die Besucher hinweg

Nr. 58 Daniel O'Connell. Nicht weit von seiner ehemaligen Wohnung lümmelt der Dichter Oscar Wilde entspannt auf einem Felsen herum.

**REGION 1
Dublin**

An der Südostecke vom Merrion Square Park kann man eines der georgianischen Häuser von innen besichtigen. **Number Twenty Nine – Dublin's Georgian House Museum** ist ein typisches Bürgerhaus vom Ende des 18. Jahrhunderts. Vollständig eingerichtet vom Keller bis zum Dach, gibt es einen guten Einblick in das bürgerliche Leben jener Zeit, das sich zwischen Delfter Porzellan, Baldachinbetten und Puppenstuben für die Kinder abspielte.

Von Number Twenty Nine blickt man in die Upper Mount Street, an deren Ende die wegen ihres eigenwilligen Turms gern »Pfefferstreuer« genannte **St. Stephen's Church** steht. Rechter Hand lohnt ein Blick in die Herbert Street, in deren winzigen Häuschen früher die Dienstboten wohnten. Hinter der St. Stephen's Church trifft man bald auf den **Grand Canal**, der die südliche Innenstadt halbkreisförmig umschließt. Die nur wenige Meter breite Wasserstraße, die von mehreren Schleusen unterbrochen wird, war früher ein wichtiger Transportweg. Heute sind die schmalen Uferstreifen beliebte Spazierwege.

Nach einigen Hundert Metern entlang des Grand Canal lohnt es sich, wieder nach Norden abzubiegen und zum **Fitzwilliam Square** zu gehen. Der kleinste georgianische Platz, der erst 1830 in seiner jetzigen Form fertiggestellt wurde, ist ebenfalls von den typischen Backsteinhäusern mit den bunten Türen umgeben. Der gepflegte Park steht allerdings nur den Anwohnern zur Verfügung, nur sie besitzen einen Schlüssel für die eisernen Tore.

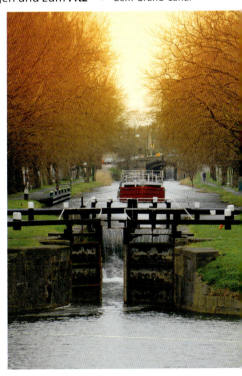

Schleusenfahrt auf dem Grand Canal

Die einige Blocks westlich gelegenen **Iveagh Gardens** verbergen sich zwar hinter hohen Mauern, sind aber für die Öffentlichkeit zugänglich. Das Areal gehörte einst der wohlhabenden Bierbrauerfamilie Guinness, heute ist es ein verwunschener Stadtpark mit Brunnen, Rosengärten, Kaskaden und Blumenbeeten.

Auch den fast unmittelbar nördlich angrenzenden Park ⑭ **St. Stephen's Green** verdankt die Stadt einem edlen Spender aus der berühmten Bierbrauerfamilie. Sir Arthur Guinness ließ ihn 1880 anlegen und schuf damit eine der grünen Lungen Dublins. Am nordwestlichen Eingang, am Ende der Grafton Street, erhebt sich der Triumphbogen Fusilier's Arch. Beim

Die grüne Lunge von Dublin: St. Stephen's Green

Schlendern durch den Park sollte man ein Auge auf die zahlreichen Denkmäler werfen. Zu sehen sind William Butler Yeats, Theobald Wolfe Tone, Countess Markievicz, James Joyce, James Clarence Mangan und Robert Emmet. Tafeln im Park geben Auskunft über den Standort der Skulpturen.

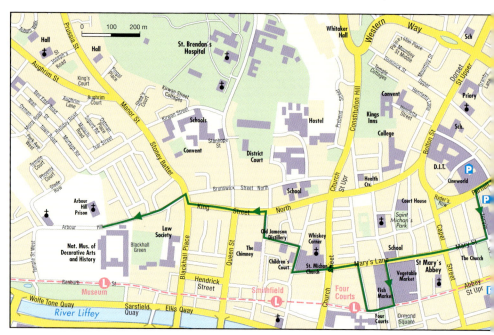

Verlässt man St. Stephen's Green durch den Fusilier's Arch, ist man sofort in der **Grafton Street**, einer belebten Fußgängerzone mit vielen Einkaufsmöglichkeiten. Am Nordende der Grafton Street wartet dann schon wieder Molly Malone, von der es nicht mehr weit zurück zur ❶ **Touristeninformation** ist.

***REGION 1
Dublin***

Ein einstiges Arbeiterviertel im Umbruch: ein Spaziergang nördlich der Liffey

Die Stadtteile nördlich der Liffey waren bis vor einigen Jahren touristisch völlig uninteressant. Auf der *North Side* lagen die heruntergekommenen Arbeiterviertel, im Süden dagegen wohnten immer die Reichen, was man leicht an der Vielzahl der erhaltenen Prachtbauten erkennen kann. Diese Zweiteilung der Stadt existiert zwar immer noch, jedoch haben aufwendige Sanierungskonzepte in den boomenden 1990er Jahren zu einer tiefgreifenden Erneuerung der Stadt geführt und die *North Side* zu einem lohnenswerten Ziel für Touristen gemacht.

Ein guter Ausgangspunkt für einen Spaziergang durch den Dubliner Norden ist die Talbot Memorial Bridge. Schon von der Brücke aus ist das imposante **Custom House** mit seiner 130 Meter langen Fassade und der grünen Kuppel zu sehen. Das 1791 nach Plänen von James Gandon fertiggestellte ehemalige Hauptzollamt mit dem imposanten Säuleneingang zählt zu den architektonisch interessantesten Gebäuden Dublins.

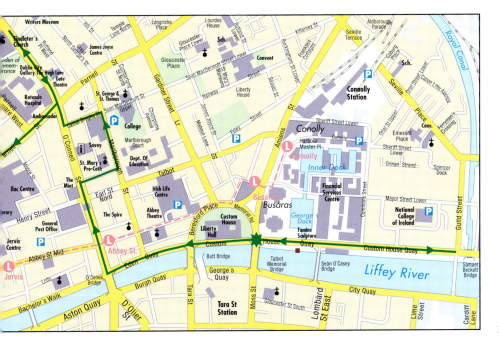

Das Custom House, das frühere Zollgebäude, zählt zu den wichtigsten Sehenswürdigkeiten in Dublin

Ein kurzer Abstecher flussabwärts auf der neu angelegten Uferpromenade Custom House Quay führt zur Skulpturengruppe **The Famine** von Rowan Gillespie. Die ausgemergelten, in Bronze gegossenen Figuren erinnern sehr eindrücklich an die Hungerjahre Mitte des 19. Jahrhunderts. Geht man noch ein Stück weiter flussabwärts, fallen an beiden Flussufern zahlreiche moderne Neubauten – und Kräne – auf, die Teil der umfangreichen Sanierung der einst heruntergekommenen **Docklands** sind.

Entlang des Flusses geht es dann wieder zurück zum Custom House. Gegenüber der Liberty Hall, dem Haus der Transportarbeiter-Gewerkschaft, steht etwas versteckt ein Denkmal für den 1916 von den Briten hingerichteten Gewerkschaftsführer James Connolly. Voraus ist schon die breite O'Connell Bridge zu sehen, die in die gleichnamige Straße übergeht. Gleich am Beginn des breiten Boulevards steht das Denkmal für Daniel O'Connell, einen der bekanntesten irischen Freiheitskämpfer.

Die von einigen Prachtbauten gesäumte **O'Connell Street** hat in den letzten Jahren durch ein gründliches Facelifting deutlich an Attraktivität gewonnen und ist eine der Lebensadern der Stadt, fast immer geschäftig, zur Rushhour oft sogar hektisch. Bemerkenswerte Gebäude sind das Anfang des 20. Jahrhunderts erbaute Kaufhaus **Clerys** und vor allem das Gebäude des **General Post Office**, das ab 1814 entstand und mit seiner Säulenfront wie ein monumentaler griechischer Tempel wirkt. Für die Iren ist es viel mehr als nur ein Postamt, war es doch einer der wichtigsten Schauplätze des Unabhängigkeitskampfes. Am Ostermontag 1916 besetzten im Rahmen des sogenannten Easter Rising, des Osteraufstands, irische Freiwillige das Postamt und trotzten sechs Tage der britischen Armee. Am Ende war der Kampf dann doch verloren, das Gebäude brannte aus und die Rädelsführer landeten im Gefängnis von Kilmainham und wurden hingerichtet.

**REGION 1
Dublin**

Auf der gesamten O'Connell Street zieren teils sehr schöne Uhren die Häuserfronten. An der Einmündung der Henry Street, einer weiteren Einkaufsmeile, ist seit 2002 das moderne Wahrzeichen Dublins zu sehen: Auf dem Mittelstreifen sticht **The Spire**, eine 120 Meter hohe Stahlnadel, kerzengerade in den Himmel. Bei einem Blick in die kurz darauf von rechts einmündende Earl Street North ist das **James-Joyce-Denkmal** zu bewundern.

Anschließend biegt man von der O'Connell rechts in die kleine Catherine Street ein und gelangt nach wenigen Schritten zur **St. Mary's Pro Cathedral** von 1825. Die einzige katholische Kathedrale Dublins war bei ihrer Errichtung nur als Provisorium gedacht – daher das »Pro« im Namen – und wurde in dieser Nebenstraße versteckt, um keinen Streit mit den Protestanten anzufachen. Bis heute werden hier Messen gelesen.

The Spire: Das neueste Wahrzeichen von Dublin steht mitten auf der O'Connell Street

Über die Marlborough Street kommt man zu **St. George and St. Thomas**, einer kleinen Backsteinkirche, die auf dem Mittelstreifen zwischen all den sie überragenden, gesichtslosen Neubauten etwas verloren wirkt. Nach diesem kleinen Abstecher trifft man kurz vor ihrem Ende am Parnell Square wieder auf die O'Connell Street.

Nun geht es durch die Parnell Street bergauf, linker Hand steht das ehrwürdige **Gate Theatre**, rechter Hand passiert man eine Reihe georgianischer Häuser. An der nächsten Kreuzung liegt der **Garden of Remembrance**, angelegt in den 1960er Jahren. Der kleine Park mit Wasserbecken, Bänken und der monumentalen Plastik »Children of Lir« erinnert an Irlands Freiheitskämpfer. In der angrenzenden Parnell Square North warten zwei weitere Highlights: das Dublin Writers Museum und die Dublin City Gallery The Hugh Lane.

Die James-Joyce-Statue an der O'Connell Street

Das 1991 eröffnete **Dublin Writers Museum** ist in einem schönen Haus aus dem 18. Jahrhundert untergebracht und widmet sich den literarischen Größen der Stadt. Im Erdgeschoss beleuchten Werke und persönliche Gegenstände das Schaffen von Swift, Sheridan, Shaw, Wilde, Yeats, Joyce und Beckett. Im prächtig ausgeschmückten Saal im Obergeschoss sind zahlreiche Porträtgemälde der berühmten Schriftsteller zu sehen.

Neben dem Writers Museum beherbergt die **Dublin City Gallery The Hugh Lane** Werke einiger französischer Impressionisten – z. B. von Renoir und Degas – und präsentiert – vor allem – irische Kunst des 20. Jahrhunderts. Eine Dauerausс

**REGION 1
Dublin**

Das Justizgebäude
»Four Courts« wird
von einer riesigen
Kuppel gekrönt

stellung zeigt das original rekonstruierte Studio von Francis Bacon, das an Chaos kaum zu überbieten ist. Untergebracht ist die Galerie in dem 1762 von William Chambers entworfenen Charlemont House – mit seinen modernen Erweiterungsbauten eine gelungene Mischung aus Alt und Neu.

Der Spaziergang führt zurück zur Parnell Street. Über die links abgehende Jervis Street gelangt man zum gleichnamigen Shopping Center und zum Restaurant **The Church**, das in der ehemaligen St. Mary's Church untergebracht ist und sich hervorragend für eine Lunchpause eignet. Dass man hier in einer ehemaligen Kirche speist, ist nicht zu übersehen, denn selbst die Orgel mit ihren goldenen Pfeifen ist noch vorhanden.

Nun schlendert man durch die Mary's Lane, die besonders am Morgen wegen ihrer Obst-, Gemüse- und Fischmärkte interessant ist, und macht dann einen kurzen Abstecher zum Flussufer, wo sich die zwischen 1796 und 1802 nach Plänen von James Gandon erbauten Gerichtshöfe, die **Four Courts**, befinden. Die gesamte Pracht ihrer Fassade ist am besten vom südlichen Ufer der Liffey zu sehen. Danach geht es zur **St. Michan's Church**, auf deren Orgel schon Händel gespielt hat, doch heute kommen die meisten Besucher, um sich die mumifizierten Leichen in der Krypta anzuschauen. Nicht weit entfernt liegt die im Jahr 1780 gegründete **Old Jameson Distillery** im Stadtteil Smithfield. Ein rund dreiviertelstündiger Rundgang mit anschließender Verkostung zeigt die ehemaligen Produktionsstätten der Whiskey-Destillerie.

Einige Hundert Meter weiter erreicht man die Collins Barracks, einst die größte Kaserne Europas. Heute ist in einem Teil des riesigen Komplexes das **National Museum of Decorative Arts and History** untergebracht. Die Bandbreite der ausgestellten Objekte ist immens – Möbel, Kleidung, Musikinstrumente und vieles mehr. Zu den ständigen Ausstellungen des Museums zählt »Soldiers and Chiefs« – hier wird Irlands militärische Geschichte der letzten 500 Jahre ausführlich beleuchtet.

Wer nach diesem Spaziergang durch die ehemaligen Arbeiterviertel nördlich der Liffey bequem zum Ausgangspunkt zurückkommen möchte, steigt vor dem Museum in die neue Straßenbahn ein und fährt bis zur Abbey Street.

REGION 1
Dublin

Auf Erkundung im Phoenix Park

Der nordwestlich des Zentrums liegende Park ist gut mit öffentlichen Verkehrsmitteln zu erreichen. Wenn Sie Ihren Spaziergang durch den Park am Park Gate im Südosten beginnen und am Ashtown Gate im Nordosten beenden, können Sie bei der Hinfahrt mit dem Bus Nummer 10 zur Endstation in der Infirmary Road fahren und die Rückreise ins Stadtzentrum mit Bus 37, 38, 39 oder 70 von der Navan Road aus antreten.

Bereits vom Park Gate sieht man den fast 70 Meter hohen Obelisken des **Wellington Denkmals**. Es erinnert an den in Dublin geborenen Duke of Wellington, der als Feldherr in der Schlacht von Waterloo Napoleon besiegte. Mit dem Bau des Denkmals begann man 1814, doch fertiggestellt wurde es erst 1861. Der Grund für die lange Bauzeit: Anfangs ging das Geld aus und danach konnte man sich nicht über das Aussehen des Monuments einigen.

Gegenüber dem Denkmal liegt der **Cricket Ground**. Für deutsche Besucher eigentlich weniger interessant, würde sich

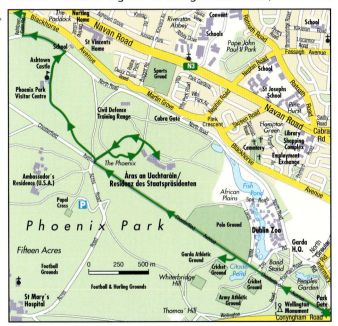

**REGION 1
Dublin**

Dublin Zoo: ein Amurtiger beim »Keltischen Tiger«, wie Irland genannt wird

damit nicht eine deutsch-irische Kriegsanekdote verbinden: Am 31. Mai 1941 warf ein Flugzeug der Luftwaffe – versehentlich – vier Bomben über Dublin ab. Eine davon beschädigte das Dach des Cricketclubs. Die Dachplatten zersplitterten und flogen auf das Spielfeld, sodass das angesetzte Spiel abgesagt werden musste. Nach Kriegsende entschuldigte sich die deutsche Regierung offiziell für den Vorfall und schickte einen Scheck in Höhe von £ 219 zur Reparatur des Daches.

Einige Schritte weiter zweigt rechts von der Chesterfield Avenue, die den Park in der Mitte durchschneidet, die Straße zum **Dublin Zoo** ab. Dieser Tierpark wurde bereits 1831 eröffnet und zählt damit zu den ältesten Tiergärten Europas. Er ist selbst Besuchern zu empfehlen, die normalerweise mit Tieren in Käfigen nichts anfangen können. Gefangen sind die Tiere zwar auch hier, doch haben sie immerhin viel Auslauf. Besonders viel Raum ist – nicht nur was die Quadratmeter angeht – Raubkatzen und Primaten gewidmet. Über das ganze Zoogelände sind zudem mehrere künstliche Teiche verteilt, an denen schöne Picknick- und Spielplätze angelegt wurden. So ist der Zoo von Dublin insbesondere für Familien ein ideales Ausflugsziel.

Der Spaziergang führt weiter am Polofeld vorbei, das sich bereits seit 1832 hier befindet, hin zum **Áras an Uchtaráin**. Die Residenz des Staatspräsidenten wurde 1751 als Wohnung des königlichen Parkbeauftragten erbaut. Damals war der Phoenix Park Jagdgebiet des Königs von England. Da es nicht leicht war, den König zufriedenzustellen und dafür zu sorgen, dass er sich bei seinen Besuchen hier wohlfühlte und genügend Jagdwild vorfand, wurde ein Parlamentsabgeordneter mit der Aufgabe betraut, das Jagdrevier zu verwalten.

Áras an Uchtaráin – die Residenz des irischen Staatspräsidenten im Phoenix Park

Damwild am Papstkreuz im Phoenix Park

Nathaniel Clemens war nicht nur Politiker, sondern auch ein leidenschaftlicher Hobbyarchitekt – und offenbar gar kein so schlechter, denn er entwarf sein Haus selbst. Als nach seinem Tod 1782 die Vertreter des englischen Königs hier ihren Amtssitz nahmen, wurde das Haus ausgebaut und luxuriöser gestaltet. Nach der Gründung des Irischen Freistaats im Jahr 1922 – dem Vorläufer der heutigen Republik Irland – wurde die Position des Vizekönigs abgeschafft. Doch noch bis 1937 nutzten Vertreter der englischen Krone den Palast – so residierte der Governor General hier. Erst seit 1938 hat der Staatspräsident in dieser Villa seinen Amtssitz. Samstags kann das Gebäude im Rahmen einer kostenlosen Führung besichtigt werden.

Etwa einen halben Kilometer vom Präsidentenpalast entfernt liegt das **Phoenix Park Visitor Centre** mit einer kleinen Ausstellung über Natur und Geschichte des Parks. Gleich daneben befindet sich das **Ashtown Castle**. Es handelt sich allerdings um keine komplette Burg, sondern nur um einen Befestigungsturm aus dem frühen 17. Jahrhundert. Um den Spaziergang zu beenden, verlässt man das Visitor Centre am Hinterausgang und erreicht nach zehn Minuten das Ashtown Gate. Von hier gelangt man in zwei Minuten zur Bushaltestelle in der Navan Road.

Abseits des Spaziergangs liegen noch einige weitere Sehenswürdigkeiten im Park: Das **Papstkreuz** erinnert an den Besuch von Papst Johannes Paul II. im Jahr 1979. Die prächtige **Residenz des US-amerikanischen Botschafters**, erbaut 1776, lohnt einen Blick, kann jedoch nicht besichtigt werden. Und wer etwas Glück hat, bekommt vielleicht einen oder mehrere der etwa 300 frei im Park umherlaufenden **Damhirsche** zu sehen.

Im Dublin Writers Museum erfährt man eine Menge über Irlands berühmte Schriftsteller

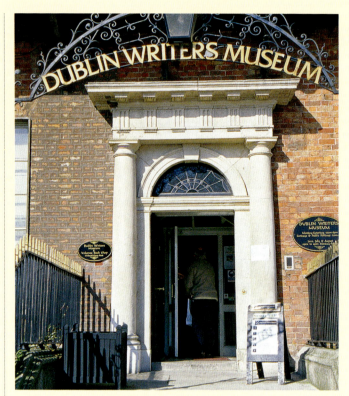

Irlands wohl bekanntestem Autor, James Joyce, wurde der Literaturnobelpreis zeitlebens verweigert

Samuel Beckett gewann den Preis 1969

Dublin – Hauptstadt der Schriftsteller

Liegt es an der irischen Luft oder am Wind? Am Bier oder am Whiskey? Keiner weiß es – aber fest steht: Dublin ist die Welthauptstadt der Dichter und Schriftsteller. Keine andere Stadt hat im Verhältnis zur Einwohnerzahl so viele Literaturnobelpreisträger hervorgebracht. Und nirgendwo sonst sind so viele bekannte Dichter und Schriftsteller zu Hause.

Einer der ersten in der langen Reihe bekannter Größen war Jonathan Swift. Er trat mit seiner Satire »A Modest Proposal« für die hungernden Menschen in Irland ein. Später waren es dann Sean O'Casey (1880–1964) oder George Bernard Shaw, die in ihren Werken für soziale Gerechtigkeit plädierten. Oscar Wilde, William Butler Yeats (1865–1939; Nobelpreisträger 1923), John Millington Synge (1871–1909) und Samuel Beckett sind weitere Größen am Literaturhimmel. Der wahrscheinlich bekannteste Dubliner Schriftsteller ist aber James Joyce.

Mehr erfahren über die berühmten Autoren der Stadt kann man nicht nur im **Dublin Writers Museum**. Speziell an James Joyce erinnern das **James Joyce Museum** im Martello Tower in Sandycove (südwestlich von Dublin nahe dem Fährhafen Dun Laoghaire) und das **James Joyce Centre** in der North Great George's Street, von wo aus man auch geführte Touren auf den Spuren des Dichters unternehmen kann. Das **Geburtshaus von George Bernard Shaw**

(33 Synge St.) ist ebenfalls zu besichtigen, während sich für das Kindheitsheim von Oscar Wilde am Merrion Square nur Gruppen von mindestens 25 Personen anmelden können (℡ 01-662 02 81). Frei zugänglich ist am selben Platz die Statue zu Ehren des Dichters: Der als Dandy verschriene Wilde lümmelt entspannt auf einem Stein.

Keinesfalls »trocken« lernt man die Dubliner Berühmtheiten beim **Dublin Literary Pub Crawl** kennen. Auf dieser Tour durchstreift man die Kneipenszene der Hauptstadt auf den Spuren der meist recht trinkfreudigen Schriftsteller. Sofern es die Lautstärke in den Pubs zulässt, zitiert der Guide vor Ort aus deren Werken.

George Bernard Shaw wurde als Dramatiker und Satiriker bekannt

Jonathan Swift (1667–1745), englisch-irischer Schriftsteller, war zeitlebens ein politischer Mensch und galt als Rebell, wobei er viele kritische Texte unter wechselnden Pseudonymen schrieb. Seine Heimatstadt ernannte ihn zum Ehrenbürger. Weltberühmt machte ihn vor allem sein Roman »Gullivers Reisen«, geschrieben als beißende Satire und nicht als Kinderbuch gedacht, als das es später oft – in stark gekürzter Fassung – veröffentlicht wurde.

Oscar Fingal O' Flahertie Wills Wilde (1854–1900) schrieb zahlreiche Essays, Gedichte und Komödien. Bekannt wurde er vor allem durch seinen Roman »Das Bildnis des Dorian Gray«. Mit seinen pointierten Aphorismen amüsierte er seine Zuhörer. Für das Ausleben seiner Homosexualität wurde er zu einer langjährigen Haftstrafe verurteilt.

George Bernard Shaw (1856–1950) wurde als irischer Dramatiker und Satiriker bekannt. Er arbeitete als Theater- und Musikkritiker. Das 1913 erschienene Theaterstück »Pygmalion« diente als Vorlage für das Musical »My Fair Lady«. 1925 erhielt er den Literaturnobelpreis für sein Gesamtwerk.

Jonathan Swift, weltberühmt geworden als Autor von »Gullivers Reisen«

James Joyce (1882–1941) wurde in Dublin geboren und verdiente seinen Lebensunterhalt unter anderem als Journalist in London und Paris. Mit seinen – vergleichsweise wenigen – Werken wie »Dubliners« und vor allem »Ulysses« setzte er neue Akzente in der modernen Literatur. Doch er fand nicht nur begeisterte Anhänger, sondern ebenso viele erbitterte Gegner – von denen die meisten in Dublin saßen. Sie mokierten sich über den »obszönen Stil« des Autors, störten sich aber auch daran, wie Joyce die irische Hauptstadt und ihre Menschen darstellte. Erst zwölf Jahre nach seinem Erscheinen 1922 in Frankreich kam »Ulysses« in den USA und Großbritannien auf den Markt. In Irland war das Buch zwar nicht verboten, wurde aber bis in die 1950er Jahre hinein nicht verlegt und galt als eine Art Untergrundliteratur. Heute schmückt sich die Stadt voller Stolz mit diesem Dubliner.

Samuel Beckett (1906–1989) verfasste zahlreiche Gedichte, Romane und Theaterstücke. 1969 wurde ihm der Nobelpreis für sein Gesamtwerk verliehen. Da er sich aber zeitlebens weigerte, über sein Werk zu sprechen, blieb er auch der Preisverleihung in Stockholm fern – und sorgte damit für einen heftigen Skandal. Seiner Geburtsstadt war er nicht sehr treu, er lebte ab 1937 ständig in Paris.

William Butler Yeats, Literaturnobelpreisträger von 1923

REGION 1
Dublin

Anflug auf Dublin

Die Service-Adressen zu Dublin finden Sie in dieser Abfolge: Infoadressen und Stadttouren, Museen, Sehenswürdigkeiten, Parks und Gärten, Restaurants, Kneipen und Nachtclubs, Läden und Märkte. Innerhalb der Kategorien ist die Sortierung alphabetisch.

Typisch irisch: die Harfe

Service & Tipps:

✈ Dublin Airport
www.dublinairport.com
✆ (01) 814 11 11
Der Flughafen liegt etwa 10 km nördlich der City von Dublin und wird von zahlreichen Fluggesellschaften bedient, auch von einigen sogenannten Billigfliegern. Es gibt mehrere Busverbindungen vom Flughafen in die Stadt, u. a.: 747 (Heuston Rail Station–Dublin Airport), 16A (Dublin Airport–Ballenteer, Kensington), 102 (Sutton Station–Dublin Airport). Die einfache Fahrt kostet jeweils € 6/3.

ℹ ❶ Dublin Tourism Centre
Suffolk St., Dublin 2, County Dublin
Mo–Sa 9–17.30, Juli/Aug. bis 19, So/Fei 10.30–15 Uhr
Touristische Informationen zu Dublin, Tickets und Reservierungen. Der angeschlossene Shop verkauft Bücher, Karten und Souvenirs.

ℹ Tourism Office
Upper O'Connell Street
Dublin 1
Mo–Sa 9–17 Uhr
Informationen, Tickets und Reservierungen für Dublin und ganz Irland. Mit Shop.

Am **Flughafen** gibt es eine weitere Touristeninformation, die täglich von 8 bis 22 Uhr geöffnet ist.

ℹ Touristische Informationen
per Telefon und Internet erhält man unter:
✆ 18 50 23 03 30
(von Irland aus)
✆ +353-1-669 79 20 83
(aus dem Ausland)
www.visitdublin.com
www.tourist-information-dublin.co.uk

ℹ 🚌 Sightseeing/Touren
Stadtrundfahrten im offenen Doppeldeckerbus bieten die städtischen Busbetriebe (www.dublinsightseeing.ie) ebenso an wie einige private Anbieter. Das Ticket kostet € 18/8. Eine Buchung im Voraus ist nicht erforderlich, im Internet gibt es jedoch Ermäßigungen. Ansonsten: Einfach an einer der vielen Haltestellen einsteigen und los geht's.

ℹ 🚌 🚢 Viking Splash Tours
RGI House, 18 Mill St.
Dublin 8
✆ (01) 707 60 00
www.vikingsplash.ie
Abfahrt: Stephen's Green North, Nähe Grafton Street
Ticket € 20/10, Familien € 12

pro Person
Zwar sieht man auf dieser Tour nicht mehr als auf anderen Stadtrundfahrten, doch man ist mit einem Amphibienfahrzeug unterwegs und an die Rundfahrt auf der Straße schließt sich eine 20-minütige Tour auf dem Grand Canal Harbour an. Ideal für Familien mit Kindern!

ℹ️ 👁 🍺 📍 Dublin Literary Pub Crawl
1 Suffolk St., Dublin 2
✆ (01) 670 56 02
www.dublinpubcrawl.com
Start: tägl. 19.30 Uhr am The Duke Pub, 9 Duke St., Ticket € 12/10
Stadtführung auf den Spuren der (trinkfesten) Dubliner Dichter und Schriftsteller. Schauspieler zitieren aus deren Werken.

ℹ️ 👁 🍺 📍 Traditional Irish Musical Pub Crawl
20 Lower Stephens St.
Dublin 2
✆ (01) 475 33 13
www.discoverdublin.ie
Treffpunkt: The Oliver St. John Gogarty's Pub
Ticket € 12/10
Von Pub zu Pub führt dieser Stadtspaziergang, bei dem man viel über irische Musik erfährt. Ausgebildete Musiker übernehmen die Führung und geben auch Kostproben ihres Könnens.

ℹ️ 👁 Historical Walking Tours of Dublin
✆ (087) 688 94 12
www.historicalinsights.ie
Treffpunkt: Trinity College, Haupteingang
Ticket € 12/10, unter 14 Jahren frei
Gleichzeitig Stadtwanderung und Spaziergang durch die irische Geschichte. Man besucht die Schauplätze bedeutender historischer Ereignisse und erfährt Hintergründe zu wichtigen Gegebenheiten.

ℹ️ 👁 The Historical Walking Tour of Temple Bar
Temple Bar Information Centre
12 East Essex St., Dublin 2

✆ (01) 677 23 97
www.visit-templebar.com
Ticket € 10,95
Unterhaltsame Rundtour, die sich mit der Geschichte des wohl bekanntesten Dubliner Stadtteils befasst.

🏛 Chester Beatty Library
Im Dublin Castle, Dublin 2
Bus 49, 56A, 77, 77A, 123, DART bis Tara St.
✆ (01) 407 07 50
www.cbl.ie
Mai–Sept. Mo–Fr 10–17, Sa 11–17, So 13–17 Uhr, Okt.–April Mo geschl., Eintritt frei
Der passionierte Sammler Sir Alfred Chester Beatty (1875–1968) hat die hier gezeigten Stücke zusammengetragen. Im Wesentlichen besteht das Museum aus zwei Teilen: einer Sammlung asiatischer Kunst, darunter eine der weltweit bedeutendsten Kollektionen chinesischer Jadebücher, sowie einer Ausstellung über die großen Weltreligionen. Neben einigen frühen Evangelientexten kann man Koranschriften aus dem 9. Jh. einsehen. Im Jahr 2000 wurde die Chester Beatty Library zum irischen Museum des Jahres gewählt, 2002 sogar zum europäischen Museum des Jahres.

REGION 1
Dublin

Edouard Manets »Musik im Tuileriengarten« (1862) in der Dublin City Gallery The Hugh Lane

**REGION 1
Dublin**

🏛 **Dublin City Gallery The Hugh Lane**
Charlemont House
Parnell Sq. North, Dublin 1
Bus 3, 7, 10, 11, 13, 16, 19, 46A, 123
✆ (01) 222 55 50
www.hughlane.ie
Di–Do 10–18, Fr/Sa 10–17, So 11–17 Uhr, Eintritt frei
Den Kern des Museums bildet das 1762 von William Chambers entworfene Charlemont House, das mit modernen Anbauten gelungen erweitert wurde. Gezeigt wird irische Kunst des 20. Jh. sowie eine Sammlung französischer Impressionisten, darunter Degas, Monet, Manet und Renoir. Eine weitere Dauerausstellung widmet sich dem Schaffen von Francis Bacon (1909–92), dessen chaotisches Atelier originalgetreu rekonstruiert wurde.

🏛 **Dublinia and the Viking World**
St. Michael's Hill, Dublin 8
Bus 49, 49A, 54A, 121, 123, 150
✆ (01) 679 46 11
www.dublinia.ie
Tägl. März–Sept. 10–17, Okt.–Feb. 10–16.30 Uhr

Eintritt € 7,50/6,50/5, Familienticket € 23
Diese Ausstellung ist das Richtige für all jene, die mehr über die Wikinger und die mittelalterliche Geschichte der Stadt erfahren wollen – und zwar auf unterhaltsame Weise und ohne den lehrerhaft erhobenen Zeigefinger. Der Besucher bekommt wenige Originale zu sehen, darf aber in der Hands-on-Ausstellung alles anfassen, an vielen Stellen sogar mitmachen – und kann so eine spannende Reise in eine längst vergangene Zeit antreten.

🏛 **Dublin Writers Museum**
18 Parnell Sq. North, Dublin 1
Bus 10, 11, 11A, 11B, 13, 13A, 16, 16A, 19, 19A
✆ (01) 872 20 77
www.writersmuseum.com
Mo–Sa 10–17, So 11–17 Uhr
Eintritt € 7,50/4,70, Familienticket € 18
Immerhin besitzt das kleine Irland vier Literaturnobelpreisträger. In der georgianischen Villa am Parnell Square wird seit 1991 das literarische Schaffen von Swift, Sheridan, Shaw, Wilde, Yeats, Joyce, Beckett und anderen irischen Schriftstellern gewürdigt. Unten werden Schriften und Erinnerungsstücke, im Obergeschoss Porträts gezeigt.

🏛 **Irish Jewish Museum**
3 Walworth Rd., Dublin 8
Bus 16, 16A, 19, 19A, 22, 22A, 155 bis Victoria St., South Circular Rd., Bus 14, 14A, 15, 15A, 15B, 15C, 65, 65B, 83 bis Lennox St., South Richmond St.
✆ (085) 706 73 57
www.jewishmuseum.ie
Mai–Sept. So–Do 11–15.30, Okt. Mo–Mi 11–15, So 10.30–14.30, Nov.–April So 10.30–14.30 Uhr
Eintritt frei, Spenden willkommen
Kleines Museum über die Geschichte der kleinen irisch-jüdi-

Dublin Culture Night: das Irish Museum of Modern Art

schen Gemeinde. 1995 wurde es vom damaligen israelischen Präsidenten Chaim Herzog eröffnet, dessen Leben ein Teil der Ausstellung gewidmet ist. Ein Blick lohnt sich auch auf das Nachbarhaus: Dort wurde der Schauspieler Barry Fitzgerald (1888–1961) geboren, der 1945 den Oscar für seine Rolle als Father Fitzgibbon im Film »Der Weg zum Glück« erhielt.

🏛 Irish Museum of Modern Art
Military Rd., Kilmainham
Dublin 8
Bus 26, 51, 79, 90, 123
✆ (01) 612 99 00, www.imma.ie
Di–Sa 10–17.30, Mi erst ab 10.30, So 12–17.30 Uhr
Eintritt frei
Das Museum ist in einem sehenswerten Krankenhausgebäude aus dem 17. Jh. untergebracht. Irlands beste und umfangreichste Sammlung moderner Kunst wird in wechselnden Ausstellungen präsentiert.

🏛 James Joyce Centre
35 North Great George's St.
Dublin 1
Bus 3, 10, 11, 11A, 13, 16A, 19, 19A, 22, 22A
✆ (01) 878 85 47
www.jamesjoyce.ie
Di–Sa 10–17, So 12–17, April–Sept. auch Mo 10–17 Uhr
Eintritt € 5/4
In einem alten Herrschaftshaus von 1784 ist seit 1996 das James Joyce Centre beheimatet. Es wird von Nachfahren der Schwester des Schriftstellers geleitet und befasst sich mit unterschiedlichen Aspekten seines Werks. Im Videozimmer werden Filme über das Leben des Schriftstellers gezeigt. Wie im Joyce Museum in Sandycove ist auch hier eine Totenmaske von Joyce ausgestellt.

Vom James Joyce Centre aus kann man geführte Touren auf den Spuren des Dichters unternehmen, und zwar Sa um 11 und 14 Uhr, Gruppen von mindestens vier Personen nach Voranmeldung auch Di und Do

Caravaggios »Christi Gefangennahme im Garten Gethsemane« in der National Gallery of Ireland

um 11 und 14 Uhr. Die Führung kostet € 10, für Studenten und Rentner € 8.

🏛 ⑫ National Gallery of Ireland
Merrion Sq. West & Clare St.
Dublin 2
Bus 4, 5, 7, 7A, 8, 13, 13A, 39, 39A, 44, 45, 46 A, 48A, DART bis Pearse Station, Luas bis St. Stephen's Green
✆ (01) 661 51 33
www.nationalgallery.ie
Mo–Sa 9.30–17.30, Do bis 20.30, So 12–17.30 Uhr, Eintritt frei
Die 1864 eröffnete Nationalgalerie zeigt eine beeindruckende Sammlung irischer und europäischer Meisterwerke vom Mittelalter bis zum 20. Jh. Angefangen hat es relativ bescheiden mit etwas mehr als 100 Kunstwerken in dem von Francis Fowke (1823–65) entworfenen sogenannten Dargan-Flügel. Doch die Ausstellungsfläche wurde nach und nach vergrößert – 1903 wurde der Milton-Flügel, 1968 der Beit-Flügel und 2002 der Millennium-Flügel hinzugefügt. Die Mischung aus viktorianischen und modernen Sälen ist durchaus gelungen. Werke der

**REGION 1
Dublin**

**REGION 1
Dublin**

irischen Schule wetteifern mit Caravaggio, Vermeer, Rembrandt, Monet, und Picasso um die Gunst der Besucher. Großen Zuspruch erfährt auch der Yeats-Raum.

🏛 ⑪ **National Museum of Archaeology and History**
Kildare St., Dublin 2
Bus 7, 7A, 10, 11, 13, DART bis Pearse Station, Luas bis St. Stephen's Green
✆ (01) 677 74 44
www.museum.ie
Di–Sa 10–17, So 14–17 Uhr
Eintritt frei
Das in einem viktorianischen Prachtbau von Thomas Deane untergebrachte Museum wurde 1890 eröffnet und zeigt irische Kunst von den Anfängen vor 9000 Jahren bis in die Gegenwart. Durch die von Säulen getragene und von einer Kuppel gekrönte Eingangshalle betritt man die zentrale Emporenhalle. Hier sind neben steinzeitlichen Objekten kunstvolle Goldgegenstände aus der Bronzezeit zu sehen. In der Schatzkammer sind Funde aus dem sogenannten goldenen Zeitalter ab dem 5. Jh. ausgestellt, u. a. der »Kelch von Ardagh«. Im 1. Stock gibt es Ausstellungen über die Zeit der Wikinger, über Irland im Mittelalter und Irlands Kampf um Unabhängigkeit zwischen 1916 und 1922 sowie eine Einführung in die Geschichte des alten Ägyptens.

🏛 **National Museum of Decorative Arts and History**
Collins Barracks
Benburb St., Dublin 7
Bus 90 bis Aston Quay, 25, 25A, 66, 67 bis Wellington Quay, Luas bis Museum
✆ (01) 677 74 44
www.museum.ie
Di–Sa 10–17, So 14–17 Uhr
Eintritt frei
Ehemals waren die Anfang des 18. Jh. erbauten Colins Barracks die größte Kaserne Europas. Heute nutzt das National Museum of Decorative Arts and History einen Teil des Gebäudekomplexes. Die thematische Vielfalt der ausgestellten Objekte ist beeindruckend und reicht von Möbeln, Glas- und Silberwaren über Kleidung und Schmuck bis zu wissenschaftlichen und Musikinstrumenten sowie geologischen Exponaten. Die Ausstellung »Soldiers and Chiefs« widmet sich Irlands militärischer Geschichte der letzten 500 Jahre.

🏛 **National Museum of Natural History**
Merrion St., Dublin 2
Bus 7, 7A, 8, DART bis Pearse Station
✆ (01) 677 74 44
www.museum.ie
Di–Sa 10–17, So 14–17 Uhr
Eintritt frei
1857 eröffnet – und seitdem fast unverändert – ist das Naturkundemuseum ein faszinierendes Relikt der viktorianischen Zeit. Rund 10 000 tote Tiere aus Irland und aller Welt sind hier zu sehen, ausgestopft und die meisten fein säuberlich in Vitrinen mehr oder minder staubfrei aufbewahrt. Schon am Eingang wird man von drei Skeletten der vor rund 10 000 Jahren auf Howth beheimateten riesigen Hirsche begrüßt.

🏛 **National Photographic Archive**
Meeting House Sq./Temple Bar
Dublin 2
Bus 49, 56A, 77, 77A, 123
✆ (01) 603 02 00
www.nli.ie
Mo–Sa 10–16.45, So 12–16.45 Uhr, Eintritt frei
Obwohl räumlich von ihr getrennt, ist das National Photographic Archive Teil der Nationalbibliothek. Für Touristen interessant sind die wechseln-

REGION 1
Dublin

Vom Keller bis ins Dachgeschoss zu bestaunen: Number Twenty Nine – Dublin's Georgian House Museum in der Fitzwilliam Street Lower

den Fotoausstellungen aus den umfangreichen Beständen des Archivs.

🏛 **Number Twenty Nine – Dublin's Georgian House Museum**
Fitzwilliam St. Lower
Dublin 2
Bus 7, 39A, 45, DART bis Pearse Station
✆ (01) 702 61 65
www.esb.ie/numbertwentynine
Di–Sa 10–17, So 12–17 Uhr, Eintritt € 6/3, unter 16 Jahren frei
Nachdem man an Dutzenden der typischen georgianischen Häuser vorbeigelaufen ist, kann man in diesem Museum an der Südostecke des Merrion Square auch einen Blick hineinwerfen. Das vierstöckige Haus vom Ende des 18. Jh. ist wieder original eingerichtet worden und bietet einen guten Einblick in das Leben des damaligen wohlhabenden Bürgertums.

🏛 **The Shaw Birthplace**
33 Synge St., Dublin 8
Bus 16, 16A, 19, 19A, 122, Luas bis Adelaide Rd. oder Grand Canal
✆ (01) 475 08 54
www.visitdublin.com
Öffnungszeiten zu erfragen unter ✆ (01) 872 20 77
Eintritt € 6/4, Familienticket € 15

1838 wurde das kleine Reihenhaus erbaut, in das die Familie von George Bernard Shaw 1852 einzog und in dem der spätere Nobelpreisträger 1856 geboren wurde. Beim Gang durch das Haus erfährt man nicht nur einiges über die Kindheit des Schriftstellers, sondern auch über die Bedingungen, unter denen eine Mittelstandsfamilie im Irland des 19. Jh. lebte.

◉ **Áras an Uchtaráin/Residenz des Staatspräsidenten**
Phoenix Park
Dublin 8
Bus 10, 37, 38, 39, 70, Luas bis Heuston Station
✆ (01) 677 00 95
www.president.ie
Geführte Touren nur Sa, im Sommer 10.15–16, im Winter 10.30–15.30 Uhr
Die kostenlosen Tickets werden am Phoenix Park Visitor Centre ausgegeben, das etwa 500 m von der Residenz entfernt liegt. Von dort werden die Besucher zum Präsidentenpalast gefahren.
Seit 1938 Palast des irischen Präsidenten entstand die mehrfach erweiterte und veränderte Villa 1751 als Wohnstatt des königlichen Parkbeauftragten Nathaniel Clemens, der sie selbst plante. 1782–1922 nahmen die Vertreter des

**REGION 1
Dublin**

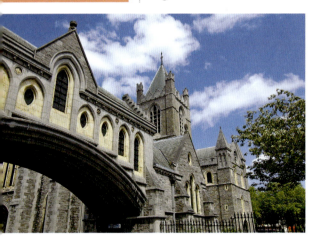

Synod Hall Bridge oder Dublinia Arch (links) und die Christ Church Cathedral (rechts)

englischen Königs hier ihren Amtssitz und auch anschließend nutzten Vertreter der englischen Krone den Palast.

◉ **Bank of Ireland**
2 College Green, Dublin 2
Fast alle City-Busse passieren College Green
✆ (01) 661 68 01
Mo–Fr 10–16, Do bis 17 Uhr
Das von Edward Lovett Pearce geplante Gebäude am College Green wurde 1739 fertiggestellt und diente bis 1801 als Parlamentsgebäude. In dem heutigen Bankhaus ist noch einiges von der ursprünglichen Ausstattung zu sehen, so die sehenswerte Kassettendecke der Schalterhalle, Wandteppiche mit Motiven der Schlacht von Boyne und ein riesiger Kristallkronleuchter.

◉ **The Casino Marino**
Cherrymount Crescent, off the Malahide Rd., Marino, Dublin 3
Bus 14, 27, 27A, 27B, 42, 43, 128, DART bis Clontarf Rd.
✆ (01) 833 16 18
www.heritageireland.ie
Ende April–Ende Okt. tägl. 10–17 Uhr, sonst nur für Gruppen nach Voranmeldung
Eintritt € 3/1, Familienticket € 8
Das Casino zeigt die neoklassizistische Baukunst des 18. Jh.

Sir William Chambers hat es für James Caulfeild, den ersten Earl von Charlemont, entworfen. Das Lustschlösschen besitzt 16 teilweise schön eingerichtete Zimmer und Fußböden mit Einlegearbeiten.

◉ 🏛 ❺ **Christ Church Cathedral**
Christchurch Place, Dublin 8
Bus 49, 50, 51B, 54A, 56A, 65, 77, 77A, 78A, 123
✆ (01) 677 80 99
www.christchurchdublin.ie
Mo–Sa 9.30–18, Juni–Aug. bis 19, Nov.–März nur bis 17, So 12.30–14.30, Juni–Aug. auch 16.30–18 Uhr, letzter Einlass jeweils 45 Minuten vor Schließung, Eintritt € 6/3
Die Kathedrale wurde zwischen 1172 und 1240 unter dem später heilig gesprochenen Erzbischof Laurence O'Toole erbaut. 1562 stürzten große Teile der Kirchensüdwand ein; die Reparaturarbeiten dauerten bis in die 70er Jahre des 19. Jh. Im Inneren sehenswert ist u. a. der Sarkophag des normannischen Eroberers Strongbow. Allerdings handelt es sich nicht um das Original, denn das wurde beim Einsturz der Kirche zerstört. In der Friedenskappelle des heiligen Laud wird eine Reliquie aufbewahrt, die angeblich ein Stück Herz des Erzbischofs Laurence enthält. Beachtenswert ist die Krypta, in der sich u. a. der Domschatz befindet.

◉ 🏛 ❸ **City Hall**
Exchange Court/Dame St.
Dublin 2
Bus 49, 56A, 77, 77A, 123
✆ (01) 222 22 04
Mo–Sa 10–17.15 Uhr, Eintritt € 4/1,50, Familienticket € 10
Zwischen 1769 und 1779 als Königliche Börse erbaut, ist die City Hall ein herausragendes Beispiel für die georgianische Architektur der damaligen Zeit. Architekt war Thomas Cooley,

**REGION 1
Dublin**

der sich mit seinem Bauplan in einem Wettbewerb gegen weitaus berühmtere Kollegen durchsetzte. Besonders sehenswert sind die Kuppeldecke der Eingangshalle und die Ausstellung zur Geschichte Dublins im Kellergewölbe. Ab 1852 wurde der Bau als Rathaus genutzt. Heute werden die Amtsgeschäfte in einem Neubau am Wood Quay geführt.

Trotz der umfassenden Renovierung im Jahr 2000 hat sich die City Hall bis heute zu keinem Touristenmagneten entwickelt. Auch deshalb wird sie bescheiden als das »bestgehütete Geheimnis Dublins« vermarktet. Für die Iren hat das Gebäude große Bedeutung in ihrem Kampf um die nationale Unabhängigkeit erlangt: 1922 war in der City Hall das Hauptquartier der provisorischen Regierung Irlands untergebracht.

◉ **Custom House**
Custom House Quay, Dublin 1
Alle Busse zur Central Bus Station, DART bis Tara St.
✆ (01) 888 25 38
Mo–Fr 10–12.30, Sa/So 14–17 Uhr, Nov.–Feb. So, Mo, Di geschl., Eintritt € 1
Seit der Fertigstellung des von James Gandon geplanten Custom House im Jahr 1791 gehört das Zollamt zu den wichtigsten Sehenswürdigkeiten der Stadt. In schöner Lage in Hafennähe und direkt am Ufer der Liffey kommt die 130 m lange, klassische Fassade mit Säulen, Arkaden, Figurenschmuck und der zentralen Kuppel gut zur Geltung. Während des Bürgerkriegs brannte das Innere des Custom House vollständig aus – das Feuer wütete fünf Tage lang und brachte sogar die Kuppel zum Schmelzen. Das Zollamt wurde jedoch relativ schnell wieder aufgebaut und in den 1980er Jahren nochmals saniert.

◉ 🏛 ❹ **Dublin Castle**
Dame St.
Dublin 2
Bus 54 bis Burgh Quay, 50, 50A,

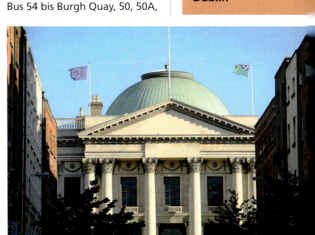

56A, 77, 77A, 77B bis Aston Quay
✆ (01) 679 78 31
www.dublincastle.ie
Mo–Sa 10–16.45, So 12–16.45 Uhr, nur mit Führung
Eintritt € 4,50/2
Dublin Castle wurde Anfang des 13. Jh. von den Engländern als Festung gegen die rebellischen Iren errichtet. Die Engländer waren jedoch nicht die ersten, die hier am höchsten Punkt der Stadt eine Burg bauten. Vorher standen an derselben Stelle bereits Befestigungsanlagen der Wikinger und Normannen. Sein jetziges Aussehen erhielt Dublin Castle während eines Umbaus im 18. Jh. In den State Apartments wird heute der irische Präsident in sein Amt eingeführt, es werden auch Staatsgäste empfangen und nationale und internationale Konferenzen abgehalten. Im Vergleich zu den Schlössern Mitteleuropas ist Dublin Castle zwar klein und bescheiden ausgestattet, doch ein Besuch lohnt als Einführung in die Geschichte des Landes allemal.

Die City Hall erinnert an die Eleganz und den Reichtum Dublins zur Blütezeit des 18. Jahrhunderts

**REGION 1
Dublin**

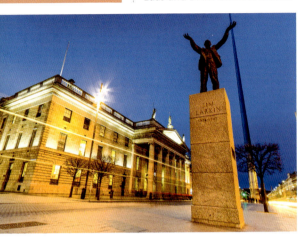

Dublin O'Connell Street: das geschichtsträchtige General Post Office (links), das Denkmal für den Führer der irischen Gewerkschaftsunion, James Larkin, und im Hintergrund das hypermoderne Monument des Lichts (The Spire)

Four Courts
Inns Quay
Dublin 7
Luas und DART bis Four Courts
✆ (01) 872 55 55
Mo–Fr 10–16.30 Uhr
Die große Kuppel der »Vier Gerichtshöfe« beherrscht das Nordufer der Liffey westlich des Zentrums. Das nach Plänen von James Gandon errichtete Justizgebäude mit seiner über 100 m langen Front, dem korinthischen Säuleneingang und dem Skulpturenschmuck wurde im Jahr 1802 fertiggestellt. Während des Bürgerkriegs wurde es 1922 stark beschädigt, aber originalgetreu wieder aufgebaut.

General Post Office
O'Connell St., Dublin 1
Alle Busse Richtung Zentrum
✆ (01) 705 70 00
www.anpost.ie
Mo–Sa 8.30–18 Uhr, Eintritt frei
Hinter der imposanten Tempelfront mit dem Säuleneingang verbirgt sich das Hauptpostamt von Dublin. Das 1814 von Francis Johnston errichtete Gebäude spielte auch eine Rolle im Unabhängigkeitskampf: 1916 besetzten irische Freiwillige beim sogenannten Osteraufstand das Postamt und trotzten sechs Tage der britischen Armee – dann brannte das Gebäude aus und die Rädelsführer wurden im Gefängnis von Kilmainham hingerichtet.

❼ Guinness Storehouse
St. James' Gate, Dublin 8
Bus 51B, 78A, 123, Luas bis St. James's Hospital
✆ (01) 408 48 00
www.guinness-storehouse.com
Tägl. 9.30–17, Juli/Aug. bis 19 Uhr, Eintritt € 16,50/10,50/6,50, Familienticket € 40, Ermäßigung bei Buchung über das Internet
In der Guinness Brauerei zeigt ein etwas zu buntes und unübersichtliches Multimediaspektakel, wie das dunkelbraune Bier hergestellt wird. Doch der Besuch lohnt schon wegen des faszinierenden Ausblicks, den man in der Gravity Bar im 7. Stock genießt, wenn man am Ende des Rundgangs ein Glas Guinness trinkt (im Eintrittspreis inbegriffen).

Kilmainham Gaol
Inchicore Rd., Kilmainham
Dublin 8
Bus 13, 40, 69, 79
✆ (01) 453 59 84
www.heritageireland.ie
April–Sept. tägl. 9.30–18, Okt.–März Mo–Sa 9.30–17.30, So 10–18 Uhr, letzter Einlass 1 Stunde vor Schließung, Eintritt € 6/2, Familienticket € 14
Beklemmende Gefängnis-Atmosphäre und ein Überblick über Irlands fehlgeschlagene Befreiungskämpfe erwarten den Besucher. In Kilmainham haben von der Eröffnung im Jahr 1796 bis zur Schließung 1924 unzählige Freiheitskämpfer und Patrioten eingesessen.

Leinster House
Kildare St., Dublin 2
Bus 7, 7A, 8, 10, 11, 13
✆ (01) 618 32 71 oder 618 37 81
Führungen Mo, Fr 10.30 und

REGION 1
Dublin

14.30 Uhr, Treffpunkt spätestens 15 Minuten vor Beginn, Lichtbildausweis erforderlich, besser vorher telefonisch bestätigen lassen
In dem stattlichen georgianischen Gebäude, das sich der spätere Herzog von Leinster 1745 von Richard Castle errichten ließ, tagen heute die beiden Kammern des irischen Parlaments. Der irische Architekt des Weißen Hauses in Washington D.C. James Hoban ließ sich vom Leinster House inspirieren.

◉ ❾ Marsh's Library
St. Patrick's Close, Dublin 8
Bus 50, 54A, 56
✆ (01) 454 35 11
www.marshlibrary.ie
Mo, Mi–Fr 9.30–13 und 14–17, Sa 10–13 Uhr
Eintritt € 2,50/1,50
Die älteste öffentliche Bücherei Irlands, 1710 von Erzbischof Narcissus Marsh (1638–1713) eingerichtet, hat zwei Besonderheiten: Erstens wurden die Räume seit der Eröffnung nicht verändert und zweitens hat hier angeblich noch nie jemand ein Buch gestohlen. Kein Wunder: Im Lesesaal wird, wer ein wertvolles Buch lesen will, zusammen mit seiner Lektüre hinter einem Drahtgitter eingeschlossen.

◉ Molly Malone
Grafton St., Dublin 1
Fast alle City-Busse passieren die Grafton St.
An der Ecke Grafton St. und Suffolk St. steht die wahrscheinlich bekannteste Dublinerin: Molly Malone. Die Bronzefigur ist eines der Wahrzeichen der Stadt.

◉ ♉ ⛉ Old Jameson Distillery
Bow St., Smithfield, Dublin 7
Bus 25, 25A, 67, 67A, 68, 69, 79, 90, Luas bis Smithfield
✆ (01) 807 23 48
www.jamesonwhiskey.com
Mo–Sa 9–18, So 10–18 Uhr
letzte Führung tägl. 17.15 Uhr, Eintritt € 14/7,70, Ermäßigung bei Buchung über das Internet
In der Jameson Distillery wurde 200 Jahre lang Whiskey, den die Iren *Uisce Beatha* – »Wasser des Lebens« nennen, hergestellt. Whiskey-Liebhaber können im Besucherzentrum in der ehemaligen Fabrik an einer multimedialen Einführung in die Herstellung des Kultgetränks und anschließend an einer Verkostung teilnehmen, edlen Whiskey für zu Hause erwerben und an der Bar die Tests fortsetzen.

◉ Prospect Cemetery
Finglas Rd., Dublin 11
Bus 13, 19, 19A, 40, 40A
✆ (01) 882 65 50
www.glasnevintrust.ie
Führungen Glasnevin Museum und Friedhof tägl. 11.30 und 14.30 Uhr, € 12/8, Friedhofsbesuch kostenlos
Seit 1832 wurden auf dem weitläufigen Prospect Cemetery, der auch unter dem Namen Glasnevin-Friedhof bekannt ist, ungefähr 1,5 Mio. Menschen bestattet. Darunter auch unzählige Prominente aus Politik, Kunst und Literatur, von Daniel O'Connell über Michael Collins bis Brendan Behan. So bietet der Nationalfriedhof eine beeindruckende Reise durch die irische Geschichte.

◉ The Spire
O'Connell St., Dublin 1
Fast alle Busse Richtung Zentrum
Mitten auf der O'Connell St., dem Flanierboulevard nördlich der Liffey, reckt sich The Spire 120 m in den Himmel. Am Fuß misst die Metallnadel 3 m im Durchmesser, an der Spitze, die nachts beleuchtet wird, nur noch 15 cm. Der siegreiche Entwurf eines Wettbewerbs wurde

Kilmainham Gaol, der wichtigste Schauplatz des irischen Unabhängigkeitskampfes

**REGION 1
Dublin**

Emblem der St. Patrick's Cathedral

Blick in Irlands größtes Kirchenschiff: St. Patrick's Cathedral

2003 verwirklicht und ersetzt die 1966 von der IRA gesprengte Nelson-Säule.

❻ St. Audoen's Church
Cornmarket/High St., Dublin 8
Bus 49, 50, 51B, 54A, 56A, 65, 77, 77A, 78A, 123
✆ (01) 677 00 88
www.heritageireland.ie
Ende April–Okt. 9.30–17.30, letzter Einlass 16.45 Uhr, sonst nur nach Vereinbarung, Eintritt frei
Die Kirche aus dem 13. Jh. ist dem normannischen Bischof Quen geweiht. Eine kleine Ausstellung erinnert an sein Leben. Im Glockenturm hängen die ältesten Glocken Irlands von 1423. Manchem vielleicht noch wichtiger ist der *lucky stone*: Ihn zu berühren bringt angeblich Glück im Geschäftsleben.

St. Mary's Pro Cathedral
83 Marlborough St., Dublin 1
Alle Busse zum Stadtzentrum bis zum Umsteigeplatz O'Connell St., DART bis Connolly oder Tara St., Luas bis Abbey St.
✆ (01) 874 54 41
www.procathedral.ie
Mo–Fr 7.30–18.45, Sa 7.30–19.15, So 9–13.45 und 17.30–19.45 Uhr, Eintritt frei
Die zwischen 1815 und 1825 errichtete Kirche ist die einzige katholische Kathedrale Dublins.

Da die katholische Kirche zu dieser Zeit noch keinen festen Stand in der Stadt hatte, wurde der Bau in einer Nebenstraße versteckt. Obwohl als Provisorium gedacht, wird die fünfschiffige Säulenkirche, die an einen Athener Tempel erinnert, bis heute von den Gläubigen viel genutzt.

St. Michan's Church
Church St., Dublin 7
Bus 25, 25A, 67, 67A, 68, 69, 79, 90, Luas bis Smithfield
✆ (01) 872 41 54
www.stmichans.com
März–Okt. Mo–Fr 10–12.45 und 14–16.45, Nov.–Feb. Mo–Fr 12.30–14.30, Sa ganzjährig 10–13 Uhr, Eintritt € 3,50/2,50 für die geführte Tour, sonst frei
Die erste St. Michan's Church wurde 1095 errichtet, von ihr sind allerdings nur noch Reste erhalten. Die heutige Kirche stammt aus dem Jahr 1686. Ihre Orgel ist eine der ältesten des Landes – auf ihr soll Georg Friedrich Händel den »Messias« gespielt haben. Doch die meisten Besucher zieht es wegen der Gruft hierher. Über eine enge Steintreppe gelangt man in einen Tunnel mit Särgen. Einige von ihnen sind offen, sodass man einen Blick auf die mumifizierten Toten werfen kann. Man geht davon aus, dass die extrem trockene Luft in der Krypta für die Mumifizierung verantwortlich ist.

❽ St. Patrick's Cathedral
Saint Patrick's Close, Dublin 8
Bus 49, 49A, 49B, 50, 54A, 56A, 65, 65B, 77, 77A
✆ (01) 453 94 72
www.stpatrickscathedral.ie
Mo–Sa 9–17, März–Okt. Sa bis 18, So 9–10.30 und 12.30–14.30, März–Okt. auch 16.30–18 Uhr
Eintritt € 5,50, unter 16 Jahren frei, Familienticket € 15
Die Kathedrale, deren Grundstein 1191 gelegt wurde,

wurde im 13. Jh. im gotischen Stil umgebaut. In der Kirche befinden sich Grabmäler bzw. Gedenktafeln, die an bekannte Iren erinnern – allen voran an den Schriftsteller und Satiriker Jonathan Swift (1667–1745), der von 1713 bis 1742 Dekan in St. Partricks war. Die beiden irischen Präsidenten Douglas Hyde (1860–1949) und Erskine Childers (1905–1974) liegen hier begraben.

Der **Chor der Kirche** ist landesweit bekannt und blickt auf eine lange Tradition zurück. 1742 hat er – gemeinsam mit dem Chor der Christ Church Cathedral – die Welturaufführung von Händels »Messias« gesungen.

❷ Temple Bar
Viertel zwischen dem River Liffey, der Parliament St., der Dame St. und der Anglesea St.
www.templebar.ie
Das Kneipen- und Ausgehviertel Dublins ist benannt nach Sir William Temple (1555–1672), der hier einst ein Grundstück besaß. Nach langen Zeiten des Verfalls wurde Temple Bar im Laufe der 1990er Jahre saniert und ist heute das Herzstück der Stadt. In dem bei Künstlern beliebten Viertel sind das **National Photographic Archive** und die **Tempel Bar Galleries**, 5–9 Temple Bar, besonders sehenswert.

❿ Trinity College
College St., Dublin 2
Fast alle City-Busse passieren das Trinity College
✆ (01) 896 23 20
www.bookofkells.ie
Mo–Sa 9.30–17, So 9.30–16.30, Okt.–April So erst ab 12 Uhr
Eintritt € 9/8, unter 12 Jahren frei, Familienticket € 18
1592 von der englischen Königin Elisabeth I. gegründet, ist das Trinity College die älteste Universität Irlands – und die berühmteste. Hier haben mit Jonathan Swift, Bram Stoker, Oscar Wilde und Samuel Beckett einige der wichtigsten irischen Schriftsteller studiert. Im Innenhof findet sich der 1852 errichtete Campanile, das Wahrzeichen des Campus. Im langen Gebäude zur Rechten befindet sich die **Old Library**. In einer Schatzkammer im Erdgeschoss wird neben anderen kostbaren Evangelienhandschriften das rund 1200 Jahre alte **Book of Kells** aufbewahrt, das auf 340 prachtvoll illustrierten Folianten die vier Evangelien des Neuen Testaments enthält. Der **Long Room** im ersten Stock ist eine 65 m lange, einzigartige Bibliothek mit rund 200 000 kostbaren, ledergebundenen Büchern.

🐘🌳 Dublin Zoo
Phoenix Park, Dublin 8
Bus 25, 25A, 26, 46A, 66, 66A, 66B, 67, 67A, 68, 69, Luas bis Heuston Station
✆ (01) 474 89 00
www.dublinzoo.ie
Tägl. ab 9.30, Jan. bis 16.30, Feb. bis 17, März–Sept. bis 18, Okt. bis 17.30, Nov./Dez. bis 16 Uhr
Eintritt € 16/11,50, Familienticket € 45,50

REGION 1
Dublin

Vorbereitungen für den Ball des Trinity College

REGION 1
Dublin

Georgianischer Hauseingang am Merrion Square

1831 gegründet, ist der Dubliner Zoo der älteste Tierpark Europas. Besonders sehenswert sind die Raubtier- und Primatenabteilung. Großzügige Gehege.

♣◉ Garden of Remembrance
Parnell Sq. East, Dublin 1
Bus 10, 11, 11B, 13, 13A, 16, 16A, 19, 19A
☏ (01) 821 30 21
www.heritageireland.ie
April–Sept. 8.30–18, Okt.–März 9.30–16 Uhr, Eintritt frei
Dieser kleine Park ist eine stille Oase inmitten des Verkehrs am Parnell Square und erinnert an alle irischen Freiheitskämpfer, die ihr Leben für die Freiheit gelassen haben.

♣◉ Iveagh Gardens
Clonmel St., Dublin 2
Bus 10, 11, 13, 13A, 14, 14A, 15, 15A, 15B, 44, 46A, 47A, 47B, 48A, 86
☏ (01) 475 78 16
www.heritageireland.ie
Mo–Sa ab 8, So ab 10, im Sommer bis 18, im Winter bis 15.30/16 Uhr
Die hinter hohen Mauern versteckten Iveagh Gardens wurden 1863 angelegt und sind bis heute ein stilles Kleinod inmitten der Stadt. Rasenflächen, Brunnen, Grotten, Statuen, Rosengarten, Labyrinth und sogar ein Wasserfall laden zum Verweilen ein.

♣◉✤ ⓭ Merrion Square
Merrion Sq., Dublin 2
Bus 7, 10, 45
Tägl. von Sonnenauf- bis Sonnenuntergang
Merrion Square ist einer der größten und schönsten Plätze Dublins, an drei Seiten von den typischen georgianischen Häusern umgeben. In diesen wohnten einst einige der großen Literaten der Stadt wie Oscar Wilde in der Nr. 1. Ihn findet man im Innern der umzäumten und gepflegten Grünanlage auf einem Stein. An Wochenenden nutzen die Künstler der Stadt die Zäune des Parks als Freiluftgalerie.

♣🌲◉ Phoenix Park
Phoenix Park, Dublin 8
Bus 37, 38, 39, 70, Luas bis Heuston Station
Park Visitor Centre:
☏ (01) 677 00 95
www.phoenixpark.ie
Mit mehr als 800 Hektar ist der Phoenix Park der größte eingezäunte Park Europas. Den Zaun braucht man u. a. deshalb, weil auf dem Gelände 300 Hirsche frei herumlaufen. Einst Jagdrevier des englischen Königs, ist der Park heute ein beliebtes Ausflugsziel der Dubliner. Sie joggen und skaten hier oder fahren Rad. Am Wochenende trifft man sich zum Picknick. Die größten Sehenswürdigkeiten im Park sind die Residenz des Staatspräsidenten und der Zoo. Das Visitor Centre zeigt eine kleine Ausstellung über Natur und Geschichte des Parks.

♣◉ ⓮ St. Stephen's Green
St. Stephen's Green
Dublin 2
Bus 10, 11, 13, 13A, 14, 14A, 15, 15A, 15B, 44, 46A, 47A, 47B, 48A, 86, Luas bis St. Stephen's Green
www.heritageireland.ie
Mo–Sa ab 7.30, So ab 9.30 Uhr, jeweils bis zum Sonnenuntergang, Eintritt frei
Dublins ältesten Park verdankt die Stadt einem Spross der berühmten Bierbrauerdynastie. Sir Arthur Guinness machte ihn 1880 der Öffentlichkeit zugänglich. Die Dubliner sind ihm noch heute dankbar und tummeln sich in der grünen Oase. Alles ist akkurat gepflegt – der Ententeich mit Pavillon, die Blumenbeete und die Rasenflächen. Versteckt zwischen den Bäumen gibt es eine Reihe

von Denkmalen wie das von Henry Moore für William Butler Yeats. Sehenswert ist auch der Eingang an der Verlängerung der Grafton St. mit dem Ende des 19. Jh. errichteten Fusilier's Arch.

☒ ☻ ❀ Bewley's Grafton Street Café
78–79 Grafton St., Dublin 2
✆ (01) 672 77 20
www.bewleys.com
Mo–Mi 8–22, Do–Sa 8–23, So 9–22 Uhr
Das Bewley's hat einen speziellen nostalgischen Charme. Herrlich duftende Kaffee- und Teespezialitäten und leichtes Essen erfreuen den Gaumen. Im ehemaligen Oriental Room werden zur Mittagszeit öfter kleine Theaterstücke von jungen Schauspielern aufgeführt. €€

☒ ▶ ♫ The Brazen Head
20 Lower Bridge St., Dublin 8
✆ (01) 679 51 86
www.brazenhead.com
Tägl. 10.30–0.30 Uhr
1198 eröffnet, ist das Brazen Head das älteste Pub Irlands. Obwohl das heutige Gebäude erst aus dem 17. Jh. stammt, merkt man dem stimmungsvollen Restaurant seine lange Geschichte an. Gemütlich sitzt man im Barraum und tut sich an üppigen Portionen gütlich. Ab 21 Uhr schließt die Küche, dann werden die Teller beiseitegeräumt und es gibt Livemusik. €

☒ ☻ ♟ Café Cairo
Trinity Capital Hotel
Pearse St., Dublin 2
✆ (01) 648 10 10
www.trinitycapitalhotel.com
Mo–Do 7–23.30, Fr/Sa 7–0.30, So 8–23.30 Uhr, ab 21.30 Uhr nur noch Drinks
Elegant-opulente Bar mit nostalgischem Charme. Der Name ist hier Programm, vieles erinnert an Nordafrika. Frühstück, Lunch und Dinner. €€

☒ ☻ ♟ ♫ Café en Seine
39 Dawson St., Dublin 2
✆ (01) 677 43 49
www.cafeenseine.ie
Tägl. 11–24, Do–Sa bis 3 Uhr, So Jazzbrunch bis 17 Uhr
Tagsüber Café und Restaurant, später am Abend dann Pub mit Livemusik. Das Interieur ist opulent im Art-déco-Stil gehalten und erinnert mit den imposanten Glaslampen, der Büste von Louis XIV., den Spiegeln und dem Piano an das Paris zu Beginn des 20. Jh. Das wunderschöne Atrium und die beeindruckend großen Pflanzen unterstreichen das besondere Flair des preisgekrönten Café en Seine. €€€

☒ Chapter One
18–19 Parnell Sq., Dublin 1
✆ (01) 873 22 66
www.chapteronerestaurant.com
Mo–Fr 12.30–14, Di–Sa 19.30–22.30, So ab 18 Uhr
Chefkoch Ross Lewis hat sich seit der Eröffnung 1992 einen festen Platz in der Dubliner Restaurantszene erobert. Abwechslungsreiche, moderne irische Küche mit Lamm, Lachs, Geflügel und Meeresfrüchten. Das Ambiente im Kellergewölbe des Writers Museum könnte kaum stimmungsvoller sein und auch das Preis-Leistungs-Verhältnis stimmt. €€€€

☒ ♟ The Church
Mary St./Jervis St., Dublin 1
✆ (01) 828 01 02
www.thechurch.ie
Tägl. ab 17, Main Bar ab 11 Uhr
Die Anfang des 18. Jh. errichtete St. Mary's Church war eine der ersten Galerienkirchen in Dublin. Nach der Schließung 1964 stand sie eine Weile leer, bis schließlich nach aufwendigen Restaurierungsarbeiten im

---

**REGION 1
Dublin**

Die Preiskategorien bei den Restaurants beziehen sich jeweils auf ein Hauptgericht ohne Getränke:

€/£   – bis 12 Euro
€€/££   – 12 bis 18 Euro
€€€/£££   – 18 bis 25 Euro
€€€€/££££   – über 25 Euro

»Menu of the Day«

REGION 1
Dublin

Dezember 2005 das Restaurant eröffnet werden konnte. Schon auf den ersten Blick sieht man, dass dies eine Kirche war, denn sogar die Orgel und die Kirchenfenster sind erhalten geblieben. Im zentralen ehemaligen Kirchenschiff befindet sich nun die Bar, auf der Galerie das Restaurant. Eine weitere Bar verbirgt sich im Keller. 2006 gab es den Preis für das bestsanierte alte Gebäude. Mittags wird ein preiswerter Lunch angeboten. €€€

⊠ 🍸 ♪ Diep Le Shaker
55 Pembroke Lane, Dublin 2
✆ (01) 661 18 29, www.diep.net
Di–Do 12–14.30, Fr 12–15, Di/Mi 17–22.30, Do–Sa 18–23.30 Uhr
Ausgezeichnet als bestes ethnisches Restaurant Dublins. Angenehmes Interieur in kräftigen, aber nie aufdringlichen Farben. Moderne, schlichte Einrichtung, guter Service. Umfangreiche Speisekarte mit raffinierten asiatischen Gerichten. Dienstag- und Mittwochabend Livemusik, meistens Jazz. Nach dem Essen kann man in die **Buddha Bar** wechseln und den Abend bei einem der fantasievollen Cocktails beschließen. €€€

⊠ L'Ecrivain
109A Lower Baggot St., Dublin 2
✆ (01) 661 19 19
www.lecrivain.com
Mo–Sa 18.30–22.30, Do/Fr auch 12.30–14 Uhr
Derry und Sallyanne Clarke servieren moderne irische Küche und wurden dafür schon mit einem Michelin-Stern belohnt. Dass dieses Gourmetvergnügen nicht ganz billig ist, versteht sich von selbst, doch die Dubliner sind begeistert, und so muss man den Tisch im L'Ecrivain rechtzeitig bestellen. Von den Wänden schauen berühmte irische Schriftsteller den Gästen beim Essen zu. €€€€

⊠ 🍸 Ely Wine Bar
22 Ely Place, Dublin 2
✆ (01) 676 89 86
www.elywinebar.ie
Mo–Do 11–23.30, Fr 10–0.30, Sa 17–0.30 Uhr
Hier gibt es die wahrscheinlich beste Weinauswahl in Dublin. Lassen Sie sich vom Ober beraten, welchen Roten Sie zum Biolamm trinken sollen. Nicht nur das Lamm kommt vom Ökobauernhof. €€€€

⊠ Epicurean Food Hall
46 Middle Abbey St., Dublin 1
www.epicureanfoodhall.com
Mo–Sa 8–20, So 11–19 Uhr
In der Markthalle mit schönem Atrium hat der kleine Hunger zwischendurch keine Chance. Im Angebot ist Indisches, Türkisches, Italienisches, Spanisches und auch der *Chipper* fehlt nicht. Die Auswahl ist überwältigend. Wer an den Tischen Platz nimmt, kann sogar die müden Füße entspannen. Mittags ist es hier immer voll. €

⊠ Gallaghers Boxty House
20–21 Temple Bar, Dublin 2
✆ (01) 677 27 62
www.boxtyhouse.ie
Tägl. 11–22.30, Fr/Sa bis 23 Uhr, im Sommer länger
Eines der wenigen Restaurants in Dublin, in denen man *Boxty* –

Irische Pub-Kultur

den traditionellen irischen Kartoffelpfannkuchen – essen kann. Aber auch alles andere, was man mit irischer Küche in Verbindung bringt, kann man hier bestellen. €€

⊠ Langkawi
46 Upper Baggot St., Dublin 2
✆ (01) 668 27 60
www.langkawi.ie
Tägl. 18.30–23.30, Mo–Fr auch 12.30–14 Uhr
Malaysisches Restaurant in Familienbesitz. Freundliche Bedienung und ausgezeichnete Currygerichte gehen hier Hand in Hand. Empfehlenswert sind auch die Vorspeisen. €€€

⊠ ▯ The Lord Edward
23 Christchurch Place, Dublin 8
✆ (01) 454 24 20
www.lordedward.ie
Mo–Sa 18–22.30, Mo–Fr auch 12.30–14.30 Uhr
Dublins ältestes Fischrestaurant liegt über dem gleichnamigen Pub. Absolut frische Ware und als Zugabe ein herrlicher Blick auf die Christ Church Cathedral. €€€€

⊠ ▯ The Oliver St. John Gogarty Restaurant
58–59 Fleet St., Temple Bar
Dublin 2
✆ (01) 671 18 22
www.gogartys.ie
Mo–Sa 10.30–2.30, So 12–1.30 Uhr, Lunch Do–So, Dinner Mo–Do ab 17.30 Uhr
Eines der bekanntesten Restaurants in Temple Bar. Gute Stimmung und irische Hausmannskost sind die Markenzeichen des Pubs. Der Namensgeber war Dichter, Pilot und Politiker, vor allem aber Liebhaber eines guten Guinness. Nicht nur ihm zu Ehren fließt der braune Gerstensaft hier in Strömen. €€

⊠ ▯ Oliver's at The Schoolhouse
2–8 Northumberland Rd.
Dublin 4
✆ (01) 667 5014
www.schoolhousehotel.com
Tägl. 17–22, Mo–Fr auch 12–14.30 Uhr

Bis 1965 war das Gebäude eine Schule, dann stand es lange leer – 1998 sind hier ein Restaurant und ein Hotel eingezogen. Seit Herbst 2010 ist Olivier Quenet Küchenchef und zelebriert hochgelobte französische Kochkunst. Die Lunch-Menüs sind mit € 21–27 noch relativ preisgünstig, abends muss man schon etwas tiefer in die Tasche greifen. In der **Schoolhouse-Bar** gibt es Do–Sa ab 21 Uhr Livemusik. €€€

⊠ Patrick Guilbaud
21 Upper Merrion St., Dublin 2
✆ (01) 676 41 92, www.restaurantpatrickguilbaud.ie
Di–Sa 12.30–14.15 und 19–22.15 Uhr
Das Ambiente passt zum Anspruch. Begleitet von zeitgenössischer irischer Kunst zelebriert der Chefkoch Patrick Guilbaud seine Kochkünste, die ihm immerhin zwei Michelin-Sterne eingebracht haben. Bei schönem Wetter kann man auch auf der Terrasse im Garten speisen. Dass nur feinste saisonale Zutaten verarbeitet werden, ist in dieser Preisklasse

REGION 1
Dublin

»The Oliver St. John Gogarty Restaurant« in der Fleet Street

**REGION 1
Dublin**

selbstverständlich. Während die Dinner-Menüs doch ein größeres Loch in die Geldbörse reißen, ist das Lunch-Menü ab 35 Euro durchaus noch erschwinglich. €€€€

✗ 🍴 🎵 **The Porterhouse**
16–18 Parliament St., Dublin 2
✆ (01) 679 88 47
www.porterhousebrewco.com
Mo–Do 10.30–23.30, Fr/Sa 10.30–0.30, So 12–23 Uhr
Bier, irisches Essen, Pubatmosphäre und jeden Abend Livemusik. Das Porterhouse ist eine der ganz wenigen Kneipen Dublins, die kein Guinness ausschenkt. Zu Recht, denn man braut sein eigenes Bier – und das schon recht lange und beileibe nicht schlechter als die Leute von Guinness. Experimentierfreudige können sich am *Oyster Stout* mit Austerngeschmack versuchen. Ansonsten wartet auf Trinkfeste hier noch eine Riesenauswahl an Flaschenbieren aus aller Welt. €€

✗ 🍴 🎵 **The Tea Room**
The Clarence Hotel, 6–8 Wellington Quay, Eingang von der East Essex St., Dublin 2
✆ (01) 407 08 13
www.theclarence.ie
Tägl. 7–22, Do–Sa bis 22.30 Uhr, Fr Livemusik ab 19 Uhr
Hier speisen die oberen Zehntausend. Ausgezeichnetes Essen und edles Ambiente. Der Service ist professionell, lässt

Shopping

Dublin ist eine sehr gute Stadt zum Einkaufen – allerdings keine billige. In der **Fußgängerzone Grafton Street** reiht sich ein Kaufhaus ans andere. Obwohl hier viele Touristen unterwegs sind, geht meist Höherklassiges über den Ladentisch. Souvenirläden mit Dutzendware findet man nur vereinzelt. Wer nicht muss, sollte hier nicht gerade samstags einkaufen – dann fühlt es sich an wie bei Sardinens in der Dose. Die **Henry und Mary Street** sind bei ähnlichem Angebot die billigere Alternative zur Grafton Street. Von der Henry Street zweigt die **Moore Street** ab – auf dem Markt und in den umliegenden Geschäften kauft man Obst, aber auch Exotisches wie Trockenfisch, Malzbier oder afrikanische Gewürze. Auch in der **O'Connell Street** gehen die Dubliner gern einkaufen. Läden der unterschiedlichsten Bekleidungsketten dominieren hier die Szene. Besuchenswert ist Clerys, ein etwas altertümlich wirkendes Kaufhaus. Die **Earl Street** ist die Schnäppchenstraße Dublins. Qualität wird hier nicht immer groß geschrieben, doch wer möglichst viel für einen Euro will, ist hier richtig. Etwas außerhalb an der N3, nördlich des Stadtrings M50, liegt mit dem **The Blanchardstown Centre** (www.blanchardstowncentre.ie) das größte Einkaufszentrum des Landes. Wer auf der Suche nach Antiquitäten oder Trödel ist, sollte durch die **Francis Street** schlendern, dort reiht sich ein Geschäft ans andere.

Straßenkünstler auf der Grafton Street

aber die sonst übliche irische Freundlichkeit vermissen. Ohne Vorbestellung bekommt man keinen Tisch. €€€€

🍸 Club M
Cope St., Dublin 2
℡ (01) 671 5622, www.clubm.ie
Fr–So 23–3 Uhr
Einer der ältesten Nightclubs der Stadt, der vor allem junges Publikum anzieht. Unterschiedlichste Stilrichtungen werden gespielt. Hier geht es meist sehr ausgelassen zu – ein Hauch von Ballermann in Dublin.

🍸✕ Fitzsimons
Temple Bar, Dublin 2
℡ (01) 677 93 15
www.fitzsimonshotel.com
Bar, Nachtclub je nach Veranstaltung unterschiedlich geöffnet, Restaurant 12–22.30 Uhr
Wer in Temple Bar feiern will, hat hier die Auswahl – Fitzsimons ist Bar, Nachtclub und Kneipe in einem. Vier Tanzflächen und vier Bars, darunter eine auf dem Dach unter freiem Himmel, warten auf die Vergnügungssüchtigen. €

🍸 Howl at the Moon
8 Lower Mount St., Dublin 2
℡ (01) 634 54 60
www.howlatthemoon.ie
Fr 17–3, Sa 20–3 Uhr
Vier luxuriöse Bars auf vier Ebenen, die mit den Kronleuchtern und Spiegeln teils etwas überladen und plüschig wirken. DJ-Musik.

🍴🎵🛏 O'Donoghue's
15 Merrion Row, Dublin 2
℡ (01) 660 71 94
www.odonoghues.ie
Mo–Do 10.30–23.30, Fr/Sa 10.30–0.30, So 12.30–23 Uhr
Schon 1789 wurde in diesem Pub Bier getrunken. In den 1930er Jahren hat dann die Familie O'Donoghue die Kneipe übernommen und in den nächsten Jahrzehnten zum Ruhm geführt. Denn hier haben seitdem viele bekannte Gruppen ihren irischen Folk zum Besten gegeben – natürlich auch die Dubliners. An den Wänden hängen noch die vergilbten Fotos der Helden. Auch heute kommen fast täglich noch Musiker vorbei und spielen wie eh und je Irish Folk. Kein Wunder, dass die wenigen Sitzplätze bald vergeben sind und es im Laufe des Abends immer voller wird. Wer richtig abfeiern möchte, bestellt rechtzeitig ein Zimmer im kleinen Hotel.

🏛 Apollo Gallery
51C Dawson St., Dublin 2
℡ (01) 671 26 09
www.apollogallery.ie
Mo–Sa 10.30–18, So 12–17 Uhr
Die alteingesessene Apollo Gallery hat sich zum Ziel gesetzt, irische Künstler vom 19. Jh. bis zur Gegenwart auch einem ausländischem Publikum bekannt zu machen. Auch wenn man nicht unbedingt eine Anschaffung plant, lohnt es sich, in der gut gefüllten Ladengalerie zu stöbern.

🏛 Barry Doyle
30 Georges St. Arcade
Dublin 2
℡ (01) 671 28 38
www.barrydoyledesign.com
Mo–Sa 10–17.30, Do bis 19 Uhr
Barry Doyle fertigt in seinem Studio ausgefallenen Gold- und Silberschmuck. Außergewöhnlich ist seine Kollektion an keltischen Hochzeitsringen.

🏛 Blackrock Market
19 Main St., Blackrock
DART bis Blackrock
℡ (01) 283 35 22
www.blackrockmarket.com
Sa/So 11–17.30 Uhr
Ein Flohmarkt, auf dem Schnäppchenjäger nahezu alles finden können, was das Herz begehrt – angefangen bei Kleidern bis zu Haushaltswaren,

> **REGION 1
> Dublin**

*Das Zentrum des Nachtlebens ist ohne Zweifel **Temple Bar**. Hier reiht sich eine Kneipe an die andere. Besonders an lauen Sommerabenden tobt in diesem Viertel das Leben. Kneipengänger sollten beachten, das in Irland die Pubs generell früher schließen, als wir das aus Deutschland gewohnt sind. Um zwölf, spätestens halb eins lassen die meisten die Rollläden herunter. Das gilt natürlich nicht für Diskotheken und Nachtclubs, in denen es erst gegen 23 Uhr so richtig losgeht.*

Claddagh Ring

REGION 1
Dublin

Bühne der Straßenmusikanten, der »Buskers«, sind …

… die Straßen im Zentrum von Dublin

Büchern und Kunst. Und selbst wenn man nichts findet, es macht Spaß dem Markttreiben zuzusehen.

🏛 Brown Thomas
88–95 Grafton St., Dublin 2
✆ (01) 605 66 66
www.brownthomas.com
Mo–Fr 9.30–20, Di ab 10, Do bis 21, Sa 9–20, So 11–19 Uhr
Schon der Türsteher in klassischer Livree vermittelt einem das Gefühl, ins vornehmste Kaufhaus Dublins zu gehen. Der Eindruck bestätigt sich im Innern; das ehrwürdige Brown Thomas – 1849 eröffnet – kann es durchaus mit dem Londoner Harrod's oder dem Berliner KaDeWe aufnehmen. Hier warten viele in- und ausländische Designerlabels auf zahlungskräftige Käufer.

🏛 Carroll's
33 Lower O'Connell St., Dublin 1
✆ (01) 874 67 41
www.carrollsirishgifts.com
Hier bekommt man wirklich alle Souvenirs, die man sich nur vorstellen kann. Zwar findet sich in dem riesigen Laden viel Kitsch und Krempel, doch auch relativ hochwertige Kleidungsstücke in den Nationalfarben sind im Angebot. Weitere Filialen von Carroll's Irish Gift Stores: 57–58 Upper O'Connell St., Stephen's Green, Suffolk St., Henry St. und Talbot St.

🏛 Celtic Whiskey Shop
27–28 Dawson St., Dublin 2
✆ (01) 675 97 44
www.celticwhiskeyshop.com
Mo–Sa 10.30–20, Do bis 21, So 12.30–19 Uhr
Dieses Geschäft wird jeden Whiskey-Liebhaber in Entzücken versetzen. Neben den bekannten Marken, die man auch bei uns im Supermarkt bekommt, hat der Celtic Whiskey Shop viele edle Tropfen kleiner irischer Brennereien im Angebot. Einige schottische Marken und auch Bourbon lagern obendrein noch in den Regalen. Eine kleine Auswahl an Whiskeys steht immer zur Verkostung bereit.

🏛 Clerys
18–27 O'Connell St., Dublin 1
✆ (01) 878 60 00, www.clerys.ie
Mo–Fr 10–18.30, Do bis 21, Sa 9–19, So 12–18 Uhr
Hinter der ehrwürdigen Fassade von 1853 an Dublins Prachtboulevard verbirgt sich nach der letzten Sanierung von 2004 ein modernes Kaufhaus mit großem Angebot. Das Interieur bietet auch noch ehrwürdig Altes wie Marmortreppen, Säulen und dekorative Fußböden.

🏛 Dublin Woollen Mills
41 Ormond Quay Lower
Dublin 1
✆ (01) 828 03 01
www.woollenmills.ie
Mo–Sa 9.30–18, Do bis 18.30 Uhr
Traditionsreicher Laden, gegründet 1888, in dem man irische Pullover kaufen kann.

🏛 The House of Ireland
38 Nassau St., Dublin 2
✆ (01) 671 11 11
www.houseofireland.com
Mo–Sa 9–18, Do bis 20, So 10.30–18 Uhr
Souvenirs ohne Ende – Sweater, T-Shirts, Tassen. In diesem Geschäft ist Grün die vorherrschende Farbe.

REGION 1
Dublin

Unter Glas: St. Stephen's Green Shopping Centre

Kevin & Howlin
31 Nassau St., Dublin 2
✆ (01) 633 45 76
www.kevinandhowlin.com
Mo–Sa 9.30–18, So 12–18 Uhr
Seit mehr als 70 Jahren wird hier original handgewebter irischer Tweed verkauft – Mäntel, Jacken, Hüte, Schals …

Kilkenny Shop
6 Nassau St., Dublin 2
✆ (01) 677 70 66
www.kilkennygroup.com
Mo–Fr 8.30–19, Do bis 20, Sa 8.30–18.30, So 11–18 Uhr
Souvenirjäger, die bereit sind etwas mehr auszugeben, finden hier eine reiche Auswahl an Strickwaren, Porzellan, Schmuck und vielen anderen Kleinigkeiten.

Louise Kennedy
56 Merrion Sq., Dublin 2
✆ (01) 662 00 56
www.louisekennedy.com
Mo–Do 9–18, Fr 9–17, Sa 10–17 Uhr
In einem alten Stadtpalais liegt dieser Laden einer irischen Designerin. Edel und teuer.

Powerscourt Townhouse Centre
59 William St. South, Dublin 2
www.powerscourtcentre.com
Mo–Fr 10–18, Do bis 20, Sa 9–18, So 12–18 Uhr
Das im 18. Jh. für Lord Powerscourt errichtete Gebäude zählt zu den architektonischen Schmuckstücken der Stadt. Um den überdachten Innenhof, den sich mehrere Restaurants teilen, verteilen sich auf mehreren Stockwerken zum Großteil eher hochpreisige Läden mit Antiquitäten, Schmuck, Mode und Designerware.

St. Stephen's Green Shopping Centre
St. Stephen's Green/Grafton St. Dublin 2
✆ (01) 478 08 88
www.stephensgreen.com
Mo–Sa 9–19, Do bis 21, So 11–18 Uhr
Rund 100 verschiedene Läden, die überwiegend Preisgünstiges anbieten, versammeln sich unter dem Dach des 1889 eröffneten Shopping Centre. Bemerkenswert von außen und innen ist die viktorianische Konstruktion aus Glas und unzähligen weiß gestrichenen Eisenstreben.

Trinity Sweaters
30 Nassau St., Dublin 2
✆ (01) 671 22 92
www.thesweatershop.ie
Mo–Sa 9.30–18, So 11.30–17.30 Uhr
Hier bekommt man die berühmten Wollpullover von den Aran-Inseln.

**REGION 1
Dublin**

Die wichtigsten Festivitäten und Festivals in Dublin und Umgebung:

Januar
Irish Champion Hurdles: Ende Januar findet eines der wichtigsten Pferderennen des Jahres in Leopardstown südlich von Dublin statt. Für die pferde- und wettverrückten Iren sind große Pferderennen so wichtig wie ein Nationalfeiertag (www.leopardstown.com).

Februar
Six-Nations-Rugbyturnier: Wer die Spiele zwischen Irland, England, Schottland, Wales, Frankreich und Italien nicht im Stadion anschaut, ist auf jeden Fall im Pub dabei (www.rbs6nations.com).

Malahide Food and Drink Affair: Kulturelles und kulinarisches Festival Ende Februar in der Innenstadt Dublins.

März
St. Patrick's Day: Am 17. März gibt es Straßenumzüge und Feierlichkeiten in der ganzen Stadt.

April
Colours Boat Race: Am erstes Aprilwochenende findet auf der Liffey das Ruderrennen zwischen University College Dublin und Trinity College statt – vergleichbar mit dem Rennen zwischen Cambridge und Oxford.

Dublin Film Festival: Am dritten Aprilwoche dreht sich alles um Filme.

Mai
May Day Parade: Am ersten Montag im Mai wird gefeiert und getrunken und die Politiker halten Reden, denen keiner zuhört.

Docklands Maritime Festival: Maritime Aktivitäten auf der Liffey und Straßenfest an den Ufern (www.dublindocklands.ie/maritimefestival).

Juni
Music in the Park: Den ganzen Juni über ertönen Freiluftkonzerte in Dublins Parks.

Maracycle: Radrennen Dublin–Belfast–Dublin Mitte Juni.

Bloomsday: Am 16. Juni gedenkt man Leopold Bloom, der Hauptfigur aus »Ulysses« von James Joyce. Für viele Dubliner besteht der Tag aus einem Kneipenbummel auf den Spuren des Dichters.

August
Summer Music Festival: Freiluftkonzerte zur Mittagszeit in St. Stephen's Green.

Dublin Horse Show: Springreitturnier im RDS Ballsbridge (www.dublinhorseshow.com).

September
Liffey Swim: Schwimmwettbewerb zwischen Watling Street Bridge und Custom House am ersten Samstag des Monats.

Dublin Fringe Theater Festival: Über 500 Events aus den Bereichen Theater, Musik, Tanz, Performance. Kreativität pur in der zweiten und dritten Septemberwoche (www.fringefest.com).

All-Ireland Hurling Final am zweiten Sonntag und **All-Ireland Football Final** am vierten Sonntag des Monats im Croke Park. Hurling und Gälischer Fußball sind die beiden uririschen Sportarten. Die Finals sind das wichtigste Sportereignis des Jahres (www.gaa.ie).

Oktober
Dublin Theater Festival: In den ersten zwei Oktoberwochen gibt es viel Theater (www.dublintheatrefestival.com).

Dublin City Marathon: Großer Lauf am letzten Montag im Oktober (www.dublinmarathon.ie).

Halloween (31. Oktober): Eigentlich in Irland erfunden, ist »All Hallow's Eve« inzwischen auch im deutschsprachigen Raum populär.

November
Opera Ireland: Opernfestival im Gaiety Theatre (www.operaireland.ie).

Dezember
St. Stephen's Day: Am 26. Dezember ziehen die »Wren Boys«, als Schornsteinfeger verkleidete Sänger, von Haus zu Haus.

Leopardstown Races: Das größte Pferderennen Irlands findet alljährlich vom 26. bis 29. Dezember statt (www.leopardstown.com).

**REGION 1
Dublin**

Seit dem 17. Jahrhundert feiert Irland den St. Patrick's Day

REGION 2
Ostirland

Ostirland

Burgen und Klöster, Sandstrände und Riviera-Feeling

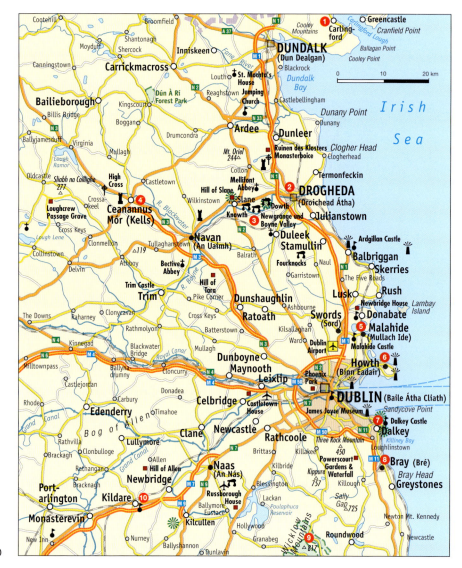

Burgen spielen im Osten Irlands eine große Rolle. Wegen der Nähe zu England setzten sich die Eroberer hier zuerst und mit Nachdruck fest – und bauten zum Schutz vor den aufständischen Iren eine Burg nach der anderen. Besonders imposant ist die von Kilkenny, wobei auch weniger bedeutende Städte ihre Burg haben. Auch die Überreste frühchristlicher Klöster findet man in dieser Gegend häufig, das eindrucksvollste Beispiel ist Glendalough. Doch die heutigen Besucher erfreuen sich nicht nur an historischen Gebäuden, sie genießen auch das für irische Verhältnisse warme Klima und die langen Sandstrände. Gäbe

**REGION 2
Ostirland**

In der Region Ostirland sind die aufgeführten Orte geografisch von Nord nach Süd sortiert.

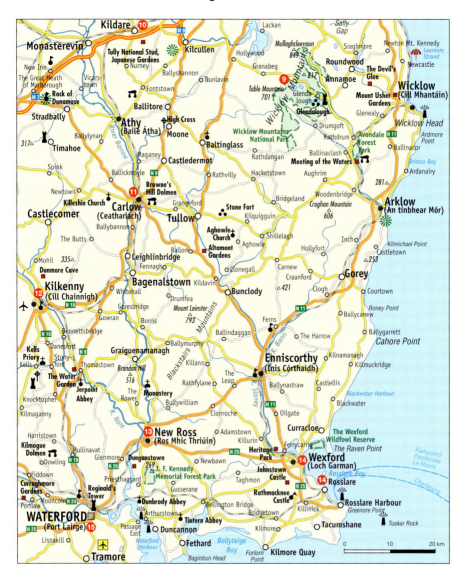

**REGION 2
Ostirland**

Strandgut: angespülter Tang

Isoliert auf einem kleinen Felsen: Haulbowline Lighthouse im Carlingford Lough an der Grenze zu Nordirland

es nicht deutlich zu viele Regenschauer für diesen Vergleich, wäre man versucht, die Küste des Südostens als irische Riviera zu bezeichnen.

❶ Carlingford

Malerisch liegt das Fischerörtchen Carlingford am Fuße der **Cooley Mountains** und am Ufer des **Carlingford Lough**. Durch die abgeschiedene Lage am Ende der Cooley-Halbinsel hat sich das Städtchen seinen ursprünglichen Charme bewahrt. Viele der kleinen Häuser aus dem 18. und 19. Jahrhundert sind bunt angestrichen und liebevoll gepflegt. Als würde das nicht genügen, überragt den Ort eine Burg, das **King John's Castle**. Stöbert man hier herum, fühlt man sich ein wenig wie ins Mittelalter zurückversetzt; von innen ist das Castle allerdings nicht zu besichtigen. Sehenswert ist das **Carlingford Heritage Centre**, das die Geschichte der Stadt darstellt. Nicht nur die Ausstellung verdient Beachtung, auch das Gebäude, in dem sie untergebracht ist: eine mittelalterliche Kirche. Ein Ausflug in den nur drei Kilometer entfernten **Slieve Forest Park** wird mit herrlichen Ausblicken über die Hügel der Umgebung und das Meer belohnt.

Service & Tipps:

ⓘ Tourist Information
Gegenüber vom Hafen
Carlingford,
Co. (County) Louth
✆ (042) 937 30 33
www.carlingford.ie

◉ 🏛 Carlingford Heritage Centre
Churchyard Rd.
Carlingford, Co. Louth
✆ (042) 937 34 54
www.carlingfordheritage
centre.com
Mo–Fr 10–12.30 und 13.30–16.30 Uhr
Eintritt € 3/1,50
Sehenswerte Ausstellung in einer Kirche.

✕ 🍸 Carlingford Marina Bar & Restaurant
North Commans
Carlingford, Co. Louth
✆ (042) 937 30 73
www.carlingfordmarina.ie
Mit Blick übers Wasser genießt man hier vor allem frische Fischspezialitäten.

🎉 Höhepunkt im Festkalender ist das alljährliche **Austernfestival** an zwei Tagen Mitte August.

**REGION 2
Ostirland**

❷ Drogheda

Die 30 000 Einwohner zählende Stadt Drogheda erstreckt sich zu beiden Seiten des Flusses Boyne. Von den Wikingern gegründet, war Drogheda lange eine recht unansehnliche Industriestadt, hat sich in letzter Zeit jedoch zur attraktiven Einkaufsstadt gemausert. Auch die verwinkelten Straßen aus dem Mittelalter laden zu einem Bummel durch den Stadtkern ein; von der Stadtmauer existiert allerdings nur noch das **St. Lawrence Gate** aus dem 13. Jahrhundert. In der **St. Peter's Church** ist der einbalsamierte Kopf von Oliver Plunkett zu sehen, Irlands einzigem Märtyrer, der 1681 enthauptet und 1979 von Papst Johannes Paul II. anlässlich seines Irlandbesuchs seliggesprochen wurde.

Ausflugziele:

Zehn Kilometer nordwestlich der Stadt kommt man zu den **Ruinen des Klosters Monasterboice**. Das Kloster wurde im 5. Jahrhundert vom heiligen Buite, einem Schüler des heiligen Patrick, gegründet. Die Ruinen bestehen im Wesentlichen aus zwei Kirchenresten und einem Rundturm und liegen inmitten eines Friedhofs. Auf ihm ist vor allem das reich verzierte, fünfeinhalb Meter hohe **Muiredach Hochkreuz** zu beachten, das zu den schönsten Irlands zählt. Das Hochkreuz aus dem 10. Jahrhundert zeigt Szenen aus der Bibel wie den Sündenfall von Adam und Eva und den Kampf Davids gegen Goliath. Der Friedhof ist jederzeit zugänglich.

Südlich von Drogheda liegt **Ardgillan Castle** ein gutes Stück über dem Meer zwischen Balbriggan und Skerries. Der weit-

Biblische Szenen aus dem 10. Jahrhundert: Muiredach Hochkreuz

Drachen steigen lassen im Park von Ardgillan Castle

läufige Park besteht aus Weiden, Wäldern und Gärten und bietet schöne Ausblicke auf die Bucht von Drogheda sowie ein sehenswertes Gewächshaus aus viktorianischer Zeit. Das 1738 errichtete Castle ist im viktorianischen Stil eingerichtet und beherbergt eine Sammlung alter Landkarten. Das Obergeschoss wird für wechselnde Ausstellungen genutzt.

Service & Tipps:

Tourist Information
West St., Drogheda, Co. Louth
✆ (041) 987 28 43
www.drogheda.ie

Scholars Townhouse Restaurant
King St., Drogheda, Co. Louth
✆ (041) 983 54 10
www.scholarshotel.com
Hochgelobtes Edelrestaurant mit beeindruckenden Steaks. Beim Essen gibt es gleich noch eine Geschichtslektion, denn die Fresken an der Decke und den Wänden schildern die »Battle of the Boyne« im Jahr 1690. €€€

West Street und **Laurence Street** sind die beiden Haupteinkaufsstraßen im Herzen der Stadt. Die großen Kaufhäuser **Laurence Town Centre** (Peter St.) und **Scotch Hall Shopping Centre** (Marsh Rd.) liegen ebenfalls noch recht zentral. In der Nähe der Autobahn befinden sich der **M1 Retail Park** und der **Drogheda Retail Park**.

Ausflugsziel:

Ardgillan Castle
Balbriggan, Co. Dublin
✆ (01) 890 53 34
www.ardgillancastle.ie
Führungen tägl. 11.30 Uhr und nach Vereinbarung
Eintritt € 6,50/5, Familienticket € 13
1738 errichtetes Castle mit weitläufigem Park. Neben einer Sammlung alter Landkarten sind wechselnde Ausstellungen zu sehen.

❸ Boyne Valley mit Newgrange, Knowth und Dowth

**REGION 2
Ostirland**

Die Gegend um das Boyne-Tal besitzt in der irischen Geschichte eine große Bedeutung, denn hier fand 1690 die »Battle of the Boyne« zwischen König James II., der die katholischen Iren unterstützte, und dem protestantischen König Wilhelm von Oranien statt. Damals mussten sich James und die Iren dem zahlenmäßig überlegenen Heer Wilhelms geschlagen geben, der durch seinen Sieg die englische Vorherrschaft über Irland zementierte. Man kann über das Schlachtfeld am Fluss spazieren und versuchen, sich das damalige Geschehen vorzustellen, erhellender ist allerdings ein Besuch im alten Herrenhaus des **Oldbridge Estate**, in dem eine Ausstellung die Hintergründe der Schlacht vermittelt.

Auch wer sich für das Nachstellen historischer Schlachten nicht besonders interessiert, sollte für das Boyne-Tal genügend Zeit reservieren, denn hier befinden sich die eindrucksvollen Megalithanlagen von Newgrange, Knowth und Dowth, die seit 1993 zum Weltkulturerbe zählen.

Das **Ganggrab von Newgrange** zählt zu den bedeutendsten Steinzeitmonumenten in Europa und wurde komplett restauriert. Der riesige Grabhügel ist wahrscheinlich rund 5000 Jahre alt, hat einen Durchmesser von ca. 90 Metern und ist fast 14 Meter hoch. Die Wände, die das Grab umschließen, wurden aus insgesamt 200 000 Tonnen Steinen errichtet – Steine, die

Die Dreifachspirale von Newgrange

So begrub man in der Jungsteinzeit: das Ganggrab von Newgrange im Boyne Valley

**REGION 2
Ostirland**

Begraste Hügel, Steine und viele Mythen: auf dem Hill of Tara

teilweise von sehr weit hergeholt wurden. Da die Menschen damals das Rad noch nicht kannten, müssen die damit verbundenen Anstrengungen unermesslich gewesen sein.

Bis 1962 war der Grabhügel mit Gras bedeckt; nach der Freilegung wurden in den 1970er Jahren umfangreiche Restaurierungsmaßnahmen durchgeführt und er wurde weitgehend in seiner originalen Form wiederhergestellt. Bemerkenswert ist, dass zur Wintersonnenwende für einige Minuten Sonnenstrahlen in die Grabkammer einfallen und sie erhellen.

Auch wenn der Hügel hervorragend restauriert ist und die Erklärungen während der Führung schlüssig klingen, wissen die Wissenschaftler doch herzlich wenig über die Megalithkultur, denn außer Steinen ist kaum etwas von ihr übrig geblieben. Schon die Altersbestimmung ist mit großen Unsicherheiten behaftet, da nur sehr wenige organische Artefakte gefunden wurden.

Ganz in der Nähe liegen die Grabhügel von **Knowth** und **Dowth**. Der Hügel von Knowth ist möglicherweise noch älter und sogar noch größer als das Ganggrab von Newgrange. Da hier die Ausgrabungen noch andauern, kann er jedoch nur eingeschränkt besichtigt werden. Dowth wurde noch nicht restauriert und lässt sich nur mit ein wenig Fantasie als Grabhügel identifizieren.

Ausflugsziele:

Südwestlich von Newgrange liegt der **Hill of Tara**. Schon in prähistorischer Zeit war die Gegend besiedelt – man hat ein Ganggrab aus der Jungsteinzeit ähnlich dem von Newgrange gefunden – und später war der markante Hügel dann politisches und spirituelles Zentrum des keltischen Irland und Sitz der irischen Hochkönige. Fachleute erkennen heute noch das Fort der Synoden, das Fort der Könige, das Fort des Königs Laoghaire und den Bankettsaal, doch viele Besucher sind ein wenig enttäuscht, denn außer einigen grünen Hügeln und Wällen ist kaum etwas zu sehen. Erst im Besucherzentrum, das in einer Kirche untergebracht ist, bekommt man durch die Multimediaschau einen besseren Eindruck von dem weitläufigen Gelände. Eine besondere Erfahrung: Am Tag der Sommersonnenwende, dem 21. Juni, treffen sich auf dem Hügel von Tara selbsternannte Druiden zu einem bunten Fest.

Westlich vom Hill of Tara hat ein normannischer Adeliger im 12. Jahrhundert das **Trim Castle** errichten lassen. Nach ausgiebigen Renovierungsarbeiten sieht es von außen fast wieder wie neu aus. Die malerische Lage in den Flussauen des Boyne ist ohnehin unschlagbar. Also: Wenn man einen Ritterfilm drehen will, dann hier! Das dachten sich unter anderem auch die Macher von »Braveheart«, die einen großen Teil der Handlung hierher verlegten.

Service & Tipps:

ℹ️ 🏛 Oldbridge Estate
Battle of the Boyne Visitor Centre
Oldbridge, Drogheda, Co. Meath
☏ (041) 980 99 50
www.battleoftheboyne.ie
Tägl. März/April 9.30–17.30, Mai–Sept. 10–18, Okt.–Feb. 9–17 Uhr
Eintritt € 4/2, Familienticket € 10
Das Museum zeigt teils mit Hilfe moderner Technik den Schlachtverlauf und liefert auch die politischen Hintergründe.

ℹ️ 👁 🏛 Brú na Bóinne Visitor Centre
Donore, Co. Meath
☏ (041) 988 03 00
Fax (041) 982 30 71
www.newgrange.com
Tägl. Feb.–April und Okt. 9.30–17.30, Mai und Mitte–Ende Sept. 9–18.30, Juni–Mitte Sept. 9–19, Nov.–Jan. 9–17 Uhr, 24.–27. Dez. geschl., Knowth nur Ostern–28. Okt. zu besichtigen
Letzter Einlass zum Visitor Centre 45 Minuten vor Schließung, letzte Tour zu den Grabhügeln 1 Stunde 45 Minuten vor Schließung
Eintritt Visitor Centre € 3/2, Familienticket € 8
Eintritt Visitor Centre und Newgrange € 6/3, Familienticket € 15
Eintritt Visitor Centre und Knowth € 5/3, Familienticket € 13
Eintritt Visitor Centre, Newgrange und Knowth € 11/6, Familienticket € 28
Im Visitor Centre informiert eine Ausstellung über die Grabhügel, mit audiovisuellen Vorführungen (auch auf Deutsch). Ein Restaurant ist angeschlossen.
Die Besichtigung von **Newgrange** und **Knowth** ist nur mit Führung möglich. Die Besucher werden mit dem Shuttlebus vom Visitor Center zu den Grabhügeln gefahren. Im Sommer ist mit langen Wartezeiten zu rechnen, Reservierungen sind nicht möglich, frühes Kommen wird empfohlen, da sonst schon alle Touren für den Tag ausgebucht sein können.

Ausflugsziele:

ℹ️ 👁 Hill of Tara Visitor Centre
Navan, Co. Meath
☏ (046) 902 59 03
www.heritageireland.ie
Ende Mai–Mitte Sept. tägl. 10–18 Uhr
Eintritt Hill of Tara und Visitor Centre € 3/1, Familienticket € 8
Das Besucherzentrum in einer Kirche gibt Einblicke in die Geschichte des Hill of Tara.

👁 Trim Castle
Trim, Co. Meath
☏ (046) 943 86 19
www.heritageireland.ie
Ostern–Sept. tägl. 10–18, Okt. tägl. 9.30–17.30, Nov.–Jan. Sa/So 9–17, Feb.–Ostern Sa/So 9.30–17 Uhr, letzte Tour 1 Stunde vor Schließung, Eintritt € 4/2, Familienticket € 10
Das im 12. Jh. erbaute und gut erhaltene Castle liegt malerisch in den Flussauen des Boyne.

REGION 2
Ostirland

Wer den Sonnenstrahl am Tag der Wintersonnenwende in der Grabkammer miterleben möchte, muss an der Verlosung teilnehmen, die jeweils Ende September stattfindet. Bewerbungsformulare gibt es im Visitor Centre. Die Chancen stehen allerdings nicht besonders gut, denn es bewerben sich jedes Jahr rund 30 000 Menschen um die wenigen Plätze. Zählt man zu den Glücklichen und an dem Tag scheint auch noch die Sonne, steht dem einmaligen Erlebnis nichts mehr im Wege. Wer Lospech hatte, kann sich den Sonnenaufgang in den Tagen der Wintersonnenwende auf dem Gelände anschauen.

In der St. Patrick's Church wird Besuchern die Geschichte des Hill of Tara nähergebracht

**REGION 2
Ostirland**

Das »Book of Kells« wurde vom 11. bis Mitte des 17. Jahrhunderts in Kells aufbewahrt, bevor es in den Besitz des Trinity College in Dublin gelangte

❹ Kells

Kells war schon früh ein Ort des Glaubens. Bereits im 6. Jahrhundert gründete der heilige Columban ein Kloster. Später wurde hier das um 800 entstandene, reich bebilderte **Book of Kells** aufbewahrt, das man heute im Trinity College in Dublin besichtigen kann. Von der Klosteranlage sind ein Rundturm und vier Hochkreuze erhalten. Vier davon befinden sich auf dem Friedhof der **St. Columba's Church**. Das fünfte und schönste Kreuz stand bis vor nicht allzu langer Zeit in der Mitte einer vielbefahrenen Kreuzung und wurde dort von einem Schulbus umgefahren. Um es vor weiteren Beschädigungen zu bewahren, wurde es versetzt. Heute steht es vor Wind und Wetter geschützt am Visitor Centre des **Kells Heritage Centre**.

Service & Tipps:

ℹ **Kells Tourist Information im Heritage Centre**
Headford Place, Kells, Co. Meath
✆ (046) 924 88 56
Mo–Fr 9.30–13 und 14–17 Uhr

🏛 **Kells Heritage Centre**
Headford Place, Kells, Co. Meath
✆ (046) 924 78 40
Mai–Sept. Mo–Sa 10–18, So 13.30–18, Okt.–April Mo–Sa 10–17 Uhr (letzter Einlass 1 Stunde vor Schließung)
Eintritt € 4/3, Familienticket € 10
In einem alten Gerichtshaus gibt die Ausstellung »Splendour of Ireland« einen Einblick in die Geschichte des Klosterlebens in Irland.

📷 **St. Columba's Church**
Im Sommer Mo–Fr 10–17, So 10–13 Uhr
Das Gotteshaus steht an dem Ort, an dem sich einst das Kloster und später im Mittelalter eine Kirche befand. Die heutige Kirche wurde 1778 erbaut und 1811 sowie 1858 umgebaut. Bemerkenswert sind die bunten Glasfenster. Ein Faksimile des Book of Kells ist in der Taufkapelle ausgestellt.

Märchenschloss am Atlantik: Malahide Castle nordöstlich von Dublin

❺ Malahide

Malahide ist ein nettes Städtchen am Meer, das sich auch für einen Tagesausflug von Dublin aus anbietet. Das **Malahide Castle** zeigt sich in einem bunten Stilmix und wurde fast 800 Jahre lang von der Familie Talbot bewohnt. Erst als der letzte Talbot starb, wurde die Tradition unterbrochen. Das Schloss besitzt im Eichensaal sehenswerte Täfelungen aus dem 16. Jahrhundert und in der Großen Halle eine Porträtsammlung der Familie Talbot.

> REGION 2
> Ostirland

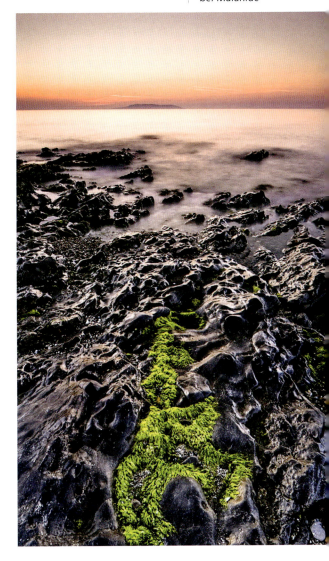

»Low Tide«: Sonnenaufgang bei Malahide

Service & Tipps:

Malahide Castle
Malahide, Co. Dublin
Ab Dublin Bus 42 oder DART bis Malahide
✆ (01) 816 95 38
www.malahidecastleandgardens.ie
Tägl. ab 9.30 Uhr
Eintritt € 12/6, Familienticket € 26
Schloss in architektonischem Stilmix.

Newbridge House & Farm
Donabate, Co. Dublin
✆ (01) 843 65 34
www.newbridgehouseand-farm.com
April–Sept. Mo–Sa 10–17, So 12–17, Okt.–März Di–So 11–15.30 Uhr
Eintritt € 5/4, Familienticket € 14
Rund 10 km nördlich von Malahide lohnt das georgianische Herrenhaus Newbridge House & Farm aus dem 18. Jh. einen Besuch. Die Inneneinrichtung ist rund 150 Jahre alt und besteht aus stilreinen Antiquitäten. Das Haus wurde ursprünglich im Jahr 1740 von James Gibb für den Erzbischof von Dublin erbaut. Familien mit Kindern kommen auf der angeschlossenen traditionellen Farm mit Streichelzoo und vielen anderen Tieren auf ihre Kosten.

REGION 2
Ostirland

Wenn die Fischer im Hafenbecken von Howth ihre Kutter entladen, lassen sich …

❻ Howth

Der Vorortzug DART benötigt vom Dubliner Zentrum rund eine halbe Stunde bis zur nördlich gelegenen Halbinsel Howth. Hierher kommen viele Ausflügler, sei es, um nur für ein oder zwei Stunden die Hafenatmosphäre zu genießen oder bei einem Tagesausflug entlang der Cliffs fast um die ganze Halbinsel zu wandern.

Wendet man sich am Bahnhof von Howth nach rechts, kommt nach einigen Hundert Metern die Abzweigung nach Deer Park. Gleich links liegt die **St. Mary's Church**, voraus sieht man das Eingangstor zum weitläufigen Schlosspark mit dem **Howth Castle**. Das Castle, erbaut 1564, wurde bis Anfang des 20. Jahrhunderts noch vom örtlichen Earl bewohnt und ist auch heute in Privatbesitz und kann deshalb nicht besichtigt werden. Doch auch von außen hat das mit Türmchen und Zinnen verzierte Schloss seinen Reiz, wobei allerdings durchaus noch Sanierungsbedarf besteht. Die Besichtigung des Gartens lohnt besonders im Mai und Juni, dann erwartet den Besucher eine wahre Blütenpracht.

Das benachbarte **National Transport Museum** muss man nicht unbedingt besichtigen. Lohnender ist es, noch ein Stück weiter durch den Schlosspark bis zum **Hotel Deer Park** zu gehen, von dem aus man einen schönen Blick über Howth genießt.

… frei lebende Seehunde beobachten, die auf einen Leckerbissen hoffen

Kehrt man nun zum Bahnhof zurück und wendet sich nach links, ist man in wenigen Minuten mitten im Zentrum von Howth. Der Hafen wird von West Pier und East Pier geschützt, auf letzterem steht ein kleiner Leuchtturm aus Natursteinen. Die Fischhallen und die im Hafen liegenden Boote lassen keinen Zweifel daran, dass der Ort auch heute noch hauptsächlich vom Fischfang lebt. Wer Glück hat, kann im Hafenbecken Seehunde beobachten, die immer wieder mit ihren Köpfen aus dem Wasser auftauchen und auf über Bord geworfene Fischabfälle warten.

Entlang der Häuserzeile, die einige Pubs, Geschäfte und Restaurants beherbergt, erreicht man in der Nähe des East

Piers das edle Fischrestaurant **King Sitric**, von dem man einen schönen Meerblick genießt. Hier ist auch der Einstieg in den äußerst lohnenden **Cliff Walk**: Auf der Balscadden Road, die ansteigend der Küstenlinie folgt, passiert man einige traumhaft schön gelegene Häuser. Der Blick schweift über den Hafen und die vorgelagerte Insel Ireland's Eye mit ihren vom Guano weißen Vogelfelsen. Nach den letzten Häusern steigt man noch ein Stück weiter die Cliffs hinauf und geht dann – in etwa auf einer Höhe – in rund einer Stunde zum Baily Lighthouse. Der Weg ist einfach zu begehen, verläuft allerdings direkt an der Steilküste entlang – und bietet so spektakuläre Ausblicke. Tief unten ziehen Möwen, Tölpel und Kormorane ihre Kreise über dem Wasser und wenn der Ginster blüht, riecht die Luft intensiv nach Kokos. Schon aus der Ferne ist der 1814 erbaute **Leuchtturm von Baily** auf einer grünen Landzunge zu erkennen, dahinter die Bucht von Dublin und das Häusermeer der Hauptstadt. Nach einem Aufstieg von einigen wenigen Höhenmetern erreicht man den *Summit*.

Hier muss man sich entscheiden: Die drei möglichen Rückwege dauern unterschiedlich lang. Am schnellsten ist man in Howth, wenn man sich am *Summit* halbrechts hält, die Baily Green Road bis zum Pub **Summit Inn** hinuntergeht und dort auf den nächsten Bus (Nr. 31) wartet, der über Howth bis zum Dubliner Zentrum fährt. Vom Summit Inn hinunter zum Bahnhof von Howth kann man aber auch problemlos laufen. Anfangs führt die Straße durch Einfamilienhaussiedlungen, dann durch den Ortskern. Unterwegs kommt man an zwei Kirchen vorbei, der **Church of Assumption** und der Ruine von **St. Abbey's Church**. Auf der Hauptstraße unterhalb der Kirchenruine lohnt die urgemütliche **Abbey Tavern** einen Besuch. Wer abends kommt, wird mit einem mehrgängigen Menü zu Livemusik verwöhnt.

Je nach Tempo und Pausen ist man drei bis vier Stunden unterwegs, wenn man am *Summit* dem Cliff Path weiter folgt und so fast die gesamte Halbinsel umrundet. Durch den Park vom Howth Castle gelangt man am Ende zum Bahnhof.

REGION 2
Ostirland

Baily Lighthouse auf der Halbinsel Howth

**REGION 2
Ostirland**

Das Bay Prawn Festival in Howth ist mehr als ein Fest der Krustentiere

Service & Tipps:

⊠ 🅳 🦀 **Abbey Tavern**
28 Abbey St., Howth
Dublin 13
☏ (01) 839 03 07
www.abbeytavern.ie
In der Nähe des Hafens von Howth steht diese uralte Taverne, deren Ursprung bis ins 15. Jh. zurückgeht. Jeden Abend wird ein 5-Gang-Menü serviert, anschließend gibt es eine Livevorstellung mit traditioneller irischer Musik und Tanz. Anmeldung erforderlich. €

⊠ **King Sitric**
East Pier, Howth, Dublin 13
☏ (01) 832 52 35
www.kingsitric.ie
Do–Sa ab 18.30, So 13–17 Uhr

Auf der Speisekarte sind alle Köstlichkeiten des Meeres von Hummer bis zu Austern versammelt. Nicht gerade billig, aber exzellent. €€€

⊠ 🅳 **Summit Inn**
Howth, Co. Dublin
☏ (01) 832 46 15
www.thesummitinn.ie
Tägl. ab 10, Küche ab 12 Uhr
Am besten man sitzt draußen und genießt die Aussicht auf Ireland's Eye und die Mourne Mountains. Einfache Mahlzeiten. €

🦀 Im April findet in Howth jedes Jahr das **Bay Prawn Festival**, ein großes Volksfest für die ganze Familie, statt (dublinbayprawnfestival.com).

❼ Dun Laoghaire, Sandycove und Dalkey

Wenn man Dublin auf der Beach Road Richtung Süden verlässt, erreicht man nach knapp einer halben Stunde den Fährhafen Dun Laoghaire (sprich: Dan Liri). Von hier legen mehrmals täglich die Fähren in Richtung Holyhead ab.

Noch in Sichtweite des Hafens, aber schon in der Nachbargemeinde Sandycove Point, liegt der **Forty Foot Bathing Place**. Hierher kommt man eigentlich nicht wegen des Badens,

Dun Laoghaire: Von hier legen die Fähren in Richtung Holyhead vor der walisischen Küste ab

sondern wegen der Menschen, die an dieser Stelle ins Wasser steigen: Abgehärtete Originale – meist Männer in fortgeschrittenem Alter – nehmen hier rund ums Jahr ihr Bad. Dass das Wasser im Winter nur noch fünf Grad »warm« ist und im Sommer die Temperatur kaum über die Zwölf-Grad-Marke steigt, stört dabei niemanden. Damen dürfen hier übrigens erst seit knapp 30 Jahren baden, ursprünglich war Forty Foot nämlich ein »Gentlemen Bathing Place«.

**REGION 2
Ostirland**

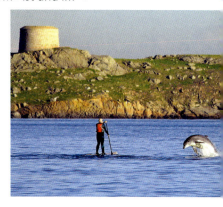

In den Küstengewässern vor Dalkey Island: Delfine unterwegs

Oberhalb der Badestelle liegt der **Martello Tower**. Er wurde 1804 erbaut, um für den Fall eines französischen Invasionsversuchs durch Napoleon gerüstet zu sein. Heute ist im Tower das **James Joyce Museum** untergebracht. Joyce hat im Jahr 1904 einige Tage im Martello Tower gewohnt – allerdings unter sehr ungewöhnlichen Umständen. Er war damals bei einem Schriftstellerkollegen zu Gast. Außer den beiden wohnte noch ein Freund des Gastgebers mit in dem Turm. Bald schon traten zwischen den drei Männern Spannungen auf. Es kam zum Streit. In der sechsten Nacht schreckte der Freund des Gastgebers aus dem Bett hoch: Er hatte einen Alptraum, in dem er sich gegen einen Panther verteidigen musste. Noch im Halbschlaf griff er zum Gewehr und schoss verwirrt ins Feuer. Der Gastgeber entriss ihm die Waffe, sagte »Lass ihn mir« und zielte auf die Kochpfannen im Regal über dem Bett von Joyce. Der verstand den Wink mit dem Zaunpfahl und verließ noch in derselben Nacht das ungastliche Haus. Doch der Martello Tower hatte sich auf diese Weise unauslöschlich in sein Gedächtnis eingebrannt: Als Joyce viele Jahre später den Roman »Ulysses« schrieb, legte er die Eröffnungsszene des Romans in den Turm. Anhand der Romanbeschreibung wurde der Raum im ersten Stock des Turms eingerichtet. Im Erdgeschoss ist der Rest des kleinen Museums untergebracht. Bemerkenswert ist dort vor allem die Totenmaske des Schriftstellers.

Einen Abstecher lohnt auch das Hafenstädtchen **Dalkey**, in das sich viele wohlhabende Dubliner eingekauft haben. Im Mittelalter war Dalkey der Hafen von Dublin. Um die strategisch wichtige Stadt vor Angriffen schützen zu können, wurden damals sieben Verteidigungstürme errichtet. Einer davon – **Dalkey Castle** – ist noch erhalten. Hier erfährt man heute etwas über die Geschichte des Ortes. Für Joyce-Fans wichtig: Dalkey Castle spielt im zweiten Kapitel von »Ulysses« eine Rolle.

Wiederum nur wenige hundert Meter weiter, dieses Mal allerdings bergauf, ereicht man den Aussichtspunkt am **Dalkey Hill**. Von hier hat man einen schönen Blick hinab nach Dun Laoghaire und bis nach Dublin.

83

**REGION 2
Ostirland**

Service & Tipps:

🏛 **James Joyce Museum**
Martello Tower
Sandycove, Co. Dublin
Bus 59 von Dun Laoghaire oder DART von Dublin bis Sandycove
✆ (01) 280 92 65
www.visitdublin.com
Tägl. 10–16 Uhr
Eintritt frei
Kleines Museum in einem alten Befestigungsturm mit einer Totenmaske des Schriftstellers. Im ersten Stock kann man den Raum besichtigen, in dem Joyce selbst einmal sechs Tage zubrachte – und der im Eröffnungskapitel seines Romans »Ulysses« beschrieben wird.

◉ 🏛 ⚜ **Dalkey Castle & Heritage Center**
Castle St.
Dalkey, Co. Dublin
DART von Dublin bis Dalkey
✆ (01) 285 83 66
www.dalkeycastle.com
Mitte Feb.–Dez. Mo, Mi–Fr 10–17, Sa/So 11–17, Juni–Aug. jeweils bis 18 Uhr
Eintritt € 7,95/5,95, Familienticket € 22,50
Maßstabsgetreue Modelle verdeutlichen, wie Dalkey im Mittelalter aussah. Neben dem stadtgeschichtlichen Museum sind vor allem die regelmäßigen Vorführungen der **Living History Theatre Company** sehenswert.

❽ Bray

Bray ist eines der ältesten irischen Seebäder. Es hat allerdings in den vergangenen Jahren viel von seinem Charme eingebüßt und sich zu einer Schlafstadt vor den Toren Dublins entwickelt. Die meisten Menschen, die hier leben, arbeiten in Dublin. Entsprechend dicht ist der Autoverkehr. Wer als Tourist mit dem Auto unterwegs ist, sollte die Zeiten der Rushhour meiden. Zwischen Bray und Dublin verkehrt die Vorstadtbahn DART.

Abgesehen von dem großen **Aquarium** sind vor allem die Sehenswürdigkeiten in der näheren Umgebung lohnenswert. Sandycove und Dalkey sind von Bray aus mit dem Zug zu

Gartenparadies im Osten der Grünen Insel: Powerscourt Gardens

erreichen. Und nur etwa acht Kilometer von Bray entfernt befindet sich mit den **Powerscourt Gardens** ein wunderbarer Park. Noch mal sechs Kilometer weiter lässt es sich am gleichnamigen Wasserfall hervorragend picknicken.

**REGION 2
Ostirland**

Service & Tipps:

🐟 **National Sealife Centre**
Strand Rd., Bray, Co. Wicklow
✆ (01) 286 69 39
www.sealife.ie
Tägl. März–Okt. 10–18, Nov.–Feb. 11–17 Uhr, Eintritt € 8/6
Irlands größtes Aquarium mit einer Vielzahl an einheimischen und exotischen Wassertieren. Schöne Lage direkt am Meer.

🚶 **Von Bray nach Greystones**
Ein lohnender Wanderweg führt von Bray an den Klippen entlang bis nach Greystones (ca. 8 km), wo es einen schönen Sandstrand gibt. Rückfahrt mit dem Zug nach Bray.

🛍 **Avoca Handweavers**
Kilmacanogue
Bray, Co. Wicklow
✆ (01) 274 69 39
www.avoca.ie
Mo–Fr 9–18, Sa 9.30–18, im Sommer auch So 9.30–19 Uhr
Die Tweed-Weberei wurde schon 1723 gegründet und ist damit einer der ältesten Betriebe des Landes. Neben dem gut sortierten Ladengeschäft mit Keramik, Büchern, Haushaltswaren und vielem mehr gibt es noch das Sugar Tree Cafe sowie das ausgezeichnete Fern House Restaurant. €€

Ausflugsziele:

🌳 **Powerscourt Gardens**
Enniskerry, Co. Wicklow
✆ (01) 204 60 00
www.powerscourt.ie
Tägl. 9.30–17.30 im Winter bis Sonnenuntergang
Eintritt € 8.50/5, Familienticket € 25

Biegt man bei Bray von der Küstenstraße ins Landesinnere ab, erreicht man nach wenigen Kilometern einen der größten und schönsten Parks Irlands. Besonders sehenswert sind der italienische und japanische Garten sowie der Delfinteich mit seinen Seerosen. Das 1974 abgebrannte Herrenhaus aus dem Jahr 1731 wurde inzwischen wieder aufgebaut und kann besichtigt werden.

🌊 **Powerscourt Waterfall**
Nahe Powerscourt Gardens, Co. Wicklow
März/April, Sept./Okt. 10.30–17.30, Mai–Aug. 9.30–19, Nov.–Feb. 10.30–16 Uhr, Eintritt € 5,50/3,50, Familienticket € 16
Um Enttäuschungen zu vermeiden: Von freiem Fall kann keine Rede sein, auch wenn der Wasserfall in vielen Broschüren und Reiseführern mit einer Höhe von 130 m angegeben ist. Wer den Eintritt nur für die Besichtigung des Wasserfalls bezahlt, wird enttäuscht sein. Wer aber seinen Picknickkorb mitbringt und hier eine Mittagsrast einlegt, der hat sein Geld gut angelegt. Am Fuße des Wasserfalls stehen Tische, Bänke und sogar einige Grillstellen bereit.

Park-Ambiente: Powerscourt Gardens

Berauschend: Powerscourt Waterfall, der höchste Wasserfall Irlands

Vom heiligen Kevin gegründet: Glendalough in den Wicklow Mountains

❾ Wicklow Mountains

Ein Ausflug in die Wicklow Mountains ist ein Muss. Das sehen auch die Hauptstädter so – deswegen ist die Hügelkette im Süden Dublins an Wochenenden eines ihrer beliebtesten Ziele. Die bekanntesten Orte sind im Sommer entsprechend überlaufen, doch auf den Wanderpfaden innerhalb und außerhalb des **Wicklow Nationalparks** findet man selbst dann noch Ruhe. Die wichtigste Sehenswürdigkeit in den Wicklow Mountains sind die frühchristlichen Klosterruinen von **Glendalough**.

In Glendalough finden sich die Überreste der im 6. Jahrhundert vom heiligen Kevin gegründeten Klostersiedlung. Der Name stammt aus der irischen Sprache und bedeutet »Tal zwischen zwei Seen«. Damals war Glendalough ein wichtiges spirituelles Zentrum – mehrere Hundert Mönche und Klosterschüler lebten hier gleichzeitig.

Die meisten Gebäude, die man heute noch sehen kann, stammen aus der Zeit zwischen dem 9. und 13. Jahrhundert, so auch die Kathedrale. Das größte Gebäude des Klosters ist heute allerdings eine Ruine. Nur wenige Schritte entfernt findet man das St. Kevin's Cross.

Viel fotografiert ist der über 30 Meter hohe, schmale Rundturm. Er war einst in sechs durch Holzfußböden voneinander getrennte Stockwerke unterteilt und diente den Mönchen als Glockenturm und Vorratsraum – sowie im Falle von Angriffen als Wehrturm. Damit die Feinde ihn nicht einfach stürmen konnten, wurde der Eingang mehr als drei Meter über dem Boden angelegt. Klein, doch nicht minder beeindruckend ist St. Kevin's Church, die mehr als tausend Jahre alt ist.

Glendalough ist nicht nur wegen der Überreste des alten Klosters sehenswert. Auch die Natur besitzt hier einen ganz besonderen Reiz. Die Ruinen liegen eingebettet zwischen

Das bronzene Glendalough Cross

Bäumen in einem Tal, ganz in der Nähe vom Glendassen River. Ein Spazierweg verbindet die Klosterruinen mit zwei Seen, dem Upper und dem Lower Lake – bis zum weiter entfernten Upper Lake ist man rund 25 Minuten unterwegs. Dort sind einige wenige Ruinen zu sehen, unter anderem die der Reefert Church aus dem 11. Jahrhundert. Auch an einem Wasserfall führt der Weg vorbei.

**REGION 2
Ostirland**

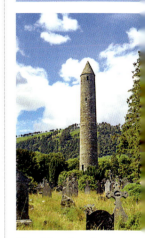

Service & Tipps:

[i] **Wicklow Tourist Information**
Rialto House
Fitzwilliam Sq.
Wicklow, Co. Wicklow
✆ (04 04) 691 17
www.visitwicklow.ie

[i] **Glendalough Visitor Centre**
Glendalough, Co. Wicklow
✆ (04 04) 453 52, 453 25
www.glendalough.ie
www.heritageireland.ie
Tägl. Mitte März–Mitte Okt. 9.30–18, Mitte Okt.–Mitte März 9.30–17 Uhr
Eintritt € 3/1, Familienticket € 8
Informationen zum Kloster gibt es im Visitor Centre. Hier kann man auch Broschüren kaufen oder eine Führung buchen.

[i] **Wicklow Mountain National Park**
Upper Lake
Glendalough, Co. Wicklow
✆ (04 04) 454 25
Mai–Sept. tägl. 10–17.30, Okt.–April nur Sa/So 10–16/17.30
www.wicklowmountains nationalpark.ie
Hier kann man sich über Flora und Fauna des Nationalparks informieren. Am Informationsbüro beginnen außerdem einige ausgeschilderte Wanderrouten.

Vartry House
Roundwood, Co. Wicklow
✆ (04 04) 818 105
In Roundwood, ca. 10 km nordöstlich von Glendalough, wartet das höchstgelegene Pub Irlands auf Gäste – Hochgebirgsstimmung kommt trotzdem nicht auf, denn Vartry House liegt gerade mal 238 m über dem Meeresspiegel.

Glendalough – ein kompletter Rundturm und bemooste Grabmäler

Ein einsames Vergnügen: Hiking im Wicklow Mountains National Park nahe Glendalough

**REGION 2
Ostirland**

🔟 Kildare

Wer in Kildare auf die Welt kommt, dem haftet der Geruch von Pferdestall an, denn in dem kleinen Ort mit gerade mal 5000 Einwohnern liegt das Zentrum des irischen Pferderennsports. In Kildare selbst ist die **St. Brigid's Cathedral** aus dem 18. Jahrhundert sehenswert. Davor steht ein Rundturm aus dem 12. Jahrhundert, der sogar bestiegen werden kann. Die Kathedrale ist nach der heiligen Brigid benannt, die im Jahr 480 an dieser Stelle ein Kloster für Mönche und Nonnen gegründet haben soll.

Auf der Bahn von **Curragh** östlich von Kildare werden viele wichtige Rennen ausgetragen und die meisten Pferde, die hier laufen, werden in der Umgebung von Kildare gezüchtet.

Im Örtchen Tully unmittelbar vor den Stadttoren befindet sich die **National Stud**, ein halbstaatliches Zuchtgestüt. Hier sind Besucher willkommen und man darf sogar beim Training der Vollblüter zusehen. Für etwas theoretischen Hintergrund zum Thema Pferdezucht sorgt das gestütseigene Museum. Auf dem gleichen Anwesen liegt noch eine zweite Sehenswürdigkeit, nämlich der **Japanische Garten**, der 1906 von einem berühmten japanischen Landschaftsgärtner angelegt wurde. Neueste Attraktion: der irische Garten **St. Fiachra's Garden** mit Kreationen aus Steinen und Wasser, die die irische Landschaft symbolisieren sollen.

Parkansichten in Kildare: der Japanische Garten und der St. Fiachra's Garden unten: Die steinernen Rundbauten erinnern an die Bienenkorbhütten (Beehive Huts), wie sie als Teil früher klösterlicher Anlagen zahlreich auf Dingle Peninsula zu sehen sind

Service & Tipps:

ℹ️ **Tourist Information**
Market Sq., Kildare, Co. Kildare
✆ (045) 52 12 40
www.kildare.ie/tourism

ℹ️ **Tourist Information**
Kildare Village Outlet Shopping, Nurney Rd.
Kildare
✆ (045) 52 05 01

👁 **St. Brigid's Cathedral**
Market Sq., Kildare

www.kildare.ie
Mai–Sept. Mo–Sa 10–13 und 14–17 Uhr
Die Kathedale soll an der Stelle erbaut worden sein, an der die heilige Brigid im Jahr 480 ein Kloster gegründet hat – immerhin ist Brigid nach Patrick die wichtigste Heiligenfigur Irlands. Um das Leben der Heiligen ranken sich unzählige Mythen, allerdings sind sich die Historiker nicht einmal sicher, ob es sie wirklich gegeben hat.

✿♣🎣🏛 **National Stud und Japanischer Garten**
Tully, Co. Kildare
✆ (045) 52 16 17
www.irishnationalstud.ie
Tägl. 9–18, letzter Einlass 17 Uhr
Eintritt € 12,50/7, Familienticket € 29,50
Zuchtgestüt mit kleinem Museum. Japanischer Garten und St. Fiachra's Garden, irisch und dem Schutzheiligen der Gärtner geweiht.

✕ **Chapter 16**
The Square, Kildare
✆ (045) 52 22 32

www.silkenthomas.com
Mit Blick auf den Marktplatz kann man aus einer internationalen Speisekarte wählen: Ente, Lamm, Huhn, Lachs, Kabeljau, Pasta und sogar Thai Curry stehen zur Auswahl. €€

🛍 **Kildare Village Outlet Centre**
Nurney Rd., Kildare
✆(045) 52 05 01
www.kildarevillage.com
Tägl. 10–19, Do/Fr bis 20 Uhr
An der Ausfahrt Nr. 13 des M 7 wurde ein ganzes Outlet-Dorf erbaut. Rund 60 Edelmarken verführen zum Geldausgeben.

REGION 2
Ostirland

⓫ Carlow

Die bis jetzt vom Tourismus wenig berührte Stadt (20 000 Einwohner) am Fluss Barrow lohnt wegen ihrer ursprünglichen Gassen einen Spaziergang. Vom **Carlow Castle** aus der Normannenzeit sind nur noch zwei Türme und eine einzelne Mauer geblieben. Die **Cathedral of the Assumption** wurde 1833 im Regency-Stil erbaut. Jenseits des Flusses gibt es ein modernes **Hochkreuz**, das über einem Massengrab errichtet wurde. Ungewöhnlich, weil viel zu groß und prächtig für eine Stadt wie Carlow, ist das **Courthouse**. Der klassizistische Bau von 1830 ist dem Parthenon nachempfunden und sollte

Der Dolmen von Browneshill etwa drei Kilometer östlich von Carlow besitzt den größten Deckstein aller Megalithanlagen auf den Britischen Inseln

**REGION 2
Ostirland**

Irische Sommerfarben: blaue und rosafarbene Hortensien

eigentlich in der Stadt Cork stehen – doch irgendjemand hat die Baupläne verwechselt.

Die größten Sehenswürdigkeiten von Carlow liegen ein Stück außerhalb der Stadt. Im Osten an der R 726 findet man den **Dolmen von Browneshill**. Bei der rund 5000 Jahre alten Megalithanlage beeindruckt vor allem der Deckstein aus Granit mit einem geschätzten Gewicht von 100 Tonnen. Bis heute weiß niemand, wie die Menschen in der Steinzeit diese 100 Tonnen ohne Maschinen oder Flaschenzug in Position gebracht haben.

Südöstlich von Carlow kann man durch die **Altamont Gardens** schlendern.

Service & Tipps:

Tourist Information
College St., Carlow
Co. Carlow
✆ (059) 913 15 54
www.carlowtourism.com

Altamont Gardens
Tullow, Co. Carlow

✆ (059) 915 94 44
www.heritageireland.ie
Tägl. ab 9, Ostern–Sept. bis 18.30, Okt. bis 17, Nov., Feb. bis 16.30, Dez./Jan. bis 16 Uhr
Eintritt frei
Traditionsreiche Gartenanlage mit Rhododendren, Blumenbeeten, Teichen und sehenswertem Arboretum.

⑫ Kilkenny

Eyecatcher: Fensterdekoration in Kilkenny

Malerisch am Nore River gelegen, gehört Kilkenny zu den schönsten Städten Irlands. Die größte Sehenswürdigkeit der gut 20 000 Einwohner zählenden Stadt ist zweifelsohne das 1190 erbaute **Kilkenny Castle**. Im Laufe der Jahrhunderte wurde die Burg zwar mehrfach umgebaut, bewahrte aber trotzdem ihr mittelalterliches Aussehen. Im Inneren ist neben der Bibliothek und dem holzvertäfelten Speisesaal vor allem die *Long Gallery* sehenswert, deren opulente Deckenbemalung durch Motive aus dem Book of Kells inspiriert wurde. Im ehemaligen Stall der Burg kann man heute im **Kilkenny Design Centre** Künstlern bei der Arbeit zusehen.

St. Canice Cathedral, im 13. Jahrhundert erbaut und 1650 von Cromwells Truppen geplündert, ist vor allem wegen ihrer Grabmäler besuchenswert. Im **Rothe House**, einem hervorragend erhaltenen Kaufmannshaus vom Ende des 16. Jahrhunderts, ist heute ein kleines Museum untergebracht.

Service & Tipps:

ℹ Tourist Information
Shee Alms House
Rose Inn St.
Kilkenny, Co. Kilkenny
☏ (056) 775 15 00
www.kilkennytourism.ie

🏛 Rothe House
Parliament St.
Kilkenny
☏ (056) 772 28 93
www.rothehouse.com
April–Okt. Mo–Sa 10.30–17,
So 15–17, Nov.–März Mo–Sa
10.30–16.30 Uhr
Eintritt € 4,80/3,80
Das Museum in dem schön restaurierten Haus widmet sich der Geschichte der Stadt und des County.

◉ Jerpoint Abbey
Thomastown, Co. Kilkenny
☏ (056) 772 46 23
www.heritageireland.ie
Tägl. März–Sept. 9–17.30,
Okt. 9–17, Nov.–Anfang Dez.
9.30–16, sonst nur nach Voranmeldung
Eintritt € 3/1, Familienticket € 8
Ruine eines Zisterzienserklosters aus dem 12. Jh. Beachtenswert sind der Kreuzgang mit seinen Skulpturen und die gut erhaltene Kirchenruine.

◉ Kilkenny Castle
Kilkenny
☏ (056) 770 41 06
www.kilkennycastle.ie
Tägl. März 9.30–17, April/Mai,
Sept. 9.30–17.30, Juni–Aug.
9–17.30, Okt.–Feb. 9.30–16.30
Uhr, Besuch nur im Rahmen einer Führung
Eintritt € 6/2,50, Familienticket € 14
Während der Führung erfährt man viel über die Butlers, die rund 600 Jahre in dem Castle wohnten. Einige von ihnen starren als düstere Porträts von den Wänden der *Long Gallery* auf die Besucher.

◉ St. Canice Cathedral
Coach Rd., Kilkenny
☏ (056) 776 49 71
www.stcanicescathedral.com

Hübsche, kleine Häuser mit vielen bunten Pubs: Parliament Street in Kilkenny

**REGION 2
Ostirland**

April/Mai, Sept. Mo–Sa 10–13 und 14–17, So 14–17, Juni–Aug.
Mo–Sa 9–18, So 14–18, Okt.–März Mo–Sa 10–13 und 14–16,
So 14–16 Uhr
Eintritt € 4/3, Familienticket € 12, mit Turm € 6/5,50, Familienticket € 15
Nicht nur im Castle, auch in der Kathedrale sind die Butlers präsent: Sie haben sich die schönsten Grabmäler machen lassen.

🛏❌🍽 Kilkenny Design Centre Café
The Parade, Castle Yard
Kilkenny
☏ (056) 772 21 18
www.kilkennydesign.com
Tägl. 8–18.30 Uhr
Im Erdgeschoss kann man nach Herzenslust in qualitativ hochwertigem irischen Kunsthandwerk stöbern, im Obergeschoss sich bei Kaffee und Kuchen oder einem vorzüglichen Wexford Lamm stärken. Alle Zutaten stammen aus lokaler Produktion. €–€€

**REGION 2
Ostirland**

⑬ New Ross

Steil bergan geht es in den Altstadtstraßen von New Ross am Ufer des Flusses Barrow. Obwohl es in der Stadt keine eigentlichen Sehenswürdigkeiten gibt, lohnt sich der Bummel durch die engen Sträßchen mit den vielen Läden. Und unten am Kai gibt es etwas zu sehen: Dort liegt das **Dunbrody Famine Ship** vor Anker. Mit Dreimastern wie diesem verließen während der großen Hungersnot im 19. Jahrhundert viele Iren ihre Heimat. Beliebt bei Freizeitkapitänen sind Fahrten auf den Flüssen Barrow, Nore und Suir mit Zwischenstation in New Ross. Pflanzenfreunde finden ein Paradies im südlich der Stadt gelegenen **JFK Arboretum**. Kennedy-Fans können in Dunganstown die **Kennedy Homestead** besuchen, in der die Vorfahren des ersten Präsidenten der USA mit irischen Wurzeln gelebt haben.

Mit Dreimastern wie der »Dunbrody« verließen während der großen Hungersnot im 19. Jahrhundert viele Iren ihre Heimat

Service & Tipps:

ℹ Tourist Information
The Quay
New Ross, Co. Wexford
✆ (051) 42 18 57

⚓ Dunbrody Famine Ship
The Quay
New Ross, Co. Wexford
✆ (051) 42 52 39
www.dunbrody.com
Tägl. April–Sept. 9–18, Okt.–März 9–17 Uhr, letzte Führung 1 Stunde vor Schließung, Eintritt € 8,50/5, Familienticket € 23
Schauspieler in historischen Kostümen stellen bei der Führung auf dem Schiff Szenen aus der Zeit der großen Hungersnot nach.

⚓🏛 Kennedy Homestead
Dunganstown
New Ross, Co. Wexford
www.kennedyhomestead.com
✆ (051) 38 82 64
Tägl. 9.30–17.30 Uhr
Eintritt € 7,50/5, Familienticket € 20
Neues Visitor Centre mit Ausstellung und Souvenirshop.

🌳🍀 JFK Arboretum
New Ross, Co. Wexford
✆ (051) 38 81 71
Tägl. Mai–Aug. 10–20, April, Sept. 10–18.30, Okt.–März 10–17 Uhr
Eintritt € 3/1, Familienticket € 8
12 km südlich der Stadt wachsen hier 4500 Baum- und Straucharten. Das Arboretum wurde 1968 in Erinnerung an den ermordeten US-Präsidenten angelegt.

**REGION 2
Ostirland**

Wexford am River Slaney

⓴ Wexford und Rosslare

Für Ornithologen steht Wexford ganz oben auf der Liste der Orte, die sie in Irland besuchen müssen. Das **Wildfowl Reserve** an der Küste östlich der Stadt ist dafür bekannt, dass hier seltene arktische Vogelarten überwintern, unter anderem auch die grönländische Weißbrustgans.

Im Stadtzentrum lohnen die Ruinen eines Augustinerklosters aus dem 12. Jahrhundert, **Selskar Abbey**, und die **Markthalle** aus dem 18. Jahrhundert einen Blick. Mehr Highlights gibt es nicht, doch die hat die Stadt auch nicht nötig – überzeugt sie doch durch ein schönes Stadtbild, gemütliche Pubs und eine lebhafte Kunstszene.

Das nahe **Rosslare** ist als Fährhafen in Richtung Frankreich und Wales bekannt. Der Hafen liegt allerdings 10 Kilometer von der Stadt entfernt – die wiederum ist der sonnigste Flecken Irlands, verfügt über einen langen Sandstrand und ist so einer der beliebtesten Sommerurlaubsorte der Iren.

Service & Tipps:

ℹ️ **Tourist Information**
Quay Front
Wexford, Co. Wexford
✆ (053) 912 31 11
www.discoverireland.ie

🛶 **Wexford Wildfowl Reserve**
North Slob, Wexford
✆ (053) 912 34 06
www.wexfordwildfowlreserve.ie
Tägl. 9–17 Uhr
Die beste Zeit für einen Besuch ist im Winter, denn dann überwintern hier Tausende Grönlandgänse.

🍴✕☕🍰 **Green Acres**
Selskar, Wexford
✆ (053) 912 29 75
www.greenacres.ie
Mo–Sa 9–22, So 12–20 Uhr
Gourmettempel in einem schönen historischen Gebäude mit neuem Anbau. Im Ladengeschäft gibt es kulinarische Köstlichkeiten, darunter viele Käsespezialitäten. Im Bistro bekommt man leckere Snacks.

Lachmöwe beim Sonnenbad

**REGION 2
Ostirland**

Im Haus befindet sich zudem noch eine der größten privaten Galerien des Landes.
€€

▶ **Sky & The Ground**
112–113 South Main St.
Wexford
✆ (053) 121 73
www.theskyandtheground.com

Stilechtes, traditionelles Pub, am Wochenende Livemusik.

🐾 Wexford ist über die Landesgrenzen hinaus für sein **Opera Festival** Ende Oktober bekannt, bei dem auch selten gespielte Opern aufgeführt werden. Karten rechtzeitig unter www.wexfordopera.com bestellen.

Das weltberühmte mundgeblasene und handgeschliffene Kristall aus Waterford

⑮ Waterford

Um 900 von den Wikingern gegründet, ist Waterford heute eine geschäftige Industriestadt, die vor allem von ihrem Hafen lebt – und von der Glasindustrie. Weltberühmt ist das mundgeblasene und handgeschliffene Kristall aus Waterford, bei dessen Herstellung man bei **Waterford Crystal** zusehen kann. Erläuterungen gibt es bei einer Führung durch die Fabrik. Möchte man dann eine original Waterforder Vase mit nach Hause nehmen – kein Problem! Beim Fabrikverkauf wird man mit ziemlicher Sicherheit fündig. Ebenfalls sehenswert in der 35 000 Einwohner zählenden Stadt sind der **Reginald's Tower** aus dem 13. Jahrhundert, das prunkvolle **Rathaus** von 1788 sowie das preisgekrönte **Waterford Museum of Treasures**.

Service & Tipps:

ℹ️ **Tourist Information**
The Granary, 41 The Quay,
Waterford, Co. Waterford
✆ (051) 87 57 88
www.waterfordtourism.org

🏛️ **Waterford Museum of Treasures**
The Granary, Merchants Quay
Waterford
✆ (051) 30 45 00
www.waterfordtreasures.com
Medievil Museum und Reginald's Tower Ostern–Mai tägl. 10–17, Juni–Mitte Sept. tägl. 10–18, Mitte Sept.–Ostern Mi–So 10–17 Uhr
Bishop's Palace Juni–Aug. Mo–Sa 9–18, sonst 10–17 Uhr
Eintritt Medievil Museum € 5, Kinder bis 14 Jahre frei, Familienticket € 10, Reginald's Tower € 3/1, Familienticket € 8, Bishop's Palace € 5/2
Das Museum besteht aus drei Teilen:

Mundarbeit: Glasbläser bei Waterford Crystal

Teil der Befestigungsanlage der Wikinger: der Reginald's Tower in Waterford

Das 2012 eröffnete **Medievil Museum** gibt einen guten Einblick in die Stadt zur Zeit des Mittelalters.

Im **Reginald's Tower**, der zur Bewachung des Hafens errichtet wurde, werden Ausstellungsstücke aus der Wikingerzeit präsentiert.

Im **Bishop's Palace**, dem ehemaligen Bischofspalast, wird die Zeit von 1700 bis zur Gegenwart beleuchtet. Ausstellung von Silbergegenständen und kunstvollem Glas.

◉ ♦ Waterford Crystal
Kilbarry, Waterford
✆ (051) 31 70 00, www.waterfordvisitorcentre.com
Fabrikführungen: April–Okt. Mo–Sa 9–16.15, So 9.30–16.15 Uhr, im Winter etwas kürzer, Verkauf bis 18 Uhr
Eintritt € 12/4, Familienticket € 30
Bei den Fabrikführungen werden alle Arbeitsschritte, die zur Vollendung der kunstvollen Glaswaren nötig sind, gezeigt.

🍷✕ Bodega Restaurant & Wine Bar
54 John's St., Waterford
✆ (051) 84 41 77
www.bodegawaterford.com
Eher Bistro als Bodega. Lohnend sind vor allem die reichhaltigen und günstigen Menüs zur Lunchzeit. €€–€€€

🍴✕ Im April treffen sich die Gourmets für einige Tage zum **Waterford Festival of Food**. Neben vielen Schauveranstaltungen bieten die Restaurants während dieser Tage Besonderes.

Ein irisches Arkadien: Landschaft im County Waterford

REGION 3
Cork und Kerry

Cork und Kerry
Idyllische Halbinseln mit Felsküste

Die beiden Grafschaften Cork und Kerry zählen schon seit viktorianischer Zeit zu den beliebtesten Urlaubsregionen Irlands. Cork, die zweitgrößte Stadt des Landes, besitzt zwar weder herausragende Sehenswürdigkeiten noch architektonische Glanzlichter, doch das Zentrum zwischen zwei Armen des River Lee lohnt wegen seines kleinstädtischen Charmes sowie der vielen Pubs durchaus einen

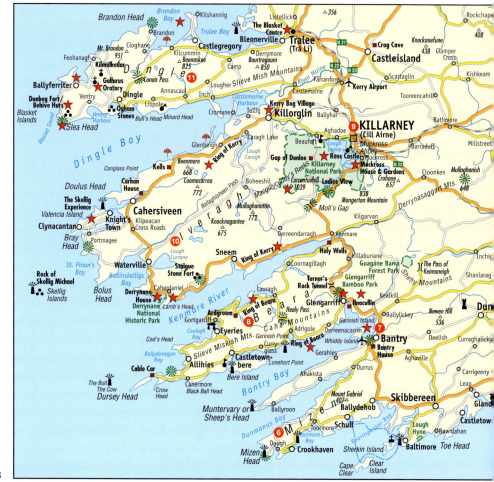

Besuch. Ebenso die Sehenswürdigkeiten in der näheren Umgebung wie Blarney Castle, die Whiskeybrennerei Old Midleton Distillery, die Hafenstadt Cobh und das Bilderbuchstädtchen Kinsale. Doch die meisten Urlauber zieht es auf die Halbinseln der Westküste, die wie Finger weit ins Meer ragen.

Auf teils winzigen und stets kurvigen Straßen kann man von Killarney Rundfahrten über die Halbinseln Dingle, Iveragh, Beara, Sheep's Head und Mizen unternehmen, wobei der rund 180 Kilometer lange »Ring of Kerry« auf Iveragh die meisten Besucher anzieht und im Sommer meist überlaufen ist. Allen Halbinseln gemeinsam ist der ständige Wechsel zwischen idyllischen Fischerdörfern, lieblicher Weidelandschaft mit verstreuten Häusern, üppig blühenden Gärten und karger, schroffer Felsküste.

REGION 3
Cork und Kerry

In der Region Cork und Kerry sind die aufgeführten Orte geografisch von Ost nach West sortiert.

**REGION 3
Cork und Kerry**

❶ Lismore

Lismore blickt zwar auf eine lange Geschichte zurück – im 7. Jahrhundert stand hier eines der wichtigsten Klöster des Landes –, heute aber hat die Stadt mit dem **Lismore Castle** nur noch eine wirkliche Sehenswürdigkeit zu bieten. Als Fotomotiv eignet sich die am Ufer des Blackwater River gelegene Burg hervorragend. Wer bei dem Anblick neugierig wird und mehr sehen will, wird allerdings enttäuscht – die Burg, deren älteste Teile bis ins 12. Jahrhundert zurückdatieren, ist in Privatbesitz und kann nicht besichtigt werden.

Service & Tipps:

ℹ Lismore Tourist Information Office
Lismore Heritage Centre
Lismore, Co. Waterford
✆ (058) 549 75
www.discoverlismore.com

✗ O'Brien Chop House
Main St.
Lismore, Co. Waterford
✆ (058) 538 10
www.obrienchophouse.ie
Tägl. 12.30–15 und 18–21 Uhr
Das erst im Sommer 2009 eröffnete O'Brien wirkt wie ein original viktorianisches Pub. Schon wegen der herrlich nostalgischen Einrichtung lohnt der Besuch. Einfache, traditionelle Fleischgerichte wie Steaks und Chops.
€€

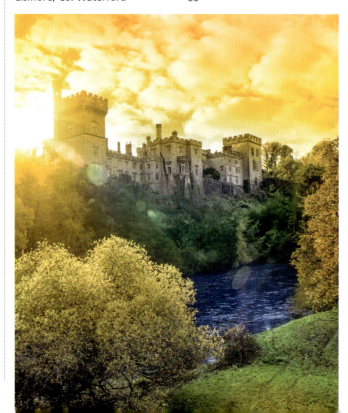

Eine Sinnestäuschung? Ein Herbstsonnenuntergang über Lismore Castle am Blackwater River

**REGION 3
Cork und Kerry**

Dem heiligen Colman geweiht: die Kathedrale von Cobh an der irischen Südküste

❷ Cobh

Cobh ist der Hafenort von Cork und zählt heute knapp 7000 Einwohner. Früher war die Stadt wichtiger Handelshafen, Marinestützpunkt, Anlaufstelle für Luxusliner und Auswandererhafen; ab Mitte des 19. Jahrhunderts entwickelte sich Cobh immer mehr zum Badeort. Die Seepromenade ist von bunten viktorianischen Häusern eingerahmt, die sich terrassenförmig den Hang hinaufziehen. Hoch oben am Hang erhebt sich die imposante neogotische **St. Colman's Cathedral**. Cobh war 1912 der letzte Hafen, den die »Titanic« vor ihrem Untergang anlief. Ein Gedenkstein an der Hafenpromenade erinnert an die 1915 in der Nähe von Cobh von einem deutschen U-Boot torpedierte »Lusitania«. Geschichtsinteressierten sei der Besuch des **Cobh Heritage Centre** empfohlen.

Service & Tipps:

ℹ **Tourist Information**
The Old Yacht Club
Cobh, Co. Cork
✆ (021) 481 33 01
www.cobhharbourchamber.ie

🏛 **Cobh Heritage Centre – The Queenstown Story**
The Old Railway Station
Cobh, Co. Cork
✆ (021) 481 35 91
www.cobhheritage.com
Mo–Sa 9.30–18, So 11–18 Uhr, letzter Einlass 1 Stunde vor Schließung, Eintritt € 7,50/4, Familienticket € 20
Die Ausstellung in einem liebevoll restaurierten viktorianischen Bahnhof erzählt die Geschichte der rund 3 Millionen Auswanderer, die Irland wegen Armut und Hunger verlassen haben. Außerdem wird an die Zeit erinnert, als die großen Luxusliner noch in Cobh anlegten.

Bunte viktorianische Hausfassaden rahmen die Seepromenade in Cobh

**REGION 3
Cork und Kerry**

Nach dem Untergang der »Lusitania« 1915 wurden viele der Opfer in Cobh (damals Queenstown) beigesetzt

Die bei Cork beschriebenen Ausflugsziele **Fota Wildlife Park, Barryscourt Castle** und **Old Midleton Distillery** sind auch von Cobh nur wenige Kilometer entfernt.

🏛 **Cobh Museum**
High Rd., Cobh, Co. Cork
✆ (021) 481 42 40
www.cobhmuseum.com
März–Okt. Mo–Sa 11–13 und 14–17.30, So 14.30–18 Uhr
Kleines Lokalmuseum in der alten Scots Presbyterian Church.

⦿ **Lusitania Peace Memorial**
Casement Sq., Cobh, Co. Cork
Das Denkmal erinnert an die mehr als 1000 Menschen, die ums Leben kamen, als das Kreuzfahrtschiff »Lusitania« sank, nachdem es am 7. Mai 1915 von einem deutschen U-Boot beschossen worden war.

⦿ **St. Colman's Cathedral**
Cobh, Co. Cork
✆ (021) 481 32 22
www.cobhcathedral.ie
Die im neugotischen Stil zwischen 1868 und 1915 erbaute Kathedrale von Cobh ist das zweitgrößte Gotteshaus in der Republik Irland, der Kirchturm mit einer Höhe von 91,4 m der zweithöchste im Land.

ℹ⦿ **The Titanic Trail Tour**
www.titanic.ie
Touren um 11 (€ 9,50) und 14 Uhr (€ 12,50)
Ein einstündiger Rundgang auf den Spuren der »Titanic« durch Cobh: Man begibt sich auf eine Zeitreise zurück zum 11. April 1912, als die »Titanic« hier zum letzten Mal vor ihrer schicksalhaften Reise vor Anker ging.

▶ **The Roaring Donkey**
Orelia Terrace
Cobh, Co. Cork
✆ (021) 481 17 39
www.theroaringdonkey.com
Irish Pub at its best. Wer hierher kommt, bleibt nicht lange allein. Gute Stimmung und freundlicher Service sind garantiert. Wenige Touristen, fast nur »locals«.

❸ Cork

Cork strahlt eine entspannte und freundliche Atmosphäre aus. Auffällig ist die selbst für irische Verhältnisse hohe Pub-Dichte im Stadtzentrum. Grund dafür ist nicht zuletzt, dass ein Großteil der 140 000 Einwohner Studenten sind. Stolz betrachten die Einheimischen ihre Stadt als die eigentliche Hauptstadt des Landes.

Cork war zu Beginn des 19. Jahrhunderts der wichtigste Auswanderungshafen Irlands. Man geht davon aus, dass etwa drei Millionen Menschen über den Hafen von Cork das Land verließen. Mitte des 19. Jahrhunderts setzte dann ein wirtschaftlicher Aufschwung ein und es ließen sich vor allem Brauereien, Destillerien und Schiffsbaubetriebe in der Stadt nieder. Der Anschluss an das Eisenbahnnetz im Jahr 1849 trug zu dieser Entwicklung bei. Im selben Jahr eröffnete auch die Universität.

Im Laufe der Geschichte haben sich die Einwohner oft gegen die Herrschenden aufgelehnt. So auch 1920/21, als die Stadt als Hochburg der Republikaner im Freiheitskampf gegen die Briten stark zerstört wurde. Heute lebt die Hafenstadt

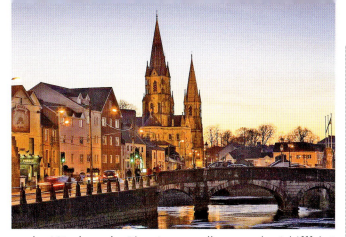

**REGION 3
Cork und Kerry**

*Klein, aber vital:
Cork am River Lee*

an der Mündung des River Lee vor allem von der Schifffahrt sowie von der Stahl- und pharmazeutischen Industrie. 2005 war Cork europäische Kulturhauptstadt.

Besuchern hat die Stadt auch außer den zahlreichen Pubs einiges zu bieten. Im **Cork Public Museum** erfährt man viel über die Regionalgeschichte, die **Crawford Art Gallery** zeigt irische Künstler und im **City Gaol**, einem ehemaligen Gefängnis, kann man sich ein Bild vom Strafvollzug im 19. und frühen 20. Jahrhundert machen.

Die Haupteinkaufsstraßen von Cork sind die **Patrick**, **Princes**, **Oliver Plunkett** und **North Main Street**. In der **MacCurtain Street** findet man einige spannende Antiquitätenläden und Geschäfte für Musikinstrumente. Die **French Church Street** bietet Boutiquen sowie kleine, anheimelnde Läden, die alles Mögliche – von Schuhen über Kunsthandwerk bis zu Schokolade – verkaufen, und punktet außerdem mit ihren vielen Cafés, in denen man sich vom Einkaufstrubel erholen kann. Rund um die **Opera Lane** ist in den letzten Jahren ein neues Einkaufsviertel entstanden mit Filialisten wie H&M, Gap, River Island, Kuyichi und Tommy Hilfiger. Delikatessen kann man hervorragend auf dem **English Market** kaufen.

Whiskey-Liebhaber kommen in der **Old Midleton Distillery** im Nachbarort Midleton auf ihre Kosten. Gleich drei weitere interessante Ziele in der östlichen Umgebung von Cork gehören zu der 5000 Einwohner zählenden Stadt **Carrigtwohill**, in der sich Betriebe der Biotechnologie und Pharmazie angesiedelt haben und die zu den am schnellsten wachsenden Orten Irlands zählt. Im **Fota House** erwartet den Besucher eine Sammlung irischer Maler. Umgeben ist die Villa von einem schönen Park mit Arboretum. Im **Fota Wildlife Park** kann man Tiere auf großen Freiflächen beobachten und nur ein Stück weiter liegt das **Barryscourt Castle**.

Irischen Whiskey verkosten: Old Midleton Distillery in Midleton

REGION 3
Cork und Kerry

Fangfrisches im English Market, Cork

Eine Institution: die Markthalle des English Market in Cork

Service & Tipps:

Cork International Airport
www.corkairport.com
Vom Internationalen Flughafen von Cork bestehen Verbindungen in viele Städte auf der britischen Insel und dem europäischen Kontinent. Einzige Verbindung nach Deutschland: Aer Lingus fliegt von Cork nach München.

Tourist Information
35 Grand Parade
Cork, Co. Cork
(021) 425 51 00
www.discoverireland.ie

Cork Public Museum
Fitzgerald Park, Cork
(021) 427 06 79
Mo–Fr 11–13 und 14.15–17, Sa 11–13 und 14.15–16, April–Sept. auch So 15–17 Uhr
Eintritt frei
Das Museum zur Regionalgeschichte ist in einem zweigeschossigen Bau im georgianischen Stil untergebracht. Auch ohne die Ausstellung zu besuchen, kann man in dem weitläufigen Park spazieren gehen oder im ausgezeichneten Museumscafé mit Blick über den River Lee eine Pause einlegen.

Crawford Art Gallery
Emmet Place, Cork
(021) 480 50 42
www.crawfordartgallery.ie
Mo–Sa 10–17, Do bis 20 Uhr
Eintritt frei
Größtes Kunstmuseum der Stadt mit einer guten Sammlung irischer Künstler des 19. und 20. Jh. In den Ende des 19. Jh. entstandenen Bau hat der Architekt damals gekonnt die Fassade des ehemaligen Zollhauses von 1724 integriert. Ausgezeichnetes Museumscafé.

City Gaol
Covent Ave., Cork
(021) 430 50 22
www.corkcitygaol.com
März–Okt. 9.30–17, Nov.–Feb. 10–16 Uhr
Eintritt € 8/4,50, Familienticket € 24
Beim Rundgang durch das ehemalige Gefängnis erhält man einen Einblick in die harten Bedingungen, unter denen die Gefangenen im 19. und frühen 20. Jh. hier untergebracht waren. Eine Ausstellung vertieft den Eindruck. Auf dem Gelände liegt auch das **Radiomuseum**.

English Market
Zwischen Grand Parade, Princess St. und Patrick St., Cork
www.englishmarket.ie
Mo–Sa 8–18 Uhr
Ein überdachter Markt, in dem Leckermäuler Delikatessen aus der Region, aber auch Feines aus fernen Ländern finden. Der Markt wurde 1610 von König James I. eingerichtet; das heutige Gebäude stammt aus dem Jahre 1786.

St. Ann's Shandon Church
Church St., Cork
(021) 450 59 06
März–Okt. Mo–Sa 10–16, So

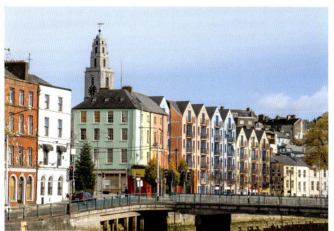

**REGION 3
Cork und Kerry**

Cork Riverside: St. Patrick's Quay, im Hintergrund der Glockenturm der St. Ann's Shandon Church

11.30–15.30, Juni–Sept. jeweils 1 Stunde länger, Nov.–Feb. 11–15 Uhr, Eintritt € 5/2,50, Familienticket € 12
St. Annes, im 18. Jh. erbaut, ist weniger unter architektonischen Gesichtspunkten als vielmehr wegen des Kirchturms besuchenswert. Man kann ihn besteigen und über die Stadt schauen – und hier darf man selbstständig die Glocken läuten. Die acht Glocken von Shandon wiegen über sechs Tonnen und sind im ganzen Land bekannt, denn das berühmte Lied »The Bells of Shandon«, in dem es genau um diese Glocken geht, kann in Irland jeder singen.
 Ganz in der Nähe der Kirche liegt das **Buttermuseum** – einst gab es in Cork die größte Butterbörse der Welt.

◉ **St. Finn Barre's Cathedral**
Dean St., Cork
✆ (021) 496 33 87
www.cathedral.cork.anglican.org
Ostern–Okt. Mo–Sa 9.30–17.30, So 12.30–17, Nov.–Ostern Mo–Sa 9.30–12.45 und 14–17 Uhr Eintritt € 5/3
Neugotische Kathedrale vom Ende des 19. Jh. Vor allem die bunte Deckenbemalung und die farbigen Fenster sind bekannt – letztere werden aber auch häufig kritisiert. Manche Kunstkritiker bezeichneten sie schlichtweg als kitschig.

✕ **Ivory Tower**
35 Princess St., Cork
✆ (021) 427 46 65
www.seamusoconnell.com
Do–Sa 19 Uhr bis der letzte Gast geht
Vom »Observer« als eines der besten Restaurants der britischen Inseln gelobt. Man wählt hier aus einer Karte, die exklusive Fisch- und Wildgerichte bietet, doch auch Vegetarier werden zufrieden sein. Das 5-Gänge-Menü ist für rund € 70 zu haben. €€€

🍸✕🎵 **Bodega**
Cornmarket St., Cork
✆ (021) 427 37 56
www.bodegacork.ie
Nachtbar, Restaurant und Ort für Liveauftritte. Momentan ist das Bodega einer der populärsten Nightspots in Cork. In dem umgebauten Kaufhaus, das von seiner lässigen Atmosphäre und dem stilvollen Design lebt, fühlt sich vor allem junges Publikum wohl. €€

🛏🍸✕ **MacCarthy's Bar**
Eden Hall, Model Farm Rd., Cork
✆ (021) 434 67 55

REGION 3
Cork und Kerry

Pubstraßen
In der Studentenstadt Cork gibt es Pubs ohne Ende. Die meisten liegen in der Plunkett Street, der Washington Street und im Bereich um die Corn Market Street.

Der Bergfried von Blarney Castle im County Cork

www.mccarthysbarandbistro.ie
Tägl. geöffnet
PBB – Pub, Bar, Bistro – für jeden ist etwas dabei. Edel, aber keinesfalls abgehoben. Hier lassen sich Gäste das Guinness genauso gut schmecken wie den Cocktail. Das Loft ist prima zum Chillen. Das Bistro bietet Atmosphäre für ein romantisches Dinner. Aber auch Familie und Freunde fühlen sich in diesem Ambiente wohl.
€€

🅳 **Castle Inn**
99 South Main St., Cork
✆ (021) 427 74 85
Anheimelndes Ambiente und extrem freundlicher Service zeichnen das Castle Inn aus. €

🍸 **Rhino Rooms**
34 Grand Parade, Cork
Stilvolle kleine Bar für trendige Leute.

🎵 **Crowleys Music Centre**
29 MacCurtain St., Cork
✆ (021) 450 34 26

Glück gehabt. Einmal an den richtigen Kunden verkauft und schon ist man Kult. Im Crowleys Music Centre hat einst der weltberühmte irische Blues-Rock-Musiker Rory Gallagher (1948–1995) seine berühmte elektrische Gitarre gekauft – eine 1961 Fender Stratocaster. Von ihr trennte sich der Künstler während seiner ganzen Karriere nicht mehr. Seit Gallagher hier eingekauft hat, brummt bei Crowleys das Geschäft. Doch die Kunden kommen nicht nur aus Nostalgiegründen, sondern auch, weil die Verkäufer wirklich Ahnung von Musik haben.

🎵 **Shandon Craft Centre**
Shandon, Cork
✆ (021) 450 39 36
Im ehemaligen Buttermarkt ist heute ein sehenswertes Kunsthandwerkszentrum untergebracht, in dem man u. a. Schmuck, Designmode, dekorierte Fliesen, Kristallwaren und Musikinstrumente kaufen kann.

🎉 In Cork wird gern gefeiert. Im Juli macht das **Cork Food Festival** Appetit auf den Sommer, Anfang Oktober dreht sich beim **Cork Folk Festival** alles um traditionelle Musik. Ende Oktober steht dann Jazzmusik im Mittelpunkt – beim **Guinness Cork Jazz Festival**, dem größten Jazzfestival im Land, sind Jahr für Jahr weltberühmte Künstler zu Gast. Eher die einheimischen Größen werden beim **Corona Cork Film Festival** im November zelebriert – hier steht der irische Film im Mittelpunkt des Interesses.

Ausflugziele:

📷🌳 **Blarney Castle**
Blarney, Co. Cork
✆ (021) 438 52 52
www.blarneycastle.ie
Mai–Sept. Mo–Sa 9–18.30/19, So

9–17.30, im Winter tägl. 9 Uhr bis Sonnenuntergang
Eintritt € 10/5, Familienticket € 30

Einige Kilometer nordwestlich von Cork liegt in dem kleinen Örtchen Blarney die gleichnamige Burg. Von dem im 15. Jh. erbauten Castle steht heute nur noch der Bergfried. Wer die mehr als 120 Stufen erklimmt, kann – nicht ohne einige Verrenkungen vollführt zu haben – den Blarney Stone küssen, was angeblich zu besserer Eloquenz führen soll. Lohnend ist auch ein ausgiebiger Spaziergang durch den weitläufigen Park, der die Burg umgibt.

🎡🐾 Fota Wildlife Park
Carrigtwohill, Co. Cork
✆ (021) 481 26 78
www.fotawildlife.ie
Mo–Sa 10–18, So 11–18, letzter Einlass 17 Uhr
Eintritt €14,30/9,20, Familienticket € 44
15 km östlich von Cork leben 70 Tierarten auf großen Freiflächen. Außerdem werden im Park seltene Tiere wie Seeadler oder Geparden gezüchtet. Wer Glück hat, dem hüpft vielleicht ein Känguru über den Weg und lässt sich streicheln.

📷🌳✿ Fota House & Gardens
Carrigtwohill, Co. Cork
✆ (021) 481 55 43
www.fotahouse.com
Tägl. 10–17, So erst ab 11 Uhr
Eintritt € 7/3, Park und Arboretum Eintritt frei
10 km östlich von Cork erreicht man Fota House, die Villa, in der ab 1627 die Earls of Barrymore wohnten. Das Haus diente ursprünglich nur als Jagdhaus und wurde erst in den 1820er Jahren aus- und umgebaut. Nachdem die letzten Barrymores in den 1970er Jahren ausgezogen waren, verfiel das Haus allmählich. Aus EU-Mitteln wurde es 2002 renoviert und der Öffentlichkeit wieder zugänglich gemacht. In der Villa ist heute eine der besten Sammlungen irischer Maler ausgestellt.
Die Villa ist von einem großen Park umgeben, der vor allem für sein Arboretum und den Rosengarten bekannt ist.

☕ Café im Fota House
Carrigtwohill, Co. Cork
✆ (021) 481 55 43
Nur im Frühjahr und Sommer, Mo–Sa 10–17, So 11–17 Uhr
In der *Long Gallery* und dem *Billiard Room* im Erdgeschoss des Fota House ist heute ein Café untergebracht. Wenn es sonnig ist, kann man auch draußen sitzen und den Blick auf den Park genießen. €

📷 Barryscourt Castle
Carrigtwohill, Co. Cork
✆ (021) 488 22 18
Ende Mai–Ende Sept. tägl. 10–18 Uhr, letzter Einlass 45 Minuten vor Schließung
Eintritt frei
Burg aus dem 16. Jh., die letztmalig im Jahr 2006 umfassend renoviert wurde. Café und Souvenirshop.

📷 Old Midleton Distillery
Midleton, Co. Cork
✆ (021) 461 35 94
www.whiskeytours.ie
Führungen tägl. April–Okt. 10–16.30, Nov.–März 11.30, 13.15, 14.30, 16 Uhr, Eintritt € 13/7,70, Familienticket € 29
Die Geschichte von Irlands größter Whiskey-Brennerei geht bis ins 18. Jh. zurück. Auf einer geführten Tour erfährt man alles über die Geschichte des irischen Whiskeys und besichtigt Mälzerei, Kornspeicher und Destillieranlagen, darunter auch die weltweit größte Brennblase mit 32 000 Gallonen Inhalt. Nach der Besichtigung gibt es eine ausführliche Verkostung.

REGION 3
Cork und Kerry

Zu den Ursprüngen des irischen Whiskeys: Old Midleton Distillery in der Grafschaft Cork

**REGION 3
Cork und Kerry**

Gälisch und Englisch: Zweisprachigkeit gilt auch für die Hinweisschilder auf den Straßen

❹ Kinsale

Das kleine Hafenstädtchen mit seinen bunten Häusern erfüllt das idyllische Idealbild, das Irlandbesucher von ihrem Reiseland haben. Der Ort ist für seine Gourmetrestaurants bekannt und deswegen im Sommer für viele Iren ein beliebtes Ausflugsziel. Beeindruckend ist die sternförmige Festung **Charles Fort**.

Service & Tipps:

Tourist Information
Pier Rd., Kinsale, Co. Cork
☏ (021) 477 22 34
www.kinsale.ie

Charles Fort
Summer Cove
Kinsale, Co. Cork
☏ (021) 477 22 63
www.heritageireland.ie
Mitte März–Okt. tägl. 10–18,
Nov.–Mitte Dez. tägl. 10–17,
Mitte Dez.–Mitte März tägl.
außer Mo 10–17 Uhr, Einlass bis jeweils 1 Stunde vor Schließung
Eintritt € 4/2, Familienticket € 10
Charles Fort ist eine der größten und besterhaltenen sternförmigen Festungen Europas. Erbaut in den 70er Jahren des 17. Jh., diente es zur Sicherung der Hafeneinfahrt.

Desmond Castle & The International Museum of Wine
Cork St, Kinsale, Co. Cork
☏ (021) 477 48 55
www.heritageireland.ie
Mitte April–Mitte Sept. tägl. 10–18 Uhr, letzter Einlass eine Stunde vor Schließung
Eintritt € 3/1
Desmond Castle wurde um 1500 vom Grafen von Desmond erbaut, in späteren Jahren diente es u. a. als Zollhaus und Gefängnis. Heute beherbergt es ein Weinmuseum. Wein bringt man normalerweise nicht mit Irland in Verbindung, doch Kinsale war schon ab 1412 Einfuhrhafen für französischen Wein und hat sich so schnell den Ruf als »Weinhauptstadt« Irlands erworben. Im Museum wird die Geschichte des Weinbaus aufgearbeitet und es werden die Handelsbeziehungen beleuchtet,

Eine sternförmige Festung an der Kinsale Bay: Charles Fort

die irische Weinhändler in alle Regionen der Welt pflegten.

🍴🛏 **Fishmarket Restaurant im Blue Haven Hotel**
3 Pearse St., Kinsale, Co. Cork
℡ (021) 477 22 09
www.bluehavenkinsale.com
Tägl. 18–22 Uhr
Viel gerühmtes Fischrestaurant im Zentrum von Kinsale. €€€

☕ **Mother Hubbard**
1 Market St., Kinsale, Co. Cork
℡ (021) 477 24 40
Tägl. ab 8.30 Uhr
Kleines, gemütliches Café. €

🎭 Im Juli dreht sich beim **Kinsale Arts Festival** 9 Tage lang alles um die Kunst – den Begriff fasst man dabei sehr weit: Musik, Theater, Literatur, aber auch gutes Essen fallen darunter. Ausdrücklich nur ums Essen geht es dann Mitte Oktober beim **Kinsale Gourmet Festival**.

> **REGION 3**
> **Cork und Kerry**
>
> In der **Pearse Street** in Clonakilty liegt ein Pub am anderen, da fällt es nicht schwer, den richtigen zu finden.

❺ Clonakilty

Clonakilty (4200 Einwohner) ist in Irland als Geburtsort des Unabhängigkeitskämpfers und Politikers Michael Collins (1890–1922) bekannt. Musikfreunde schätzen den Ort, weil eine lebendige Musikszene existiert und in den örtlichen Pubs qualitativ hochwertige Livemusik gespielt wird.

Service & Tipps:

🌳☕ **Lisselan Gardens**
Lisselan Estate, Clonakilty, Co. Cork
℡ (023) 883 32 49
www.lisselan.com
Eintritt € 6/frei
Bereits in den 1850er Jahren in landschaftlich schöner Lage an einem Fluss angelegt, begeistert die Anlage Gartenfreunde mit ihren Azaleen, dem Stein- sowie dem Wasser- und Rhododendrongarten. Im Park befindet sich auch ein kleines Café.

🍴🎵 **An Teach Beag**
Pearse St., Clonakilty, Co. Cork
℡ (023) 883 32 50
www.odonovanshotel.com
An Teach Beag ist nur ein kleines Haus – und genau das bedeutet das gälische Wort auch. Ursprünglich ein Lagerhaus des O'Donovan's Hotels, wird dort heute hervorragende irische Musik gespielt – immer Sa von 21.30 Uhr bis Mitternacht und immer bei freiem Eintritt. €

🍴🍽🎵 **Scannell's Bar**
5 Connolly St.
Clonakilty, Co. Cork
℡ (023) 883 41 16
www.scannellsbar.com
Gutes und deftiges Essen, reichlich Bier und regelmäßig Livemusik, das sind die Markenzeichen von Scannell's Bar. €

🍺🍴🎵 **The Phoenix Bar**
42 Pearse St., Clonakilty, Co. Cork
℡ (023) 882 17 40
www.phoenixbar.ie
Spannende Mischung aus traditionellem Pub und cooler Bar. Regelmäßig Livemusik am Wochenende. €–€€

🛍 Jede Woche findet Do 10–14 Uhr hinter dem O'Donovan's Hotel ein lokaler **Bauernmarkt** statt.

Michael Collins, Führer des irischen Unabhängigkeitskampfes, kam in Clonakilty zur Welt

Drombeg Stone Circle im County Cork – der Altar der Druiden im magischen Zwielicht

»Ireland's most Southwesterly Point«: Mizen Head Signal Station von 1909

❻ Mizen-Halbinsel

Die Fahrt über die Mizen Peninsula von Ballydehob nach Mizen Head, zur Südwestspitze Irlands, führt durch eine der schönsten Regionen des Landes. Man passiert Sandstrände und fährt an Steilküsten entlang, bevor man zu dem 1909 erbauten Leuchtturm an der Landspitze kommt. Wobei die Bezeichnung »Turm« in diesem Fall etwas in die Irre führt, ist doch die Lichtanlage einfach auf dem flachen Dach eines Gebäudes installiert. Besonders beliebt bei Sonnenbadern und Strandspaziergängern ist der Barley Cove Beach zwischen Crookhaven und Mizen Head.

Das kleine, charmante Dorf **Ballydehob** liegt inmitten einer unberührten Hügellandschaft. In den 1960er Jahren siedelten sich viele Künstler in dem Örtchen an – vielleicht stammt aus dieser Zeit noch die Vorliebe fürs Feiern. Obwohl weit weniger als 1000 Menschen in Ballydehob leben, gönnt man sich gleich vier größere Feste: im April das **Féile Átha Dá Chab**, ein Festival für traditionelle irische Volksmusik und Tänze, im Mai das **Ballydehob International Jazz Festival**, an dem auch international bekannte Künstler teilnehmen, im Sommer das **Ballydehob Festival**, ein Fest für die ganze Familie, und schließlich das **Old Time Threshing and Vintage Weekend**, eine Art Erntedankfest, im Oktober.

Das kleine Örtchen **Skibbereen** (2500 Einwohner) hat gleich ein paar Sehenswürdigkeiten zu bieten: Das **Skibbereen Heritage Center** beschäftigt sich vor allem mit der großen Hungersnot von 1840 und der darauf folgenden Auswanderungswelle. Nahe der Straße nach Castletownshend liegen die **Three Fingers**, eine Steinreihe bestehend aus drei etwa 4 Meter 20 hoch aufragenden, schlanken Steinpfeilern. Weiterhin sehenswert in der Umgebung sind das **Knockdrum Fort**, eine beeindruckende Befestigungsanlage aus der Bronzezeit, und der **Steinkreis von Drombeg**, eine Art kleines Stonehenge.

Service & Tipps:

ⓘ ⓢ Mizen Head Visitor Center
Mizen Head, Co. Cork
℃ (028) 351 15
www.mizenhead.net
Mitte März–Mai, Sept./Okt.
tägl. 10.30–17, Juni–Aug. tägl.
10–18, Nov.–Mitte März Sa/So
11–16 Uhr
Eintritt Visitor Center und
Leuchtturm € 6/3,50, Familienticket € 18

🏛 Skibbereen Heritage Center
Old Gas Works, Upper Bridge St.
Skibbereen, Co. Cork
℃ (028) 409 00
Mitte März–Ende Okt. Di–Sa
10–18, Mitte Mai–Mitte Sept.
auch So/Mo 10–18 Uhr
Eintritt € 6/3
Im Heritage Center erhalten
Besucher Informationen zur
Hungersnot von 1840 und der
anschließenden Auswanderungswelle.

REGION 3
Cork und Kerry

Stilvoll dinieren im Bantry House

❼ Bantry

Das Städtchen Bantry (knapp 3500 Einwohner) liegt zwischen Mizen und Beara und bietet sich daher als Standort für Ausflüge zu beiden Halbinseln an. Neben dem Tourismus spielt vor allem die Muschelzucht eine wichtige Rolle. Jedes Jahr im Mai findet ein Muschelfest statt. Die Hauptsehenswürdigkeit von Bantry ist das alte Herrschaftshaus Bantry House.

Service & Tipps:

ⓘ Tourist Information
Old Courthouse
The Square
Bantry, Co. Cork
℃ (027) 502 29
www.discoverireland.ie

ⓢ 🛏 Bantry House
Bantry, Co. Cork
℃ (027) 500 47
www.bantryhouse.com
Mitte März–Okt. tägl. 10–18 Uhr
Eintritt € 11/3, Familienticket € 26

Bantry House – prunkvoll mit Aussicht auf die Bantry Bay

**REGION 3
Cork und Kerry**

In herrlicher Lage am Stadtrand von Bantry liegt Bantry House, der ehemalige Wohnsitz des Earl of Bantry. Es wurde um 1690 erbaut und im Laufe des folgenden Jahrhunderts immer wieder erweitert. Sehenswert ist vor allem der Rosa Salon mit seinen Tapisserien, die um 1770 für die Hochzeit von Marie Antoinette gefertigt wurden. Der große Park ist ganzjährig zugänglich. Hinter dem Italienischen Garten erreicht man über 107 Stufen einen Aussichtspunkt, von dem man auf das Herrschaftshaus und die Bantry Bay sowie hinüber zur Halbinsel Beara blickt. Auch wenn es anstrengend ist – bei gutem Wetter sollte man auf den Aufstieg keinesfalls verzichten!

Blairscove House
Durrus bei Bantry, Co. Cork
© (027) 629 13
www.blairscove.ie
Wunderschön am Ufer der Dunmanus Bay gelegen, ist das Blairscove House wegen seines Vorspeisenbuffets bekannt und mehrfach unter die besten Restaurants des Landes gewählt worden. In dem Landhaus im georgianischen Stil mit riesigem Garten kann man auch übernachten. €€€

Immer in geraden Jahren findet im Juli die **Atlantic Challenge** statt, bei der sich eine Woche lang alles um Wassersport dreht – dann werden die Besten im Rudern, Segeln und anderen Disziplinen gesucht.

❽ Beara-Halbinsel

Am südlichsten Zipfel der Beara-Halbinsel kann man im Sommer mit Irlands einziger Kabelbahn nach Dursey Island übersetzen

Ein guter Ausgangspunkt für eine Rundfahrt über die Beara-Halbinsel ist das Städtchen Glengariff. Von der landschaftlichen Schönheit her kann es der **»Ring of Beara«** mit dem bekannteren »Ring of Kerry« allemal aufnehmen, zudem spricht für ihn, dass er auch im Sommer lange nicht so überlaufen ist.

Auf der R 572 fährt man von **Glengariff** in südwestlicher Richtung entlang der recht rauen Küste bis zur Streusiedlung Adrigole. Hier zweigt die R 574 zum **Healy Pass** ab. 330 Meter schraubt sich die Straße in vielen Kurven durch eine immer karger werdende Landschaft bis zur Passhöhe empor. Danach geht es mit schöner Aussicht auf den **Glanmore See** hinunter nach Lauragh. Der nun folgende Abschnitt entlang der Nordküste zählt zum spektakulärsten Teil des »Ring of Beara«. Eng und kurvenreich führt die Straße ständig bergauf und bergab über Ardgroom nach **Eyeries** mit seinen bunt bemalten Häusern. Immer wieder die zerfurchte Küste im Blick, erreicht man schließlich Allihies und fährt auf einer Stichstraße weiter nach **Garinish Point**, dem südlichsten Punkt der Halbinsel. Hier wartet eine Kabelbahn – die einzige Irlands – um Besucher nach **Dursey Island** zu bringen. Auf der Insel gibt es zwar nicht viel zu sehen, doch die schwankende Seilbahnfahrt in luftiger Höhe ist durchaus ein Erlebnis. Auf der Südseite der Halbinsel

lohnt auf der Rückfahrt noch **Castletownbere**, der Hauptort von Beara, einen Stopp. Der Ort besitzt einen wichtigen Fischerhafen sowie zahlreiche nette Pubs und Restaurants. Von Castletownbere legen auch die Fähren zur **Bere Island** (www.bereisland.net) ab. Die 11 mal 5 Kilometer große Insel ist ein Paradies für Wanderer, und Taucher finden vor der Insel eines der besten Reviere Irlands.

Ein paar Kilometer außerhalb von Castletownbere liegen die Ruinen von **Dunboy Castle**, dem Sitz von O'Sullivan Beare, der mit einigen anderen irischen Adeligen und unterstützt von den Spaniern eine Rebellion gegen die englische Krone anzettelte. Gut bekommen ist ihm das nicht. 1602 wurde seine Burg von den Truppen von Königin Elizabeth I. zerstört.

Am Schnittpunkt des »Ring of Beara« und des »Ring of Kerry« liegt der kleine Ort **Kenmare** – entsprechend groß ist die Rolle, die der Tourismus hier spielt. Im Ort findet man mehrere Restaurants und zahlreiche Unterkünfte. Einen kurzen Besuch lohnt das **Kenmare Heritage Center** im Haus der Touristeninformation (Eintritt frei).

Beara Peninsula: Dunboy Castle, die malerische Ruine ...

... des einstigen feudalen Anwesens der O'Sullivans Beare südöstlich von Castletownbere

REGION 3
Cork und Kerry

Ein subtropischer
Paradiesgarten:
Garinish Island

Service & Tipps:

ℹ Glengariff Tourist Information
Fáilte Ireland South West
Glengariff, Co. Cork
✆ (027) 630 84
www.discoverireland.ie

♣ Glengariff Bamboo Park
Glengariff, Co. Cork
✆ (027) 630 07
www.bamboo-park.com
Tägl. 9–19 Uhr, Eintritt € 6/frei
In dem üppig grünen Park wachsen 30 verschiedene Bambus- und Palmenarten. Schöner Blick auf die Bay von Glengariff.

♣✿☘♠ Garinish Island
Glengariff, Co. Cork
✆ (027) 630 40
www.garnishisland.com
Kernzeit Mo–Sa 10–16, So 13–17 Uhr, je nach Saison länger
Eintritt € 4/2, Familienticket € 10
Anfang des 20. Jh. wurde die kleine Insel in der Bay von Glengariff für einen Belfaster Geschäftsmann in einen subtropischen Paradiesgarten verwandelt. Neoklassizistische Zierbauten, üppig blühende Beete, ein japanischer Steingarten und sogar Bonsai-Bäume sind hier zu bestaunen.

Qual der Wahl in Castletownbere auf der Beara-Halbinsel

ℹ🏛 Call of the Sea Visitor Center
Castletownbere, Co. Cork

✆ (027) 708 55
Mai–Sept. Mo–Fr 10–17, Sa/So 13–17 Uhr
Eintritt € 4/2
Anschauliche Präsentation der Geschichte von Beara.

🍺🍴 MacCarthy's Bar
The Square, Castletownbere, Co. Cork
✆ (027) 700 14
Mo–Sa 10.30–18 Uhr
Das leuchtend rot bemalte Pub an der Hauptstraße kann man nicht übersehen. Und das ist auch gut so, denn drinnen gibt es das obligatorische Guinness erfreulich preisgünstig und in gemütlicher Atmosphäre. Zudem kann man im Kramladen neben der Theke auch noch einen kleinen Einkauf tätigen.

✗🍴 Le Cascade Restaurant
Kenmare, Co. Kerry
✆ (064) 664 16 00
www.sheenfallslodge.ie
Hervorragendes Restaurant mit Ausblick über den Sheen Waterfall. In der Sheen Falls Lodge, zu der das Restaurant gehört, kann man luxuriös – und teuer – übernachten.
€€€

✗ D'Arcy's Kenmare
Main St., Kenmare, Co. Kerry
✆ (064) 664 15 89
Ausgezeichnetes Speiserestaurant im Zentrum von Kenmare.
€€€

❾ Killarney

> **REGION 3**
> **Cork und Kerry**

Killarney (13 500 Einwohner) ist nach Dublin das größte touristische Zentrum der Insel. Grund dafür ist die malerische Hügellandschaft, die die Stadt umgibt, mit dem **Killarney Nationalpark** in ihrem Zentrum. Heute ist Killarney zumindest im Sommer überfüllt und zugestaut. Die meisten Gäste der unzähligen Hotels und B&B's kommen hierher, um den **Ring of Kerry** zu befahren oder Touren im Nationalpark zu unternehmen. In der Stadt selbst ist vor allem die imposante neogotische **St. Mary's Cathedral** sehenswert.

Ausflug zum Killarney-Nationalpark

Unmittelbar südlich von Killarney erstreckt sich Irlands erster Nationalpark, eine grüne, hügelige Landschaft, in die drei Seen – Lough Leane, Muckross Lake und Upper Lake – eingebettet sind. Einige der meistbesuchten Ziele liegen entlang der N 71 nach Kenmare. Hier kommt man zunächst zu den gut erhaltenen Ruinen von **Muckross Abbey**, malerisch am Ufer des Lough Leane in einem parkähnlichen Gelände inmitten eines Friedhofs gelegen. Die 1440 von den Franziskanern gegründete Abtei wurde Mitte des 17. Jahrhunderts von den Truppen Cromwells zerstört; die Bewohner wurden vertrie-

Leichte Wanderung auch für Untrainierte: der Rundwanderweg über Holzbohlen zum Torc Mountain im Killarney-Nationalpark

REGION 3
Cork und Kerry

Ross Castle auf einer Halbinsel am Ostufer des Lough Leane

ben. Der Zugang zu den Ruinen ist jederzeit möglich. Rund einen Kilometer weiter liegt **Muckross House and Gardens**, ein stattlicher Herrensitz aus dem 19. Jahrhundert inmitten eines weitläufigen Parks. Ein kleiner Parkplatz linker Hand ist Ausgangspunkt für den kurzen Spaziergang zum **Torc-Wasserfall**, der in Stufen den Hang hinunterplätschert.

Nicht minder beliebt ist ein Ausflug in das **Gap of Dunloe** südwestlich der Stadt. Die rund 13 Kilometer – von Kate Kearney's Cottage bis Lord Brendan's Cottage – durch diese wildromantische Schlucht kann man zu Fuß, mit dem Fahrrad oder im Sattel bewältigen. Am bequemsten ist jedoch die Fahrt mit den sogenannten *Jaunting Cars*, den typischen Pferdekutschen, die überall auf Kundschaft warten.

Service & Tipps:

[i] **Tourist Information**
Beech Rd.
Killarney, Co. Kerry
✆ (064) 663 16 33
www.killarneyonamap.ie

Ross Castle
Killarney, Co. Kerry
✆ (064) 663 58 51
www.heritageireland.ie
Mitte März–Okt. 9.30–17.45 Uhr, Eintritt € 4/2, Familienticket € 10
Mittelalterliches Tower House in schöner Lage am Lough Leane. Von hier starten Boote zur Insel Innisfallen, auf der sich die Ruine einer Abtei befindet.

St. Mary's Cathedral
Cathedral New St.
Killarney, Co. Kerry
✆ (064) 310 14
Eintritt frei
Im Sommer des Jahres 1842 wurde der Grundstein für den Kirchenbau gelegt. Wegen der großen Hungersnot gegen Ende der 1840er Jahre ging das Geld aus und das Gotteshaus blieb lange als Rohbau stehen. Erst 1855 wurde St. Mary's, die drittgrößte Kathedrale Irlands, fertiggestellt. Der Turm ist 86,8 m hoch.

The Laurels Pub & Restaurant
Main St., Killarney
Co. Kerry
✆ (064) 311 49
www.thelaurelspub.com
Mo–Sa 10.30–23.30, Fr/Sa bis 0.30, So 12.30–23 Uhr
Traditionelles Pub, das sich seit 100 Jahren in Familienbesitz befindet. Einfache, preisgünstige Lunchgerichte; zum Dinner gibt es Landestypisches wie Irish Stew oder Kerry Lamm sowie Pizza. €€

Murphys Bar and Guesthouse
18 College St.
Killarney, Co. Kerry
✆ (064) 312 94
www.murphysofkillarney.com
Pub mit regelmäßiger Livemusik. Im selben Haus gibt es auch Übernachtungsmöglichkeiten.

The Muckross Gallery
Muckross Rd.
Killarney, Co. Kerry
✆ (064) 299 99
www.themuckrossgallery.com
Zeitgenössische irische Kunst, Gemälde, Skulpturen und Keramik.

Muckross House and Gardens
Killarney National Park
Co. Kerry
✆ (064) 314 40
www.muckross-house.ie
Tägl. 9–17.30, Juli/Aug. bis 19 Uhr, Eintritt € 7,50/4, Familienticket € 22
Mitte des 19. Jh. erbautes Herrenhaus mit elegantem Interieur inmitten eines weitläufigen Parks.

REGION 3
Cork und Kerry

Dem Klima sei Dank: Vegetation am Ring of Kerry

Muckross House and Gardens, der stattliche Herrensitz im Killarney National Park

**REGION 3
Cork und Kerry**

❿ Iveragh-Halbinsel mit dem »Ring of Kerry«

Die Rundfahrt über die Iveragh Peninsula – auch als »Ring of Kerry« bekannt – gehört für viele Urlauber zu den *must sees* einer Irlandreise. Sie führt durch karges Hügelland und bietet immer wieder schöne Ausblicke – mal hinab aufs Meer, mal über ein weites Tal. Im Sommer sind hier viele Ausflugsbusse unterwegs, was auf den engen irischen Straßen den Gegenverkehr oft zum Ausweichen oder Halten zwingt. Die Tour sollte man in Killarney beginnen und von dort in Richtung Killorglin fahren. So ist man nämlich in derselben Richtung wie die Busse unterwegs und erspart sich so manches Ausweichmanöver. Doch auch wer in die »richtige« Richtung fährt, muss im Sommer mit sehr dichtem Verkehr rechnen.

Die Straße N 70 führt hinter Killorglin zunächst durch **Glenbeigh**. Dort ist das Museumsdorf **»Kerry Bog Village«** einen kurzen Zwischenstopp wert. Weiter geht es nach **Cahersiveen**. In dem 1300-Seelen-Örtchen liegt das Geburtshaus von Daniel O'Connell (1775–1847), einem der wichtigsten Politiker der irischen Freiheitsbewegung.

Die nächste Sehenswürdigkeit ist das **Skellig Experience Centre** auf der mit dem Festland durch eine Brücke verbundenen **Valentia Island**. Dieses befasst sich mit der Natur und der Besiedlungsgeschichte der nur wenige Kilometer vor der Küste liegenden Skellig Islands, die von der UNESCO zum Weltkulturerbe erklärt worden sind. Auf den steilen und

Festlandschau: Blick vom höchsten Punkt der Insel Valentia auf Irland

**REGION 3
Cork und Kerry**

menschenleeren Eilanden lebten vom 6. bis 12. Jahrhundert Mönche, die dort die Einsamkeit suchten. Heute sind die Inseln ein Paradies für Seevögel. Bei gutem Wetter kann man in der Zeit von März bis Oktober mit Ausflugsbooten nach Skellig fahren, in der übrigen Jahreszeit sollte man zumindest die sehr gut gemachte Ausstellung besuchen.

Ab Valentia Island führt die Straße über Portmagee und den **Coomakesta Pass** mit guter Aussicht zu dem zwei Kilometer vor Caherdaniel gelegenen **Derrynane House**. Hier kann man nochmals auf den Spuren des Freiheitskämpfers Daniel O'Connell wandeln, der in diesem Herrensitz 20 Jahre lang lebte.

Vorbei am **Staigue Fort**, einer etwas abseits der Straße gelegenen Ringfestung aus der Eisenzeit, geht es weiter in die Ortschaft **Sneem** mit ihren bunten Häuserfassaden. Bei Touristen beliebt ist der Ort zudem wegen seiner vielen Souvenirläden; gern werden hier auch Wollpullover gekauft. Bei **Moll's Gap** und später **Lady's View** genießt man nochmals herrliche Ausblicke – hier auf eine weite Moorlandschaft, da über die Seen von Killarney –, bevor man wieder am Ausgangspunkt der Rundfahrt anlangt. Ebenfalls auf Iveragh steht der **Carrantuohill**, der höchste Berg Irlands, der es auf stolze 1041 Meter bringt und auf unterschiedlichen Pfaden bestiegen werden kann. Besondere bergsteigerische Fähigkeiten sind für die meisten Touren nicht erforderlich. Trotzdem sollte der Aufstieg wegen der häufig wechselnden Wetterbedingungen nicht unterschätzt werden. So sind Trittsicherheit und gute Bergstiefel absolut unverzichtbar – es hat hier schon Todesfälle gegeben! Durchschnittlich trainierte Wanderer schaffen die Besteigung und den Rückweg im Rahmen einer Tageswanderung. Der Berg wird meist von Norden entlang Hag's Glen und über die steile Devil's Ladder bestiegen.

Traditionelles Cottage bei Portmagee auf der Iveragh Peninsula

Nicht weniger attraktiv, jedoch weniger überlaufen als der »Ring of Kerry«: Dingle Peninsula im Sonnenuntergangslicht

REGION 3
Cork und Kerry

Ein Paradies für Seevögel: die Skellig Islands

Service & Tipps:

ℹ **Killarney Tourist Information**
Vgl. Killarney, S. 116

ℹ **Cahersiveen Tourist Information**
Church St.
Cahersiveen, Co. Kerry
✆ (066) 947 25 89
www.visitcahersiveen.ie
Juni–Mitte Sept.

◉❂ **Brendans Sheep Farm**
Infos über: Caitins Bar and Hostel, Kells, Cahersiveen, Co. Kerry
✆ (066) 947 76 14
www.caitins.com/sheep_dog_trials.php
Mai–Sept. tägl. 9.30–11.30 Uhr
In der Nähe von Kells an der Nordküste der Halbinsel Iveragh finden im Sommer täglich Vorführungen mit Hütehunden statt. Schafe bildeten lange Zeit die Lebensgrundlage für die Menschen der Region. Der Bauer Brendan lässt die Besucher hinter die Kulissen blicken und bringt ihnen das Leben auf einer Farm näher. Beeindruckend ist es, der Arbeit der Hunde zuzusehen. Die Bordercollies haben »ihre Schafe« völlig im Griff und treiben sie auf Brendans Befehl zielsicher an Hindernissen vorbei bis in den Pferch.

◉❂⚑ **The Skellig Experience**
Valentia Island, Co. Kerry
✆ (066) 947 63 06
www.skelligexperience.com
März/April, Okt./Nov. Mo–Fr 10–17, Mai–Sept. tägl. 10–18, Juli/Aug. bis 19 Uhr
Eintritt € 5/3, Familienticket € 14
Wem der Weg hinaus zu den Skellig Islands zu beschwerlich ist, erhält in dieser Multimediashow immerhin den zweitbesten Eindruck.

🏛 **Derrynane House**
Caherdaniel, Co. Kerry
✆ (066) 947 51 13
April, Okt.–Mitte Nov. Mi–So 10.30–17, Mai–Sept tägl. 10.30–18 Uhr
Eintritt € 3/1, Familienticket € 8
Wohnort des irischen Freiheitskämpfers Daniel O'Connell.

Hölzerne Artgenossen: Die frei lebenden »Bottlenose Dolphins« in der Dingle Harbour Area sind eine Attraktion

⓫ **Dingle-Halbinsel**

Die Dingle-Halbinsel zählt wegen der grandiosen Ausblicke aufs Meer, der archäologischen Stätten und der charmanten Dörfer zu den schönsten Gegenden Irlands. Vor einigen Jahren wurde die Halbinsel in der Zeitschrift »National Geographic« sogar als der »schönste Ort der Welt« bezeichnet.

Von Tralee erreicht man auf der N 86 relativ schnell den Hauptort **Dingle** (1200 Einwohner), in dem noch heute überwiegend Gälisch gesprochen wird. Wer etwas Zeit hat, sollte auf dem Weg noch einen Abstecher zum Dorf **Inch** und dem südlich gelegenen Sandstrand machen.

Dingle besitzt einen lebhaften Hafen und eine gute touristische Infrastruktur. Hier beginnt die ungefähr 40 Kilometer lange Rundtour zur Spitze der Halbinsel. Bei **Ventry** wartet ein weiterer schöner Strand, bevor man etwa sieben Kilometer weiter südwestlich zum **Dunbeg Fort (Dun Beag)** kommt, das aus der Eisenzeit stammt und erstaunlich gut erhalten ist. Die nun folgende Steilküste und der Aussichtspunkt **Slea Head** sind an Dramatik kaum zu überbieten. Vom westlichsten Punkt des Festlands bei Dunmore Head blickt man direkt auf die Blasket Islands. In **Ballyferriter** informiert das Heimatmuseum über die Geschichte des Ortes und zeigt prähistorische Funde. Östlich von Ballyferriter kommt man zum **Gallarus-Oratorium**, einer winzigen frühchristlichen Kirche.

Ein schöner Abstecher führt von Dingle über den 457 Meter hohen **Connor Pass** (perfekte Aussicht!) zur Nordseite der Halbinsel und weiter zur **Brandon Bay**, auf deren östlicher Landspitze sich über fast 20 Kilometer Irlands längster Sandstrand erstreckt.

REGION 3
Cork und Kerry

Wachstumsregulation der saftigen Gräser auf der Dingle Peninsula

Service & Tipps:

🏛 **Ionad an Bhlascaoid Mhóir – The Blasket Centre**
Dún Chaoin, Tralee (Trá Lí), Co. Kerry
✆ (066) 915 64 44
April–Okt. 10–18 Uhr, Eintritt € 4/2, Familienticket € 10
Museum und Informationszentrum über die Bewohner der Blasket Inseln, die 1953 auf das Festland umgesiedelt wurden, weil die Inseln keine Lebensgrundlage mehr boten.

✕ 🍴 **The South Pole Inn**
Annascaul, Co. Kerry
✆ (066) 915 73 88
www.thesouthpoleinn.com
Ursprünglich wurde die Bar 1920 von Tom Crean eröffnet, einem Forscher, der Scott und Shackleton auf ihren Expeditionen begleitete. Heute erinnern noch einige Memorabilia an

Weit und einsam: Inch Beach auf der Dingle-Halbinsel

REGION 3
Cork und Kerry

*Fischkutter im ▷
kleinen Hafen
von Dingle*

den Südpolforscher. Im Sommer kann man draußen am Wasser sitzen, wenn es kühler wird, drinnen gemütlich an der Bar. Die Speisekarte bietet eine breite Auswahl an Hausmannskost. €€

ℹ Tourist Information
The Quay, Dingle, Co. Kerry
✆ (066) 915 11 88
www.discoverireland.ie

✕ 🍷 🍴 Ashe's Bar
Main St., Dingle, Co. Kerry
✆ (066) 915 09 89
www.ashesbar.ie
Ashe's Bar ist der Favorit der Einheimischen, wenn sie sich einen schönen Abend gönnen wollen. Die üppigen Fleischportionen, aber auch die Speisen mit Meeresfrüchten können sich sehen lassen. Zwischen 17.30 und 19 Uhr sind die Preise beim *Early Bird Menue* günstiger. An der gemütlichen Bar kann man den Abend ausklingen lassen. Übernachtung ist ebenfalls möglich.
€€

*Dingle Peninsula:
Dunbeg Promontory Fort, das Ringfort aus der Eisenzeit*

🏛 Greenlane Gallery
Holy Ground, Dingle, Co. Kerry
✆ (066) 915 20 18
www.greenlanegallery.com
Zeitgenössische Bilder und Skulpturen irischer Künstler.

✕ 🍴 The Stone House Cafe & Restaurant
Slea Head Drive, Ventry (Fahan), Dingle Peninsula, Co. Kerry
✆ (066) 915 99 70
www.stonehouseventry.com
Tägl. geöffnet, in der Vor- und Nachsaison ist jedoch eine Voranmeldung unabdingbar.
Nahe der prähistorischen Ausgrabungen von Dunbeg wartet in spektakulärer Lage mit weitem Blick über den Atlantik und hinüber zu den Skellig Islands das Stone House auf seine Gäste. Das Restaurant trägt seinen Namen zu Recht, denn alles – einschließlich Dach – ist aus Stein. Die Küche bietet vor allem irische Gerichte. Der Blick auf die Speisekarte verrät, dass man Wert auf lokale Zutaten legt: Muscheln aus der Dingle Bay, Ziegenkäsesalat, geräucherter Lachs, Krabbensalat etc.

📷 The Dunbeg Fort Visitor Centre
Ventry, Dingle, Co. Kerry
✆ (066) 915 97 55
www.dunbegfort.com
März–Nov. 9–18, im Sommer bis 19 Uhr
Eintritt € 3/1,50
Klippenfestung aus der Eisenzeit.

🏛 Ballyferriter Museum
Ballyferriter (Baile an Fheirtéaraigh), Co. Kerry
✆ (066) 915 63 33
www.westkerrymuseum.com
Mitte Mai–Mitte Sept. tägl. 10–17 Uhr
Regionalausstellung im 1875 erbauten alten Schulhaus von Ballyferriter. Der Schwerpunkt liegt auf der gälischen Kultur und Sprache. Deswegen findet man auch nirgends den Namen Ballyferriter, sondern überall ist von Baile an Fheirtéaraigh die Rede. Das ist zwar politisch korrekt, für manche Besucher aber etwas verwirrend.

REGION 4
Limerick, Clare und Tipperary

Limerick, Clare und Tipperary

Reichlich Kultur und Natur am Unterlauf des Shannon

Drei Grafschaften – Clare, Limerick und Tipperary – bilden diese Region am Unterlauf des Shannon. Das Landschaftsbild reicht vom grünen, hügeligen Grasland in Tipperary, einem der wichtigsten Zentren der Milchwirtschaft, bis zum kargen Kalksteinplateau des Burren nahe der Küste. Entlang des Shannon, Irlands längstem Fluss, haben die Menschen schon früh gesiedelt, und so findet man hier

O'Brien's Tower – Aussichtsplattform am höchsten Punkt der Moher-Klippen

viele Spuren menschlichen Schaffens von bedeutenden Steinzeitstätten bis zu mittelalterlichen Burgen. Limerick, die größte Stadt der Region und drittgrößte Stadt Irlands, direkt am Shannon gelegen, bildet den zentralen Ausgangspunkt für zahlreiche Unternehmungen. Die meisten Besucher verzeichnen der Rock of Cashel, einst eine befestigte Abtei, erbaut auf einem Kalksteinhügel und jahrhundertelang Sitz der Könige von Munster, sowie das mittelalterliche Bunratty Castle und die bis zu 200 Meter hohen Cliffs of Moher.

***REGION 4
Limerick, Clare
und Tipperary***

❶ **Kilrush**

Die kleine Stadt Kilrush mit 2800 Einwohnern liegt an der hier noch breiten Shannon-Mündung und bezaubert durch die

In der Region Limerick, Clare und Tipperary sind die aufgeführten Orte geografisch von West nach Ost sortiert.

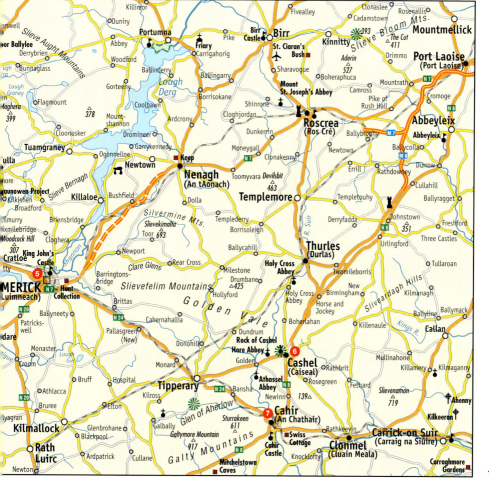

**REGION 4
Limerick, Clare
und Tipperary**

vielen schmucken Häuser aus dem 18. Jahrhundert. Auch der gepflegte **Vandeleur Walled Garden** lohnt einen Besuch. Die neue Marina ist einer der größten Yachthäfen des Landes, von hier starten die Ausflüge zur Delfinbeobachtung und zu den Inseln in der Shannon-Mündung. Der Ort bietet sich auch als Standquartier zur Erkundung der spektakulären Küste zwischen den Cliffs of Moher und Loop Head an.

Im nahen Moyasta gibt es mit zwei Kilometern Länge wohl eine der kürzesten Bahnstrecken der Welt. Eisenbahnfans können sich das kleine Museum der **West Clare Railway** anschauen, in einem historischen Waggon Kaffee trinken und mit der kleinen Dampflok **The Sliabh Callan** fahren.

Service & Tipps:

ℹ Tourist Information
Frances St., Kilrush, Co. Clare
✆ (065) 682 83 66
www.kilrush.ie

🌳✿ Vandeleur Walled Garden
Vandeleur Demesne, Killimer Rd., Kilrush, Co. Clare
✆ (065) 905 17 60
www.vandeleurwalledgarden.ie
April–Sept. Mo–Fr 10–17, Sa/So 13–17, Okt.–Mai Mo–Fr 10–16 Uhr, Eintritt € 5/2, Familienticket € 15
Im 19. Jh. besaß die Familie Vandeleur ein Schloss und einen mit einer Mauer eingefassten Park in Kilrush. Wegen ihres rüden Umgangs mit den Pächtern waren die Großgrundbesitzer im Ort gefürchtet, und so waren wohl auch nur wenige traurig, als ihr Schloss 1897 durch einen Brand zerstört und nie wieder aufgebaut wurde. Auch der Park verfiel und wurde erst ab 1997 wieder instand gesetzt und im Jahr 2000 neu eröffnet. Seitdem ist er wieder ein Schmuckstück – mit gepflegten Beeten, Wasserspielen und einem Gewächshaus. Durch die geschützte Lage innerhalb der Mauern wachsen hier auch exotische Pflanzen wie Bananen.

➤ Dolphin Discovery
www.discoverdolphins.ie
Startpunkt: Marina von Kilrush
In der Shannon-Mündung lebt eine kleine Gruppe Delfine. Wer Glück hat, sieht einige der Tiere auf den 2-stündigen Touren.

🚗 Loop Head Peninsula Drive
www.shannonregiontrails.ie
Eine schöne Tour mit dem Auto führt von Kilrush über Moyasta, Kilkee, Cross und Feeard zum Leuchtturm von Loop Head. Danach geht es zurück über Kilbaha, Carrigaholt und Querrin nach Kilrush. Die Felsenküste

*»Atlantic View«:
Loop Head Lighthouse*

um Kilkee ist kaum weniger spektakulär als die Cliffs of Moher, doch lange nicht so überlaufen. Unterwegs ergeben sich immer wieder Möglichkeiten Seehunde, Delfine und Wale sowie zahlreiche Seevögel zu beobachten.

🏛♥♦ West Clare Railway
Moyasta, Co. Clare
✆ (065) 905 12 84
www.westclarerailway.ie
April–Sept. tägl. 13–16 Uhr, Juni–Sept. So/Mo Fahrt mit Dampfbetrieb
Eintritt € 8/4
Restauriertes Stationsgebäude mit kleinem Museum und Eisenbahnfahrt von 2 km.

✗🛏 The Strand Restaurant & Guesthouse
Strand Line, Kilkee, Co. Clare
✆ (065) 905 61 77
www.thestrandkilkee.com
Gute Fischgerichte mit Meerblick. Wem es gefällt, der kann hier auch gleich übernachten.

📷 Craggaunowen
Kilmurry, Co. Clare
✆ (061) 36 07 88
www.shannonheritage.com
April–Sept. tägl. 10–17 Uhr, letzter Einlass 1 Stunde vor Schließung
Eintritt € 9/5,50, Familienticket € 21,50
Schloss Craggaunowen wurde um 1550 vom McNamara Clan erbaut, sein Wohnturm ist bis heute erhalten geblieben. In unmittelbarer Nähe des Schlosses wurde in den 1960er Jahren mit dem Museumsprojekt »The Living Past« begonnen, in dessen Verlauf prähistorische Wohnformen rekonstruiert wurden. Auf einer künstlichen Insel ist ein befestigtes Rundhüttendorf entstanden, das sehr anschaulich die Lebensbedingungen in der Eisenzeit zeigt. Außerdem ist der Nachbau des Bootes zu sehen, mit dem der heilige Brendan im 6. Jh. den Atlantik überquert haben soll.

Schloss mit Wohnturm aus dem 16. Jahrhundert: Craggaunowen

Das Freilichtmuseum Craggaunowen schildert das Leben im Irland der Keltenzeit

**REGION 4
Limerick, Clare
und Tipperary**

Genügsames Dasein am Abgrund der Cliffs of Moher

200 Meter über dem Meer: die Cliffs of Moher

❷ Cliffs of Moher

Die bis zu 200 Meter hohen, senkrechten Cliffs of Moher zählen zu den beeindruckendsten Küstenabschnitten Irlands und ziehen dementsprechend viele Besucher an. Am bequemsten erlebt man die Klippen vom rund fünf Kilometer nördlich von Liscannor gelegenen Besucherzentrum. Von hier spaziert man auf gepflasterten Wegen in wenigen Minuten bis zur Abbruchkante und dem 1835 errichteten **O'Brien Tower**. Gut zu sehen ist der schichtweise Aufbau aus Schiefer und Sandstein; auf Vorsprüngen nisten Tausende von Seevögeln wie Dreizehenmöwen, Papageitaucher und Trottellummen. Das neue Besucherzentrum wurde komplett unterirdisch erbaut und informiert mit der Ausstellung »Atlantic Edge« über die Geschichte der Cliffs of Moher. Man kann auch von Liscannor bis Doolin (s. The Burren) entlang der Klippen wandern und so dem Andrang der Massen am Besucherzentrum entkommen.

Service & Tipps:

Visitor Centre
Cliffs of Moher, Co. Clare
✆ (065) 708 61 41
www.cliffsofmoher.ie

Nov.–Feb. 9.15–17, März/April, Okt. 9–18/18.30, Mai/Juni, Sept. 9–19/19.30, Juli/Aug. 9–21 Uhr, letzter Einlass 30 Minuten vor Schließung, Eintritt € 6, Kinder unter 16 Jahren frei

❸ The Burren

Über das weitläufige Kalksteinplateau im Nordwesten der Grafschaft Clare soll einst ein Cromwellscher General geäußert haben, dass es nicht genug Wasser besitze, um einen Mann zu ertränken, noch einen Baum, um ihn zu erhängen, oder genug Erde, ihn zu begraben. Diese Einschätzung trifft zwar durchaus zu, doch biologisch interessant ist das Gebiet von The Burren trotzdem, denn in den Ritzen und Spalten des Kalksteins wachsen sowohl mediterrane als auch alpine Pflanzen in ungewöhnlicher Vielfalt. Mehr als drei Viertel der 1400 in Irland vorkommenden Pflanzenarten sind hier zu finden, darunter auch zahlreiche Orchideen.

Entstanden ist diese einmalige Landschaft während mehrerer Eiszeiten. Gletscher haben den Kalkstein abgeschliffen und beim Abtauen unzählige Findlinge hinterlassen. Schon in prähistorischer Zeit haben in dieser heute äußerst kargen Landschaft Menschen gelebt, die allerdings noch eine fruchtbare Bodenschicht vorfanden. Rodungen und Weidewirtschaft führten schließlich zu starker Erosion und den heute überall zutage tretenden nackten Felsen. Am schönsten lässt sich das Burren-Gebiet im Frühjahr auf dem rund 23 Kilometer langen, markierten Wanderweg von Ballyvaughan nach Ballynalackan erleben.

Spuren langer menschlicher Besiedlung sind im Gebiet des Burren allgegenwärtig, mehr als 50 Megalithgräber und gar

Seit 5000 Jahren auf dem Kalksteinplateau »The Burren«: Poulnabrone Dolmen

Spärlich: die Vegetation in der Karstlandschaft des Burren

»Traditional Music Capital of Ireland«: Livemusik im O'Connor's in Doolin

rund 500 Ringanlagen aus der Stein- und Eisenzeit hat man bis heute gefunden. Eine besonders imposante, 4000 bis 5000 Jahre alte Grabstätte ist der **Poulnabrone Dolmen** direkt an der R 480. Inmitten einer fast vegetationslosen Karstlandschaft ist der Dolmen aus mehreren senkrecht stehenden Steinen und einer großen Deckplatte nicht zu verfehlen. Bei Ausgrabungen hat man in der Nähe die Skelettreste von mehr als zwei Dutzend Menschen gefunden. Nur rund einen Kilometer südlich des Dolmen sind die Reste des **Caherconnel Stone Fort** zu besichtigen

Ganz am Westrand des Burren findet sich bei Doolin die beeindruckende Tropfsteinhöhle **Doolin Cave**. **Doolin**, einst ein kleiner, ruhiger Hafenort, gilt als eines der Zentren irischer Volksmusik und ist deshalb leider ziemlich überlaufen. Doch die Pubs sind wegen ihrer allabendlichen Livemusik immer noch legendär.

Service & Tipps:

The Burren Centre
Kilfenora, Co. Clare
✆ (065) 708 80 30
www.theburrencentre.ie
Tägl. März–Mai, Sept./Okt. 10–17, Juni–Aug. 9.30–17.30 Uhr
Eintritt € 6/4, Familienticket € 20

Aillwee Cave
Ballyvaughan, Co. Clare
✆ (065) 707 70 36
www.aillweecave.ie
Tägl. 10–17.30, Juli/Aug. bis 18.30 Uhr
Eintritt € 12/5, Familienticket € 30

Die touristisch gut erschlossene Tropfsteinhöhle kann im Rahmen von rund 30-minütigen Führungen besichtigt werden. Die unterirdische Wanderung führt teilweise durch künstliche Stollen, aber auch an einem Wasserfall vorbei. Im Eintrittspreis inbegriffen ist der Besuch des **Burren Bird of Prey Centre**, in dem zahlreiche Greifvögel zu bewundern sind.

Doolin Cave
Doolin, Co. Clare
✆ (065) 707 57 61
www.doolincave.ie
März–Nov. tägl. 10–17 Uhr, nur

mit Führung von ca. 1 Stunde Eintritt € 15/8, Familienticket € 50, Rabatt bei Online-Buchung Die Tropfsteinhöhle rühmt sich den mit 7,3 m längsten Stalaktiten der nördlichen Hemisphäre zu besitzen. An den stündlich stattfindenden Touren können jeweils nur 20 Personen teilnehmen; daher ist es ratsam, online im Voraus zu buchen. Ein Minibus fährt die Besucher vom Restaurant Bruach na h Aille in Doolin zum Eingang der Höhle.

Caherconnel Stone Fort
Caherconnel Carron, Co. Clare
(065) 708 99 99
www.burrenforts.ie
Tägl. Mitte März–April, Okt. 10.30–17, Mai/Juni, Sept. 10–17.30, Juli/Aug. 10–18.30 Uhr, Eintritt € 7
Ruinen 1 km südlich des Poulnabrone Dolmen.

Cullinans Restaurant & Guesthouse
Doolin, Co. Clare
(065) 707 41 83
www.cullinansdoolin.com
Tägl. 18–21 Uhr
James Cullinan ist Koch und Besitzer in Personalunion und wurde schon mehrfach ausgezeichnet. Sein Hauptaugenmerk liegt auf fangfrischem Fisch, doch auch sein Angus-Steak ist hervorragend. Sparfüchse wählen das *Early Bird Special Meal* um 18 Uhr. €€€

O'Connor's
Fisher St.
Doolin, Co. Clare
(065) 707 41 68
www.gusoconnorsdoolin.com
Mo–Do 10–23.30, Fr/Sa 10–0.30, So 10–23 Uhr
Das berühmteste Pub in Doolin, seit 150 Jahren in Familienbesitz, fast täglich Livemusik, einfaches Pub-Essen und ein integrierter Lebensmittelladen.

Mc Dermott's Pub
Roadford, Doolin, Co. Clare
(065) 707 43 28
www.mcdermottspubdoolin.com
Barfood und Livemusik.

Fanore
Der weite Strand von Fanore südlich von Black Head zählt wegen seines feinen, hellen Sandes und der Dünen zu den schönsten Irlands. Wer surfen möchte, findet mit der Aloha Surf School den richtigen Partner (www.surfschool.tv).

> **REGION 4**
> **Limerick, Clare und Tipperary**

Vom Festland zu den Inseln: Gedränge am Doolin Pier beim »Day Trip« zu den Aran Islands

**REGION 4
Limerick, Clare
und Tipperary**

❹ Ennis

Das im 11. Jahrhundert am Fluss Fergus gegründete Städtchen Ennis (19 000 Einwohner) ist heute der Hauptort der Grafschaft Clare. Enge Gassen, bunt bemalte Laden- und Pubfronten sowie georgianische Stadthäuser laden zu einem Stadtbummel ein.

In Ennis wurde der Nationalheld Irlands, Daniel O'Connell, 1828 ins Parlament gewählt, nach ihm ist die Hauptstraße des Ortes benannt, außerdem erinnert ein Denkmal an ihn. Sehenswert sind vor allem die aus dem 15. und 16. Jahrhundert stammenden Skulpturen und die mit Reliefs verzierten Gräber in den Ruinen des Franziskanerklosters **Ennis Friary**.

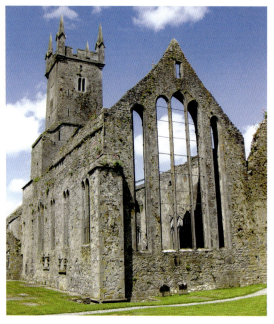

Ein steinernes Skelett: die Ruinen des ehemaligen Franziskanerklosters Ennis Friary in Ennis

Das original erhaltene Turmhaus von Knappogue Castle

Service & Tipps:

ℹ️ Tourist Information
Arthur's Row
Ennis, Co. Clare
✆ (065) 682 83 66
www.discoverireland.ie

🏛 Clare Museum
Arthur's Row, Ennis, Co. Clare
✆ (065) 682 33 82
www.clarelibrary.ie
Di–Sa 9.30–13 und 14–17.30 Uhr, Eintritt frei
Zeigt die 6000-jährge Geschichte der Region mit Artefakten und Kunstwerken sowie auch multimedial.

Ennis Gourmet Store
1 Barrack St., Ennis, Co. Clare
✆ (065) 684 33 14
www.ennisgourmet.com
Café, Shop und Bistro. Kleine Gerichte und erlesene Delikatessen.

🎵 Custys Music Shop
Cookes Lane, Ennis, Co. Clare
✆ (065) 682 17 27
www.custysmusic.com
Liebhaber irischer Musik finden hier ein Paradies.

Glór
Causeway Link, Ennis, Co. Clare
✆ (065) 684 31 03
www.glor.ie
Kulturzentrum für alles Irische: Theater, Tanz, Fotografie, Film und natürlich jede Menge Musik stehen auf dem Programm.

Irlands größtes Folkfestival An Fleadh Nua findet alljährlich Ende Mai/Anfang Juni in Ennis statt (www.fleadhnua.com).

Knappogue Castle
Quin, Co. Clare
✆ (061) 36 07 88
www.shannonheritage.com
Mai–Aug. tägl. 10–16.30, April–

Okt. ab 18.30 Uhr Bankett
Eintritt € 6/3,50, Familienticket
€ 14,65, Bankett € 48,70–58,45
pro Person, Kinder zahlen
weniger, bis 5 Jahre frei
Von der Mitte des 15. Jh. bis
1815 war das Castle im Besitz
des mächtigen McNamara
Clans. Das Turmhaus ist noch
original erhalten, der Rest neogotisch. Neben den Räumen ist
auch der viktorianische Garten
zu besichtigen. Im Sommer
finden allabendlich mittelalterliche Bankette statt.

REGION 4
*Limerick, Clare
und Tipperary*

❺ Limerick

Limerick, die drittgrößte Stadt Irlands am Fluss Shannon, wurde im 9. Jahrhundert von den Wikingern gegründet und ist damit eine der ältesten Städte der Grünen Insel. Lange galt die Stadt als ärmlich und wenig sehenswert, doch in den letzten Jahren hat sich in Limerick einiges getan, vor allem die Ansiedlung vieler multinationaler Firmen hat für einen wirtschaftlichen Aufschwung gesorgt.

Einen guten Ausgangspunkt für einen Stadtrundgang bildet das im 13. Jahrhundert errichtete **King John's Castle** im Herzen des mittelalterlichen Stadtkerns auf King's Island. Im Innern der mächtigen Befestigungsanlage erläutern Ausstellungen die Geschichte der Stadt.

Weiter südlich erhebt sich die **St. Mary's Cathedral**. Geht man nun weiter in südlicher Richtung über die Matthew Bridge, erreicht man das **Hunt Museum**, das im georgianischen Custom House untergebracht ist. Es zeigt die Samm-

*Im 9. Jahrhundert
von den Wikingern gegründet:
Limerick am Ufer
des Shannon*

REGION 4
Limerick, Clare und Tipperary

Eines der für Adare typischen mit Reet gedeckten Cottages an der Main Street, County Limerick

lung des Archäologen John Huntor sowie mehrmals jährlich wechselnde Ausstellungen.

Durch die O'Connell Street, eine der Haupteinkaufsstraßen Limericks, gelangt man zur **Limerick City Gallery of Art**, die eine umfangreiche Sammlung irischer Kunst vom 18. bis zum 20. Jahrhundert ihr Eigen nennt.

Ausflugsziele:

Für manche ist das im 19. Jahrhundert von den Earls of Dunraven angelegte Dorf **Adare** das schönste der Insel. Die strohgedeckten Häuser sind perfekt herausgeputzt, in den Gärten blüht es üppig und die Straßen sind gepflegt und sauber. Trotz all dieser polierten Schönheit hat Adare nur wenig mit all den anderen irischen Dörfern gemeinsam und so ist es für Kritiker das schönste »englische« Dorf. Doch die Touristen kommen in Scharen, schlendern durch das Örtchen, stöbern in den Souvenirläden und schließen hier auch gern den Bund fürs Leben.

Es gibt zwei Castles und zwei Klöster sowie in der Main Street ein Heritage Center (www.adareheritagecentre.ie) mit Mittelaltershow.

Etwa 15 Kilometer nordwestlich von Limerick kann man **Bunratty Castle**, eine gut erhaltene mittelalterliche Burg, besichtigen. Angeschlossen ist ein Freiluftmuseum zum irischen Landleben des 19. Jahrhunderts, der **Bunratty Folk Park**.

Im **Foynes Flying Boat Museum** knapp 40 Kilometer südwestlich von Limerick geht es nicht nur um Flugboote, sondern auch um die Historie des Irish Coffee.

In Bruff, 25 km südlich von Limerick, erfährt man im Besucherzentrum viel über die lange Geschichte der Region rund um den **Lough Gur**.

Service & Tipps:

ℹ️ **Limerick Tourist Office**
Arthur's Quay
Limerick,
Co. Limerick
✆ (061) 31 75 22
www.discoverireland.ie

🏛❌ **The Hunt Museum**
The Custom House
Rutland St., Limerick
✆ (061) 31 28 33
www.huntmuseum.com
Mo–Sa 10–17, So 14–17 Uhr
Eintritt € 5/2,50, Familienticket € 12
Eine der wichtigsten privaten prähistorischen und mittelalterlichen Sammlungen Irlands. Im Museumscafé isst man gut und günstig und genießt dabei die Aussicht auf den Shannon.

🏛 **Limerick City Gallery of Art**
Carbegie Building, Pery Sq.
Limerick
✆ (061) 31 06 33
www.limerickcitygallery.ie
Mo, Mi, Fr 10–17.30, Di 11–17.30, Do 10–20.30, Sa 10–17, So 12–17 Uhr
Eintritt frei
Irische Kunst der letzten 200 Jahre sowie zahlreiche Wechselausstellungen.

REGION 4
Limerick, Clare und Tipperary

👁 King John's Castle
Nicholas St., Limerick
✆ (061) 36 07 88
www.shannonheritage.com
Tägl. 10–16.30, Mai–Sept.
bis 17.30 Uhr, letzter Einlass
1 Stunde vor Schließung
Eintritt € 9/5,25, Familienticket
€ 20,60
Wehrhafte Burg, die wahrscheinlich um 1200 von King John erbaut wurde.

👁 St. Mary's Cathedral
Bridge St., Limerick
✆ (061) 31 02 39
www.cathedral.limerick.anglican.org
Tägl. außer So 9.30–16.30,
Dez.–April Sa nur bis 13 Uhr
Eintritt € 2
Die Kathedrale wurde Ende des 12. Jh. gegründet und im 15. Jh. erheblich erweitert. Das romanische Westportal ist in seinem ursprünglichen Zustand erhalten, und das mit schönen Schnitzereien verzierte Chorgestühl aus dem 15. Jh. ist in Irland einmalig.

✕ The French Table
1 Steamboat Quay, Limerick
✆ (061) 60 92 74
www.frenchtable.ie
Lunch Di–Fr ab 12, Dinner Di–So ab 18 Uhr
Der Chefkoch hat mehr als 15 Jahre in feinen Restaurants in Frankreich und der Schweiz gearbeitet. So ist der Name des Restaurants durchaus Programm. Zum Essen gibt es natürlich den passenden französischen Wein. €€

🍺 Nancy Blake's
19 Upper Denmark St.
Limerick
✆ (061) 41 64 43
Traditionell eingerichtetes Pub, am Wochenende wird es eng.

Ausflugsziele:

ℹ ✕ Ballycasey Design und Craft Centre
Ballycasey, Shannon, Co. Clare
✆ (061) 36 21 05
Tägl. 10–17 Uhr
5 Minuten außerhalb von Shannon befindet sich in dem eindrucksvollen, im 18. Jh. erbauten Ballycasey House das Ballycasey Design und Craft Centre mit Töpferei, Stickerei,

Spiegelungen im River Maigue: Desmond Castle in Adare

REGION 4
Limerick, Clare und Tipperary

Pferdewagen der Pavee oder Traveller, einer irischen Minderheit, im Bunratty Castle & Folk Park

Wehrhaft: King John's Castle im Herzen des mittelalterlichen Stadtkerns von Limerick

Schmiede, Schneiderei und Restaurant.

◉✕ **Bunratty Castle & Folk Park**
Bunratty, Co. Clare
✆ (061) 36 07 88
www.shannonheritage.com
Castle: tägl. ab 9, letzter Einlass 16 Uhr
Park: tägl. ab 9, letzter Einlass 16.15, Juni–Aug. Sa/So letzter Einlass 17.15 Uhr
Eintritt € 15/9, Familienticket € 33,60
Das 1425 erbaute Bunratty Castle gilt als die am vollständigsten und authentischsten erhaltene bzw. restaurierte mittelalterliche Burg Irlands. Berühmte Burgherren waren die O'Briens, die gleichzeitig Earls of Thomond waren und hier von 1500 bis 1640 residierten. Das Innere ist mit Mobiliar, Gobelins und Kunstwerken aus dieser Zeit eingerichtet. Allabendlich werden um 17.30 und 20.45 Uhr mittelalterliche Bankette im Main Guard veranstaltet, bei denen Besucher den Bunratty Singers lauschen und gutes Essen samt Wein und Honigmet genießen können.
Im angeschlossenen Freiluftmuseum, dem **Bunratty Folk Park**, erhält man einen Einblick in das irische Landleben des 19. Jh. Es gibt eine komplette Dorfstraße, mehrere Bauernhäuser, eine Wassermühle und eine Schmiede sowie eine Ausstellung zeitgenössischer landwirtschaftlicher Geräte.

🏛 **Foynes Flying Boat Museum**
Foynes, Co. Limerick
✆ (069) 654 16
www.flyingboatmuseum.com
Mitte März–Nov. tägl. 9–17 Uhr
Eintritt € 9/5, Familienticket € 25
Schmuckstück der Ausstellung ist das Langstreckenflugboot B-314 von Boeing aus den 1940er Jahren, das aus der Zeit stammt, als Fliegen noch kein Massenvergnügen war und die 14 Passagiere sich zum Essen im Speisesaal an Bord trafen. Die B-314 ist leider kein Original – alle Exemplare wurden zerstört –, sondern nur ein

Erhaben thront der Rock of Cashel auf einer Anhöhe aus Kalkgestein

originalgetreuer Nachbau. Das Museum erzählt übrigens auch die Geschichte des Irish Coffee, der hier in Foynes erfunden wurde.

◉ **Lough Gur**
Bruff, Co. Limerick
℃ (061) 36 07 88
www.shannonheritage.com, www.loughgur.com
Mai–Aug. tägl. 10.30–17 Uhr, letzter Einlass 30 Minuten vor Schließung, Eintritt € 5/3, Familienticket € 14
Im 25 km südlich von Limerick gelegenen Besucherzentrum wird die 5000-jährige Geschichte des Ortes erzählt. Rund um den See haben schon in frühgeschichtlicher Zeit Menschen gewohnt, die eine Vielzahl von Artefakten hinterlassen haben. Beeindruckendstes Relikt sind die Steinkreise am Westufer des Sees, die auch unter dem Namen Lios bekannt sind. Sie sind rund 4000 Jahre alt und bestehen aus mehr als 100 einzelnen Steinen. Es ist die größte prähistorische Stätte dieser Art in Irland.

❻ Cashel

Cashel ist mit seinen rund 250 Einwohnern kaum mehr als ein Marktflecken. Doch die Nähe zu einer der faszinierendsten archäologischen Stätten der Insel, dem Rock of Cashel, hat die Entstehung einer guten touristischen Infrastruktur begünstigt. Nur fünf Minuten zu Fuß vom Ort erhebt sich über der Ebene von Tipperary mit ihren grünen Wiesen eindrucksvoll der **Rock of Cashel**.

Vermutlich wurde der markante Felsen schon in prähistorischer Zeit besiedelt. Seit dem 4. Jahrhundert residierten hier

> **REGION 4**
> **Limerick, Clare und Tipperary**

Der heilige Patrick machte den Rock of Cashel im 5. Jahrhundert zum Bischofssitz

die Könige von Munster. Die folgenden 400 Jahre stritten sich dann die Herrscher von Cashel und Tara um die Vormachtstellung in Irland. Ab dem 12. Jahrhundert hatte die Kirche auf dem Felshügel eines ihrer wichtigsten Zentren. Im 18. Jahrhundert verfiel die Kathedrale und wurde schließlich aufgegeben.

Heute besitzt der Rock of Cashel nur noch touristische Bedeutung und zählt zu den wichtigsten Besuchszielen Irlands. Ältestes Bauwerk auf dem Felshügel ist der 28 Meter hohe Rundturm. Die Cormac Chapel im irisch-romanischen Stil stammt vom Beginn des 12. Jahrhunderts und ist damit noch rund hundert Jahre älter als die Ruine der gotischen Kathedrale. Nach einer Legende soll der heilige Patrick um 450 den Rock of Cashel besucht und den König von Munster getauft haben.

Rock of Cashel: Ein Nilpferd aus fernen Ländern ziert das Tympanon der romanischen Kapelle aus dem 12. Jahrhundert

Service & Tipps:

🛈 🏛 Heritage Centre and Tourist Office
Main St., Cashel, Co. Tipperary
✆ (62) 625 11
www.cashel.ie
Hier kann man sich ein Modell der Stadt von 1640 anschauen.

🏛 🎵 Brú Ború
Cashel, Co. Tipperary
✆ (062) 611 22
www.bruboru.ie
Mitte Juni–Aug. Di–Sa 9–23, Sept.–Mitte Juni Mo–Fr 9–17 Uhr
Im Geschichts- und Kulturzentrum dreht sich alles um Musik und Tanz. Die Ausstellung »Sounds of History« erzählt vor allem akustisch die Geschichte der irischen Musik. Außerdem Multimediashow zur Volksmusik sowie Tanz- und Theatervorführungen.

🏛 Folk Village
St. Dominics St., Cashel, Co. Tipperary
✆ (062) 636 01
www.cashelfolkvillage.ie
Tägl. ab 9.30, Jan.–Mitte März, Mitte Okt.–Mitte Dez. bis 16.30, Mitte März–Mitte Juni, Mitte Sept.–Mitte Okt. bis 17.30, Mitte Juni–Mitte Sept.

bis 19.30 Uhr, Eintritt € 5/3,50, Familienticket € 12
Nostalgisches Freilichtmuseum mit mehreren Ausstellungen: Es gibt keltische Kreuze, einen Tinker-Wagen, in dem früher das fahrende Volk durchs Land gezogen ist, eine Ausstellung über die große Hungersnot und vieles mehr zu sehen.

📷 Rock of Cashel
Cashel, Co. Tipperary
✆ (062) 614 37
www.heritageireland.ie
Tägl. Mitte März–Mitte Okt. 9–17.30, Anfang Juni–Mitte Sept. bis 19, Mitte Okt.–Mitte März 9–16.30 Uhr
Eintritt € 6/2, Familienticket € 14
Cashel ist das englische Wort für *Caiseal*, was im Irischen Festung bedeutet. Der Festungscharakter ist auch heute noch gut zu sehen, denn eine Mauer umschließt einen Hof mit Kloster, Rundturm und romanischer Kapelle aus dem 12. Jh. Beherrschend auf dem Felsen ist die Kathedrale aus dem 13. Jh. im gotischen Stil. Sie birgt mehrere Sarkophage mit kunstvollen Steinmetzarbeiten.

✕ Chez Hans
Moor Lane
Cashel, Co. Tipperary

**REGION 4
Limerick, Clare
und Tipperary**

✆ (062) 611 77
www.chezhans.net
Hier stimmen Ambiente und Speisekarte. 1968 kaufte der deutsche Chefkoch Hans Peter Matthiae die ehemalige Kirche und zelebrierte hier seitdem seine Kochkunst, bevor 1998 sein Sohn Jason das Regime übernahm. Chez Hans wird regelmäßig hochgelobt und preisgekrönt, deshalb unbedingt reservieren. €€€
Ein paar Schritte weiter liegt das **Café Hans**, das Sohn Stefan betreibt; hier speist man deutlich günstiger.
€–€€

❼ Cahir

In dem kleinen Ort Cahir, früher auch Caher geschrieben, leben rund 3000 Menschen. Für viele ist Cahir nur ein Verkehrsknotenpunkt im County Tipparary, der im Schatten des nahen und viel bekannteren Rock of Cashel steht. Doch die Stadt am Fluss Suir lohnt wegen ihres Castles und des Swiss Cottage durchaus einen Besuch. Das gut erhaltene **Cahir Castle** liegt weithin sichtbar auf einer Felseninsel im Fluss und geht auf Conor O'Brien zurück, der mit dem Bau um die Mitte des 12. Jahrhunderts begann. Wegen der exponierten Lage galt die Burg lange als uneinnehmbar, bis der Earl of Essex 1599 das Gegenteil bewies; auch Oliver Cromwell eroberte die Burg gut 50 Jahre später. Noch bis in die 1960er Jahre war sie im Besitz der Familie Butler, seitdem wird sie von Heritage Ireland verwaltet und ist für die Öffentlichkeit zugänglich.

Südlich vom Zentrum, auf einer kleinen Anhöhe, liegt das **Swiss Cottage**, das mit seinem Reetdach so gar nicht irisch wirkt. Der 12. Earl of Cahir, ebenfalls aus der Butler-Familie, ließ es sich 1810 im Stil eines *Cottage orné* erbauen. Damit lag er ganz im Trend seiner Zeit – der Sehnsucht nach dem einfachen, romantischen Landleben. Auf Komfort wollten die Herrschaften dabei natürlich nicht verzichten.

Service & Tipps:

ℹ www.visitcahir.ie

◉ **Cahir Castle**
Cahir, Co. Tipperary
www.heritageireland.ie
Tägl. März–Mitte Juni, Sept.–Mitte Okt. 9.30–17.30, Mitte Juni–Aug. 9–18.30, Mitte Okt.–Feb. 9.30–16.30 Uhr
Eintritt € 3/1, Familienticket € 8
Die Burg war einst der Sitz der mächtigen Familie Butler. Der beeindruckende Bergfried, der Turm und ein Großteil der ursprünglichen Verteidigungsanlagen sind bis heute erhalten. Nach mehreren Restaurierungen befindet sich die Anlage mittlerweile in einem hervorragenden Zustand und hat schon mehrfach als Kulisse für Filmaufnahmen gedient. So wurde hier die erste Szene des Films »Excalibur« von John

Boorman aus dem Jahr 1981 gedreht.

📷 Swiss Cottage
Cahir
Co. Tipperary
℗ (052) 744 11 44
www.heritageireland.ie
Ende März–Ende Okt. tägl. 10–18 Uhr, Besichtigung nur mit Führung
Eintritt € 3/1, Familienticket € 8
Das Haus besitzt einige architektonische Besonderheiten: Alle Fenster sind unterschiedlich groß, das gestufte Dach ist mit Reet gedeckt und die umlaufende Veranda aus Baumstämmen einem Wald nachempfunden. Das romantische Traumhaus im Stil eines *Cottage orné* wurde 1810 von Richard Butler, dem damaligen Earl of Cahir, in Auftrag gegeben und liegt inmitten eines gepflegten, sehr weitläufigen Parks.

🏛 The Craft Granary
Church St., Cahir, Co. Tipperary
℗ (052) 744 14 73
www.craftgranary.com
Mo–Fr 10–18, Sa 9–17, Juli/Aug., Dez. auch So 13–17 Uhr
Der perfekt sanierte Getreidespeicher in der zentralen Church Street bietet den passenden Rahmen für sehenswertes Kunsthandwerk aus der Region. Im ersten Stock werden Ausstellungen lokaler Künstler gezeigt.

REGION 4
Limerick, Clare und Tipperary

Cahir Castle: Wegen seiner exponierten Lage galt die Burg lange als uneinnehmbar

REGION 5
Zentralirland

Zentralirland

Eine geschichtsträchtige Region mit Mooren und wilden Hügeln

In der Region Zentralirland sind die aufgeführten Orte geografisch von Süd nach Nord sortiert.

In Zentralirland bewegt man sich auf geschichtsträchtigem Boden. Mittelalterliche Burgen weisen darauf hin, wie wichtig die Region bereits damals war, und legen Zeugnis ab von dem schon lange währenden Konflikt zwischen Iren und Engländern. Die Mitte Irlands ist aber auch eine Region mit viel Natur: Sumpf, Moor und wilde Hügel bestimmen hier– wie in vielen anderen Gegenden Irlands – das Bild. Und der größte Fluss der Landes, der Shannon, zieht sich wie ein blaues Band durch die Landschaft.

❶ Portlaoise

Die Hauptstadt der Provinz Laois ist auch das Wirtschaftszentrum der Region mit guten Einkaufsmöglichkeiten und vielen Restaurants. Das alte Gefängnis der Stadt wurde zu einem Kunst- und Kulturzentrum umgebaut.

In der Umgebung gibt es einiges zu besichtigen. Rund zehn Kilometer nördlich findet man mit dem Emo Court ein Herr-

Markanter zerklüfteter Kalksteinfelsen: der Rock of Dunamaise

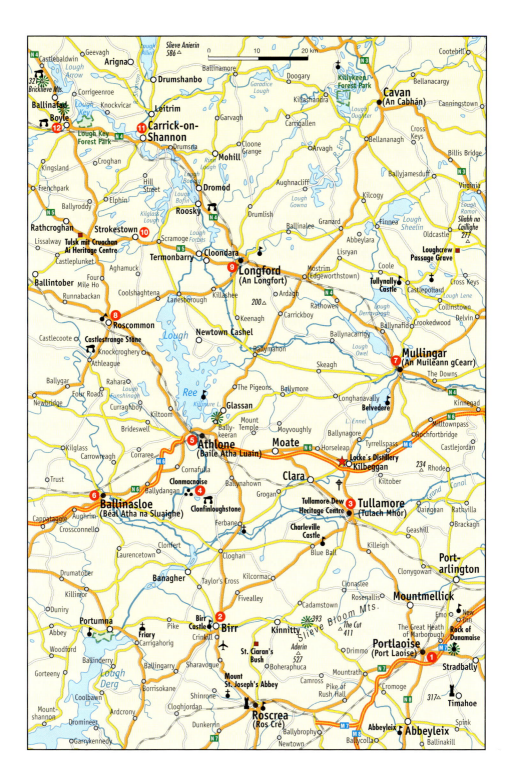

»Dampffestival« im August: die »National Steam Rally« in Stradbally

schaftshaus aus dem 18. Jahrhundert, umgeben von einem schönen Park. Ein weiterer sehenswerter Park, die Heywood Gardens, liegen 20 Kilometer südlich der Stadt. In westlicher Richtung befinden sich in herausragender Lage Burgruinen, der Rock of Dunamaise, und ein Stück weiter das Steam Museum in Stradbally.

Service & Tipps:

Dunamaise Arts Centre
Church St., Portlaoise, Co. Laois
✆ (057) 866 33 55
www.dunamaise.ie
Kulturzentrum und Theater in einem ehemaligen Gefängnis.

Ausflugsziele:

Rock of Dunamaise
Stradbally Rd., Co. Laois
✆ (057) 862 11 78
www.discoverireland.ie
Überreste einer Befestigungslage in spektakulärer Lage auf einem Felsen. An diesem Ort standen schon seit keltischen Zeiten immer wieder Burgen, im 12. Jh. hatte Strongbow hier seine Burg, später war die Befestigungsanlage in normannischer Hand.

Stradbally Steam Museum
Stradbally, Co. Laois
✆ (057) 862 51 54
www.irishsteam.ie
Hier dreht sich alles um Dampf: Dampfmaschinen, Dampfloks und sogar dampfbetriebene Feuerwehrwagen. Männer werden hier schnell wieder zu Kindern und Kindern gefällt das Museum sowieso. Jedes Jahr am ersten Sonntag und Montag im August findet in Stradbally die »National Steam Rally« statt, bei der 30 dampfbetriebene Maschinen in Betrieb genommen werden.

Emo Court & Gardens
Emo, Co. Laois
✆ (057) 862 65 73
www.heritageireland.ie
Ostern–Mitte Sept. 10–18 Uhr, Park ganzjährig bei Tageslicht
Eintritt € 3/1, Familienticket € 8, Park Eintritt frei
Das Herrschaftshaus im neoklassizistischen Stil wurde 1790 von James Gandon, dem damals führenden Architekten in Irland, erbaut. Von ihm stammt u. a. auch das Custom House in Dublin. Sehenswert ist der im Stil des 18 Jh. angelegte Garten.

Heywood Gardens
Ballinakill, Co. Laois
✆ (056) 772 14 50

www.heritageireland.ie
Tägl. ab 8.30, Mai–Aug. bis 21, April, Sept. bis 19, Okt.–März bis 17 Uhr, Eintritt frei
Parklandschaft, die von dem berühmten Gartenarchitekten Sir Edwin Lutyens (1869–1944) entworfen wurde.

🏛 **Donaghmore Museum & Workhouse**
Donaghmore
Rathdowney, Co. Laois
✆ (05 05) 462 12 oder (086) 829 66 85
www.donaghmoremuseum.com
Mo–Fr 11–17, Juli–Sept. auch Sa/So 14–17 Uhr, Eintritt € 5/3, Familienticket € 10
Knapp 40 km südwestlich von Portlaoise wird im Arbeitshausmuseum die Geschichte der armen Bauern erzählt, die während der großen Hungersnot zwischen 1845 und 1849 ihr Hab und Gut verloren, ins Arbeitshaus gesteckt wurden und dort oft verhungerten. Das Ausstellungsgebäude diente früher selbst als Arbeitshaus.

REGION 5
Zentralirland

Die Backen aufgeblasen: Dudelsackbläser beim Birr Vintage Week and Art Festival

❷ Birr

Die Stadt Birr (5800 Einwohner) entwickelte sich im Schatten des Birr Castle und überrascht mit einem sehr geschlossenen Stadtbild. Neben dem Castle und seiner preisgekrönten Gartenanlage ist unweit ein beeindruckendes Anwesen, das Portumna Castle, zu besichtigen.

Service & Tipps:

👁🏛♣☘ **Birr Castle & Gardens**
Birr, Co. Offaly
✆ (057) 912 03 40
www.birrcastle.com
Mitte März–Okt. 9–18, Nov.–Mitte März 10–16 Uhr
Eintritt €9/5, Familienticket € 25
Die Birr Gardens gewinnen regelmäßig den Preis für die schönste Gartenanlage des Landes. In dem Park finden sich seltene Pflanzen aus aller Welt. Im Castle selbst widmet sich eine interaktive Ausstellung der Frühzeit der Technik – mit den Schwerpunktthemen Foto-

Mitten im Herzen der Grünen Insel: Birr Castle

**REGION 5
Zentralirland**

grafie, Ingenieurwissenschaft und Astronomie. Zudem gibt es ein schönes Café.

🎭🎨 Anfang August findet jedes Jahr das **Birr Vintage Week and Art Festival** statt: Straßentheater, Kunstausstellungen und viele Events für Kinder.

Ausflugziele:

👁🏛♣ **Portumna Castle**
Portumna
Co. Galway
✆ (090) 974 16 58
April–Sept. tägl. 9.30–18, Okt. Sa/So 9.30–17 Uhr, letzter Einlass 45 Minuten vor Schließung
Eintritt € 3/1, Familienticket € 8
Portumna, der ehemalige Landsitz von dem vierten Earl of Clanricarde Richard Burk, wurde Anfang des 17. Jh. erbaut. Heute ist das Erdgeschoss des Adelsanwesens als Museum für die Öffentlichkeit zugänglich. Vom Turm hat man einen weiten Blick über den Lough Derg.

Der Garten ist immer noch in demselben geometrischen Muster angelegt wie einst im 17. Jh. und lohnt einen ausgiebigen Rundgang.

🍴❌ **The Thatch**
Military Rd.
Crinkill, Co. Offaly
✆ (057) 206 82
www.thethatchcrinkill.com
Das Pub in der kleinen Ortschaft Crinkill ist eines der ältesten Wirtshäuser der Region und fällt mit seinem Reetdach bereits von Weitem auf. Gute und preisgünstige Hausmannskost; Fischgerichte schon ab € 10. Mehrmals unter die besten Pubs Irlands gewählt.

❸ Tullamore

Der Name ist im Ausland vor allem wegen des Whiskeys bekannt, denn der berühmte »Tullamore Dew« kommt von hier. Im Tullamore Dew Heritage Centre erfährt man mehr über seine Herstellung. Um Whiskey geht es auch elf Kilometer von Tullamore entfernt, in Kilbeggan. Hier kann man

Irish Music Competition (Fleadh Cheoil) in Tullamore

die Kilbeggan Distillery, ehemals Locke's Distillery, aus dem 18. Jahrhundert besichtigen, die seit 1998 ein Museum zur Herstellung von Whiskey beherbergt.

Ein paar Kilometer südöstlich von Tullamore liegt Charleville Castle. Es gilt unter Experten als eines der schönsten irischen Schlösser aus dem frühen 19. Jahrhundert.

REGION 5
Zentralirland

Service & Tipps:

🏛🍷 **Tullamore Dew Heritage Centre**
Bury Quay, Tullamore, Co. Offaly
✆ (057) 932 50 15
www.tullamore-dew.org
Mo–Sa 9.30–18, So 11.30–17 Uhr, Eintritt € 8/6, Familienticket € 20
Im Besucherzentrum erfährt man, wie Whiskey hergestellt wird, und kann ihn anschließend auch gleich probieren. Im Eintrittspreis ist die Verkostung inbegriffen.

🎈🎭 **Tullamore Arts Festival**
✆ (087) 824 17 82
www.tullamoreartsfestival.com
Anfang Mai
Zwei Tage steht Tullamore Kopf: ein buntes Potpourri aus Ballonfahrten, Bungeespringen, Umzügen, Paraden und kulturellen Veranstaltungen.

Ausflugsziel:

🏛 **Kilbeggan Distillery**
Kilbeggan
Co. Westmeath
✆ (057) 933 21 34
www.kilbeggandistillery.com
Tägl. April–Okt. 9–18, Nov.–März 10–16 Uhr
Eintritt € 7,50
Alles zum Thema Whiskey.

Beste Lage: Rundturm und Hochkreuze der Klostersiedlung Clonmacnoise am Ufer des Shannon

❹ Clonmacnoise

Am Ostufer des Shannon, in der Nähe des Städtchens Shannonbridge, liegt mit Clonmacnoise einer der wichtigsten Orte frühchristlicher Geschichte in Irland. Die Überreste des Klosters, das 584 vom heiligen Kieran gegründet wurde, entwickelte sich schnell zu einem der herausragenden Zentren für Lehre und Glauben in Europa. Viele irische Hochkönige wurden hier beigesetzt, als letzter Rory O'Conor im Jahr 1198.

Fast 1000 Jahre bestand das Kloster – auch von den wiederholten Überfällen

**REGION 5
Zentralirland**

Skulpturenschmuck in Clonmacnoise

seitens der Wikinger und Anglo-Normannen ließen sich die Mönche nicht vertreiben. Im Jahr 1552 jedoch wurde das Kloster von den Engländern ausgeraubt und daraufhin von den Mönchen verlassen.

Clonmacnoise war mehr als nur ein Kloster. Da der Ort am Schnittpunkt der wichtigsten Handelswege lag, entwickelte sich im Schatten des Klosters auch eine Siedlung. Von den Holzhäusern, die die Händler bewohnten, ist jedoch nichts mehr erhalten.

Zu sehen sind heute dagegen noch die eindrucksvollen Überreste mehrerer Kapellen, zweier Rundtürme und der einstigen Kathedrale. Im Nordportal findet man Darstellungen des irischen Nationalheiligen Patrick sowie des heiligen Francis und des heiligen Dominik. Das sogenannte Inschriftenkreuz vor der Kathedrale gilt als das schönste Hochkreuz des Landes. In Clonmacnoise feierte Papst Johannes Paul II. während seines Irlandbesuchs 1979 eine Messe.

Service & Tipps:

◉ Die Klosterruinen von Clonmacnoise
7 km nördlich von Shannonbridge, Co. Offaly
✆ (090) 967 41 95
www.heritageireland.ie
Tägl. Nov.–Mitte März 10–17.30, Mitte März–Mai, Sept./Okt. 10–18, Juni–Aug. 9–18.30 Uhr
Eintritt € 6/2, Familienticket € 14

Überreste des 584 vom heiligen Kieran gegründeten Klosters. Im modernen Besucherzentrum wird die Geschichte des Klosters ausführlich beleuchtet, vor allem aber befinden sich hier die wertvollen Originale der Steinkreuze – vor Wind und Wetter geschützt –, während draußen auf dem Klostergelände Kopien stehen. Besonders beachtenswert ist das vier Meter hohe »Cross of the Scriptures«, das Inschriftenkreuz.

An einer Furt des Shannon: Athlone

❺ Athlone

Die günstige Lage an einer Furt des Shannon machte die Stadt schon früh zu einem wichtigen regionalen Zentrum. Zum Schutz der Ansiedlung wurde im 13. Jahrhundert das **Athlone Castle** errichtet, dessen Überreste heute noch zu sehen sind. Im Schatten der mächtigen **St. Peter-und-Paul-Kirche** aus dem 19. Jahrhundert wirkt die Burg aber fast unscheinbar. Athlone ist keine städtebauliche Schönheit, eignet sich jedoch als Ausgangspunkt für Schiffsrundfahrten nach Clonmacnoise und zum Lough Ree.

REGION 5
Zentralirland

Athlone Cross

Service & Tipps:

ℹ Athlone Visitor Centre
Civic Centre
Church St.
Athlone, Co. Westmeath
✆ (090) 649 46 30
www.athlone.ie

🏰 Athlone Castle
Athlone, Co. Westmeath
✆ (090) 644 21 30
www.athloneartandheritage.ie
Mitte März–Okt. Mo–Sa 10–18, So 12–17, November–Mitte März Di–Sa 11–17, So 12–17 Uhr
Eintritt € 8/4, Familienticket € 20
Athlone Castle, im 13. Jh. errichtet, im Laufe der Jahrhunderte oft umkämpft und mehrfach zerstört, wurde immer wieder aufgebaut.

📷🚢 Viking Ship Cruise
7 St. Mary's Place
Athlone, Co. Westmeath
✆ (086) 262 11 36
www.vikingtoursireland.ie
Touren zum Lough Ree € 10/5
Touren nach Clonmacnoise € 15/7
Rundfahrten auf dem Shannon stehen bei den meisten Gästen von Athlone auf dem Programm. In einem – zugegebenermaßen etwas kitschig – nachgebauten Wikingerboot kann man bis zu 4-mal täglich den Shannon hinauf zum Lough Ree fahren. Guide Mike

REGION 5
Zentralirland

Schwanentanz auf dem Shannon

erklärt während der 1-stündigen Tour die Sehenswürdigkeiten am Rande des Flusses, weist auf den ein oder anderen Vogel am Ufer hin und erzählt spannende Geschichten aus der Wikingerzeit.

⊠ The Olive Grove
Custume Pier
Athlone, Co. Westmeath
✆ (090) 647 69 46
www.theolivegrove.ie
Hausmannskost auf hohem Level: Burger, Beef und Fisch. Neben guter Küche bietet das Olive Grove auch einen feinen Blick auf den Fluss.
€€–€€€

🍺🎵 Seans Bar
Main St., Athlone
Co. Westmeath
✆ (090) 649 23 58
Laut dem »Guinnessbuch der Rekorde« das älteste Pub der britischen Inseln. Drinnen gemütlich und kuschelig, im Sommer kann man draußen sitzen. Livemusik.

🍺🎵 The Castle Inn
Main St., Athlone
Co. Westmeath
✆ (090) 649 40 48
http://thecastleinnathlone.com
Tägl. 13.30–23.30, Fr/Sa bis 0.30 Uhr
Hinter der roten Fassade verbirgt sich ein gemütliches Pub, das regelmäßig Livemusik bietet und in dem der Fernseher zum *Public Viewing* läuft, wenn Irland bei großen Sportveranstaltungen mit dabei ist.
€

🍸 Karma
Church St.
Athlone, Co. Westmeath
✆ (090) 647 71 52
www.karma.ie
Tägl. außer Di ab 22.30 Uhr
Das Karma bezeichnet sich selbst als Nummer-1-Club in den Midlands. Ob einem das, was damit gemeint ist, gefällt, bleibt jedem selbst überlassen. Fest steht jedoch, wer in Athlone bis tief in die Nacht feiern will, muss hierher kommen.

Ausflugsziele:

🐾 Glendeer Pet Farm
Curryroe, Athlone
Co. Roscommon
✆ (090) 643 71 47
www.glender.com
Mitte März–Sept. Mo–Sa 11–18, So 12–18 Uhr
Eintritt € 8
Das perfekte Ausflugsziel für Familien wenige Kilometer südwestlich von Athlone. Glendeer ist eine Mischung aus Mitmachbauernhof und Streichelzoo. Über 50 Tierarten, angefangen bei Hängebauchschweinen über Ziegen und Schafe bis hin zu Kängurus, Lamas, Alpakas und Straußen sind hier zu Hause. Und die meisten von ihnen warten nur darauf, gefüttert und gestreichelt zu werden. Picknick- und Spielplätze sorgen dafür, dass Groß und Klein ihren Spaß haben. Passend fürs regnerische Irland gibt es beides nicht nur draußen, sondern auch drinnen unterm Dach.

Im Dezember öffnet Glendeer erneut und verwandelt sich nun ins »irische Lappland«. Dann kommt nämlich der Weihnachtsmann mit seinen Rentieren auf Besuch.

🛍 Ballynahown Irish Designer Craft Village/Core Crafted Design
Ballynahown
Co. Westmeath
✆ (090) 643 02 22
www.corecrafteddesign.com
Mo–Sa 10–18 Uhr
»Künstlerdorf« mit Café sowie Verkauf von lokalem Kunsthandwerk. Man bekommt u. a. Textiles, Töpferwaren, Schmuck und Arbeiten aus Glas und Holz.

❻ Ballinasloe

Einer der ältesten Pferdemärkte Europas: Ballinasloe Horse Fair

Der am River Suck gelegene Ort ist vor allem für Pferdeliebhaber ein Begriff. Der Pferdemarkt Ballinasloe Fair ist einer der ältesten in Europa – seine Geschichte reicht bis ins 8. Jahrhundert zurück. Jedes Jahr im Oktober strömen bis zu 100 000 Besucher in den kleinen Ort. Besonders bekannt ist der Markt für die irische Pferderasse Tinker.

Service & Tipps:

ℹ️ **Touristeninformation im Büro von Society Travel**
Society Travel

Ballinasloe
Co. Galway
☏ (090) 964 53 50

❼ Mullingar

Das Verwaltungszentrum des County Westmeath ist vor allem bei Anglern ein beliebtes Reiseziel. In der Umgebung liegen einige ausgezeichnete Fischgewässer, allen voran der Lough Owel, der Lough Derravaragh und der Lough Ennell.

Skulptur eines Pferdehändlers auf dem St. Michael's Square in Ballinasloe

Service & Tipps:

🅿️♿🍴 **Belvedere House & Gardens**
Mullingar, Co.Westmeath
☏ (044) 934 90 60
www.belvedere-house.ie

Tägl. ab 10 Uhr
Eintritt € 8,75/6,25, Familienticket € 24
Altes Herrschaftshaus von 1740 mit beeindruckendem Park. Zum Anwesen gehört auch ein Restaurant.

**REGION 5
Zentralirland**

Blütenpracht: Lobelien

❽ Roscommon

Roscommon (4500 Einwohner) liegt etwas abseits der großen Straßen – Touristen verirren sich nur selten hierher. Dabei haben die geschichtsträchtige Region und der Ort Besuchern durchaus etwas zu bieten, unter anderem die Ruine des Roscommon Castle, ein Museum zur Regionalgeschichte und das Cruachan Aí Heritage Centre, in dem man viel über die steinzeitlichen Funde in dieser Region erfährt.

Service & Tipps:

ℹ️ **Roscommon Tourist Information Office**
Harrison Hall, Roscommon
Co. Roscommon
✆ (090) 662 63 42

🏛 **Roscommon County Museum**
Harrison Hall, Market Sq.
Roscommon
✆ (090) 662 56 13
www.discoverireland.ie
Das Museum liegt in der ehemaligen Presbyterian Church direkt am Marktplatz und beschäftigt sich mit der Geschichte der Region. Sehenswert ist der »Rahara Sheia na Gig«, ein Fruchtbarkeitsstein, der ursprünglich in der Kirche von Rahara seinen Platz hatte.

Roscommon Castle
Roscommon
Jederzeit zugänglich
www.discoverireland.ie
Die Ruine der normannischen Burg aus dem 13. Jh. liegt weit sichtbar am Ortsrand von Roscommon. Ein glückliches Schicksal war dem Bau nie beschieden – das erste Mal wurde er bereits kurz nach seiner Fertigstellung zerstört. In schöner Regelmäßigkeit wiederholte sich dann der Kreislauf aus Aufbau und Zerstörung.

Sacred Heart Catholic Church
Roscommon
✆ (090) 662 62 98
Kirche von 1903 mit einem 52 m hohen Turm.

Gleesons Townhouse and Restaurant
Market Sq., Roscommon
✆ (90) 662 69 54
www.gleesonstownhouse.com
In einer gemütlichen Stadtvilla aus dem 19. Jh. empfängt dieses kleine, familienbetriebene Restaurant – und Hotel – seine Gäste. Die Karte bietet irische Gerichte mit internationalem Einschlag. Im kleinen Café nebenan trifft man sich zur *Tea Time* mit Scones. Freundlicher und zuvorkommender Service.

Roscommon Farmers' Market
Market Sq., Roscommon
Bauernmarkt jeden Freitag 10–14 Uhr.

Jedes Jahr im März findet das **Roscommon Drama Festival** statt.

Ausflugsziele:

Tulsk/Cruachan Aí Heritage Centre
Kreuzung der N 5 und N 61, 9 km westlich von Roscommon
www.rathcroghan.ie
Mo–Sa 9–17 Uhr
Die Ausstellung vermittelt einen Eindruck von den Funden aus der Steinzeit, die man hier um Umkreis von nur 10 km gemacht hat. Vieles ist noch

nicht erforscht, doch Experten gehen davon aus, dass Tulsk es an Bedeutung problemlos mit dem viel bekannteren Newgrange aufnehmen kann. Von der UNESCO wurde schon grünes Licht für den Antrag zur Aufnahme in die Liste des Weltkulturerbes gegeben.

🅒🅗🅥 **Castlecoote House**
Castlecoote, Co. Roscommon
🕾 (090) 666 37 94
www.castlecootehouse.com
Bestens restauriertes Herrschaftshaus im frühen georgianischen Stil in schöner Lage an einer Biegung des River Suck. Das Haus kann nicht besichtigt werden, allerdings kann man darin wohnen, denn es beherbergt ein Hotel. Wer sich die Übernachtung nicht leisten will, kann den Nachmittagstee edel im ehemaligen Ballsaal einnehmen.

**REGION 5
Zentralirland**

❾ Longford

In der Umgebung von Longford (13 000 Einwohner) liegen einige bedeutende historische Sehenswürdigkeiten, so gut 20 Kilometer nordöstlich die Dolmen von Aughnacliff, 30 Kilometer östlich die Klosterruine von Abbeylara und nur etwa zehn Kilometer südöstlich die Ruinen der St. Mel's Cathedral in Ardagh. In Longford selbst gibt es ebenfalls eine dem heiligen Mel geweihte Kathedrale; die Kuppel des Kirchenbaus aus dem 19. Jahrhundert sieht man schon lange bevor man die Stadt erreicht.

Bei Anglern ist Langford wegen der guten Fischgewässer in der Umgebung beliebt. Auch die traditionelle Musik ist in Longford fest verwurzelt – alljährlich findet im September das Johnny Keenan Banjo Festival statt. Keenan, der als bester irischer Banjospieler aller Zeiten gilt, ist im März 2000 in Longford gestorben.

In einem weitläufigen Park: Schloss Tullynally

**REGION 5
Zentralirland**

Service & Tipps:

ℹ️ **Tourist Information Office**
Market Sq.
Longford, Co. Longford
✆ (043) 334 25 77
www.longfordtourism.ie

🍺🎵 **Keoghs Trad Bar**
Main St., Longford
✆ (043) 334 20 07
Traditionelles irisches Pub. Mittwochs bis samstags Livemusik.

Ausflugsziel:

🎦🍀🎵☕ **Tullynally Castle & Garden**
Tullynally
Castlepollard, Co. Westmeath
✆ (044) 966 11 59 oder
(087) 793 54 91 (Café)
www.tullynallycastle.com
Garten und Café Mai–Anfang Sept. Do–So 13–18 Uhr, Besichtigung des Schlosses nur nach Voranmeldung für Gruppen ab 20 Personen

Das Schloss Tullynally, das seit dem 17. Jh. von den Earls of Longford bewohnt wird, befindet sich nach wie vor in Privatbesitz und kann nicht besichtigt werden. Der weitläufige Park ist in den Sommermonaten zu bestimmten Zeiten für die Öffentlichkeit zugänglich. Dann ist auch das Schlosscafé The Tea Room at Tullynally Castle im ehemaligen Stall des Schlosses geöffnet. Man kann draußen im Schlosshof oder unter einem Schutzdach sitzen und sich drinnen am offenen Kamin wärmen, wenn es kühl wird. Im Sommer finden im Park und in den Räumen des Schlosses regelmäßig Musikveranstaltungen statt.

⑩ Strokestown

Der kleine Ort mit weniger als 1000 Einwohnern ist vor allem als Standort des **Famine Museum**, des irischen Hungermuseums, bekannt. Dieses befindet sich in dem großen Landschaftspark Strokestown Gardens, wo auch das Strokestown Park House, das ehemals von der Gutsbesitzerfamilie Mahon bewohnt wurde, zu besichtigen ist.

Das Anwesen zeigt den Lebensstil der irischen Oberschicht im 19. Jahrhundert. Die Machtverhältnisse zwischen Arm und Reich spiegeln sich sogar im Bauplan der Küche wieder: Auf einer Balustrade – ein Stockwerk über der eigentlichen Küche – ging die Hausherrin auf und ab und gab dem Küchenpersonal von oben herab Anweisungen. Ohnehin sollte das Personal damals möglichst unsichtbar sein, weswegen unterirdische Gänge angelegt wurden, auf denen die Bediensteten zu den herrschaftlichen Räumen gelangten. Auch im Park manifestieren sich die Gegensätze: Während die arme Bevölkerung kaum genug zu essen hatte, ließen die Reichen für sich in eigenen Gewächshäusern Pfirsiche anpflanzen.

Im ehemaligen Stall ist heute das Hungermuseum untergebracht, in dem die Lebensverhältnisse der Bauern und Arbeiter während der großen Hungersnot in den 1840er Jahren nachgezeichnet werden. Auch der Brückenschlag zwischen damaliger und heutiger Zeit, in der vielerorts immer noch Menschen an Hunger leiden, wird hergestellt. Das Museum präsentiert seine Ausstellung momentan noch auf eine etwas altbackene Weise, ein Umbau und die damit verbundene Erweiterung sind aber bereits geplant.

REGION 5
Zentralirland

Service & Tipps:

🎦🏛🌳 **Strokestown Park House, Gardens & Famine Museum**
Strokestown
Co. Roscommon
✆ (071) 963 30 13
www.strokestownpark.ie

Tägl. 10.30–16, Mitte März–Okt. bis 17.30 Uhr, das Park House ist nur mit Führung zu besichtigen: tägl. 14.30, Mitte März–Okt. auch 12 und 16 Uhr
Eintritt € 12/11
Gutsbesitzerhaus und Hungermuseum inmitten eines Landschaftsparks.

Bootsferien auf dem Shannon, dem längsten Fluss des Landes

⓫ Carrick-on-Shannon

Der lebhafte Ort mit gut 3000 Einwohnern ist vor allem bei Wassersportlern gefragt. Hier kann man sein eigenes Boot zu Wasser lassen oder man mietet sich ein Hausboot für Touren auf dem Shannon. Die meisten pauschal gebuchten Touren beginnen ebenfalls hier. Doch auch für jene, die Seen und Flüsse nur vom Ufer aus erleben wollen, ist Carrick-on-Shannon der perfekte Urlaubsort – im Umkreis von nur zehn Kilometern um die Stadt liegen 41 (!) fischreiche Seen. Einziger Nachteil der perfekten touristischen Infrastruktur: Die Preise sind hier etwas höher als in den umliegenden Gemeinden.

Spiegelglatt und reflektierend: Shannon-Landschaft am Morgen

**REGION 5
Zentralirland**

Ausflug nach Elphin:

Das Dorf Elphin an der Kreuzung der Straßen R 368 und R 369 rund 15 Kilometer südlich von Carrick-on-Shannon ist stolz darauf, dass der Vater des Schriftstellers Oscar Wilde hier zur Schule gegangen ist. Doch gibt es in dem Dorf selbst wenig zu sehen. Einen Blick lohnt allerdings die Windmühle an der Windmill Road am Ortsrand. Sie wurde im frühen 17. Jahrhundert erbaut und war für etwa 100 Jahre in Betrieb. 1992 wurde das verfallene Gebäude wieder instand gesetzt und dient seitdem als Museum. Wenn es der Wind erlaubt, drehen sich manchmal sogar die Mühlenflügel.

Service & Tipps:

ℹ️ Tourist Information Office
The River
Carrick on Shannon, Co. Leitrim
✆ (071) 962 01 70

ℹ️ Informationen zu
Bootstouren
www.waterwaysireland.org
www.discoverireland.ie/cruising

⓬ Boyle

Die Kleinstadt mit 2500 Einwohnern am Fuße der Curlew Mountains ist wegen ihrer Lage zwischen den Seen Lough Gara und Lough Key unter anderem als Angelparadies bekannt. Doch auch im Ort gibt es etwas zu sehen, so die Ruinen von **Boyle Abbey** und das **King House**, ein Herrschaftshaus im georgianischen Stil, das ein Regionalmuseum beheimatet. Der **Lough Key Forest Park** ist ein gefragtes Ausflugsziel für Familien. Die Großen erholen sich bei ausgedehnten Spaziergängen oder bei einer Kanutour auf dem Lough Key und genießen den Ausblick vom Moylurg Viewing Tower. Die Kleinen toben über den riesigen Spielplatz oder versuchen die Rätsel von Boda Borg, einem Indoor-Labyrinth, zu lösen.

Castle Island ist vermutlich der bekannteste Blick im Lough Key Forest Park

Ausflug nach Carrowkeel:

An der Straße N 4 (Sligo–Carrick-on-Shannon) befinden sich unweit Castlebaldwin 14 Großsteingräber aus der Jungsteinzeit. Mit einem Alter von etwa 5400 Jahren sind sie älter als die Pyramiden von Gizeh.

Service & Tipps:

ℹ Boyle Tourism Office
King House
Boyle, Co. Roscommon
✆ (071) 966 21 45

◉ Boyle Abbey
Boyle, Co. Roscommon
✆ (071) 966 26 04
April–Sept. 10–18 Uhr
Eintritt € 3/1, Familienticket € 8
Beeindruckende Ruinen einer Klosteranlage aus dem 12. Jh., erbaut in einem Stilmix aus romanischen und gotischen Elementen. Besonders deutlich wird das im Innenhof, wo auf der einen Seite Rund- und auf der anderen Spitzbögen zu finden sind.

◉ 🏛 ♥ King House
Main St., Boyle
Co. Roscommon
✆ (071) 966 32 42
www.kinghouse.ie
April–Sept. Di–Sa 11–16 Uhr, in der Hochsaison auch So und Mo
Eintritt € 5/2, Familienticket € 15
Das Herrschaftshaus ließ einer der damals reichsten Männer Irlands im frühen 17. Jh. im georgianischen Stil erbauen. Später diente es dann als Militärkaserne und Lagerhaus. Von der Zerstörung bedroht, wurde es Ende der 1980er Jahre vom County Roscommon gekauft und wieder instand gesetzt. Heute ist im King House ein Museum untergebracht, in dem alles ausgestellt ist, was für die Region Boyle von Bedeutung ist. Neben einer regionalhistorischen Ausstellung findet man hier auch die Boyle Civic Collection, eine gute Sammlung zeitgenössischer irischer Maler. Und: Filmfans können auf den Spuren von Maureen O'Sullivan (1911–98) wandeln. Die kennen Sie nicht? Doch bestimmt: O'Sullivan war die Jane an Tarzans – Johnny Weissmullers – Seite. In der Cafeteria kann man nach dem Rundgang seinen Hunger stillen.

◉ ⚘ ◉ Lough Key Forest & Activity Park
Boyle, Co. Roscommon
✆ (071) 967 31 22
www.loughkey.ie
Besucherzentrum Jan./Feb., Nov./Dez. Fr– So 10–17, März Fr–So 10–18, April–Aug. tägl. 10–18, Sept./Okt. Mi–So 10–18 Uhr, die einzelnen Attraktionen schließen jeweils 30 Minuten früher
Beliebt für Spaziergänge und Kanufahrten auf dem See. Mit riesigem Spielplatz und ebensolchem Indoor-Labyrinth, das man erst durchdringt, wenn man schwierige Fragen und Rätsel löst. Ein ideales Vergnügen für regnerische Tage. Zum Trost für alle, die es nicht gleich schaffen: Die bisher schnellste Crew brauchte sieben Anläufe, um das Labyrinth zu durchqueren.
Etwas enttäuschend ist der *Tree Top Walk* – im Prinzip ist es nur ein paar Hundert Meter langer Spazierweg auf Stelzen in einer Höhe von 3 oder 4 m.

🛍 Boyle Farmers Market
King House
Boyle, Co. Roscommon
Markt Sa 10–14 Uhr 🌞

REGION 5
Zentralirland

Ruinen des Zisterzienserklosters Boyle Abbey

**REGION 6
Westirland**

Westirland

Torfsümpfe, wolkenverhangene Berge, zerklüftete Küsten und viel Tradition

In der Region Westirland sind die aufgeführten Orte geografisch von Süd nach Nord sortiert.

Die Grafschaften Mayo und Galway bilden den nur dünn besiedelten Westen der Insel, der von ausgedehnten Torfsümpfen, unzähligen Steinmauern und wolkenverhangenen Bergen geprägt ist. Zahlreiche prähistorische Funde – vor allem von den Céide Fields und den Aran-Inseln – belegen, dass die zerklüftete Westküste schon seit mehr als 5000 Jahren besiedelt ist. Besonders in der Grafschaft Galway haben viele Traditionen überlebt, und so ist es nicht verwunderlich, dass noch rund die Hälfte der Bevölkerung Gälisch spricht. Damit ist Galway das größte Gaeltachtgebiet. Liebhaber rauer und windgepeitschter Landschaften werden vom Connemara Nationalpark und den Aran-Inseln begeistert sein.

Orientierung leicht gemacht selbst vor der Westküste Irlands: auf der Aran-Insel Inishmore

❶ Aran-Inseln

In der Bucht von Galway gelegen, sind die Inseln – geologisch betrachtet – die Fortsetzung des Burren-Kalksteinplateaus. Sie sind baumlos, äußerst karg und steinig, nur an einigen Stellen kann sich ein wenig Grün halten. Auf den drei bewohnten Inseln – **Inishmore** (»große Insel«), **Inishmaan** (»Mittelinsel«) und **Inisheer** (»Ostinsel«) – leben rund 1500 Menschen; ihre Muttersprache ist Irisch.

Die Hauptinsel Inishmore ist rund 13 Kilometer lang und an keiner Stelle breiter als drei Kilometer. Im Hafenort **Kilronan** kann man für die Inselerkundung zwischen Fahrrädern, Ponywagen und Kleinbussen wählen. Größte Sehenswürdigkeit des Archipels ist die Steinfestung **Dún Aenghus** (auch Dún Aonghasa genannt), die spektakulär am Rand einer 100 Meter hohen Klippe liegt und von drei halbkreisförmigen Steinwällen geschützt wird. Wer diese Festung gebaut hat, ist bis heute unbekannt, vermutlich stammt sie aus der Bronze- oder Eisenzeit. Weitere prähistorische Zeugnisse sind das Rundfort **Dún Eoghanachta**, das Fort **Dún Eochla** aus der Bronzezeit und **Dún Duchathair** (Black Fort) aus der Eisenzeit.

REGION 6
Westirland

»Woolen Socks«:
Berühmt sind die
Aran-Inseln auch
für ihre Strickwaren

»Inishmore View«:
Klippen und
Abgründe auf
der größten der
Aran-Inseln

Service & Tipps:

✈ Vom **Flughafen Inveran** gehen in der Hauptsaison täglich bis zu insgesamt 25 Flüge zu den drei Inseln. Die Flugzeit beträgt nur etwa 10 Minuten. Informationen und Buchung unter www.aerarann.com.

⛴ Ab **Rossaveal**, ca. 40 km westlich von Galway, gibt es tägliche Fährverbindungen. Informationen unter www.ferrylines.com

ℹ **Tourist Office**
Kilronan (Cill Ronain)
Inishmore (Inis Mór),
Co. Galway
✆ (099) 612 63
www.discoverireland.ie

◉ **Aran Heritage Centre**
Kilronan
Inishmore, Co. Galway
✆ (099) 613 55
April–Okt. tägl. 11–13 und 14–17, Juli/Aug. bis 19 Uhr
Eintritt € 6/3
Ausstellung zu Geschichte und Natur der Inseln. Außerdem kann man sich den Dokumentarfilm »The Man of Aran« von 1934 anschauen.

◉ **Dún Aenghus**
Aran, Co. Galway
✆ (099) 610 08
www.heritageireland.ie
April–Okt. tägl. 9.45–18, Nov./Dez., März tägl. 9.30–16, Jan./Feb. Mi–So 9.30–16 Uhr
Eintritt € 3/1, Familienticket € 8
Die Festung liegt ca. 7 km westlich von Kilronan und ist rund 900 m vom Besucherzentrum entfernt, der Weg führt einen Hang hinauf. Die Festung ist die größte prähistorische Fundstelle auf den Aran-Inseln.

✕⌂ **Man of Aran Cottage**
Kilmurvey Beach
Inishmore, Co. Mayo
✆ (099) 613 01
www.manofarancottage.com
Kleines Cottage von 1934 am Meer. Tagsüber leckere, preisgünstige Kleinigkeiten (€), abends auf Vorbestellung großes Menü (€€€). Mit B&B.

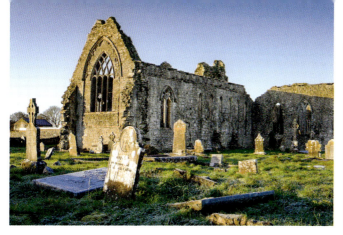

**REGION 6
Westirland**

Die Hauptattraktion in Athenry: die Dominikanerklosterkirche mit dem Ostchorfenster

❷ Athenry

Die Stadt mit knapp 5000 Einwohnern liegt am Fluss Clareen. Früher grenzten hier drei Königreiche aneinander – daher der Namen Áth an Rí (Furt der Könige). Athenry rühmt sich, der besterhaltene mittelalterliche Ort Irlands zu sein. Zu sehen gibt es eine restaurierte normannische Burg, das **Athenry Castle**, die Kirche St. Mary's, in der heute das **Heritage Centre** untergebracht ist, ein Dominikanerkloster sowie ein Marktkreuz. Den Namen Athenry kennt fast jeder Ire vor allem durch das Volkslied »The Fields of Athenry«, das von Pete St. John stammt und die große irische Hungersnot thematisiert.

Gaeltachtgebiete

In Gaeltachtgebieten ist Irisch oder Gälisch die vorherrschende Sprache. Hier leben rund 90 000 Menschen, die jedoch alle neben dem Gälischen auch fließend Englisch sprechen. Die meisten und größten Gaeltachtgebiete liegen im Westen Irlands, in den Grafschaften Cork, Donegal, Galway, Kerry und Mayo. Kleinere Gebiete gibt es auch im Süden von Waterford und im Osten, in Meath.

Überbleibsel eines eindrucksvollen spätgotischen Tabernakels: das Marktkreuz in Athenry

Service & Tipps:

🅢 **Athenry Castle**
Athenry
Co. Galway
✆ (091) 84 47 97
www.heritageireland.ie
Ostern–Ende Sept. tägl. 10–18, Ende Sept.–Mitte Okt. Mo–Do 10–17 Uhr
Eintritt € 3/1, Familienticket € 8
Die um 1250 erbaute, fast fensterlose Burg diente der Überwachung des Flussübergangs. Der älteste Teil der Festung ist der sogenannte Turmsaal, ein großes rechteckiges Gebäude, das ursprünglich nur aus einem Saal im ersten Stock und dunklen Lagerräumen im Erdgeschoss bestand. Der einzige Eingang befand sich im ersten Stock und war – ähnlich wie bei der Rekonstruktion, die man heute sieht – über eine außen liegende Holztreppe zu erreichen. Er führte direkt in den Saal, in dem der Burgherr Gäste empfing und Gericht hielt. Bemerkenswert sind die Steinmetzarbeiten am Eingang und an der Innenseite der Fensteröffnungen.

🅢🅔 **Athenry Heritage Centre**
St. Mary's, The Square
Athenry, Co. Galway
✆ (091) 84 46 61
www.athenryheritagecentre.com
Tägl. 10.30–17 Uhr
Eintritt € 6, Familienticket € 24
In der ehemaligen Kirche St. Mary's am Marktplatz dreht sich alles ums Mittelalter, eine interaktive Ausstellung führt durch die Geschichte der Stadt. Wer möchte, kann sogar in mittelalterliche Kleidung schlüpfen.

**REGION 6
Westirland**

❸ Galway

Die Universitätsstadt Galway zählt immerhin fast 70 000 Einwohner. Hat man sich durch die Staus zum überschaubaren Zentrum vorgearbeitet, erwartet einen eine recht gemütliche Atmosphäre.

Die quadratische Rasenfläche des John F. Kennedy Memorial Garden, der auch als **Eyre Square** bekannt ist, eignet sich als Startpunkt für einen ersten Stadtrundgang. Von hier folgt man der Fußgängerzone durch die William Street, Shop Street, High Street und Quay Street bis zum Wasser und lernt dabei nicht nur das Shopping-Angebot, sondern auch die örtliche Pub-Szene kennen. Mindestens ein halbes Dutzend typisch irischer Pubs laden zum Guinness ein, und da Galway für seine Musikszene bekannt ist, wird in fast allen abends Livemusik gespielt. Doch bevor man sich für einen der Pubs entscheidet, sollte man noch dem neuen **City Museum**, der **Kathedrale** und dem Geburtshaus von **Nora Barnacle**, der Ehefrau von James Joyce, einen Besuch abstatten.

Ausflugsziele:

Nordwestlich von Galway erstreckt sich der **Lough Corrib**. Mit einer Fläche von rund 200 Quadratkilometern ist er der größte See der Republik Irland. Angler schwärmen von seinem reichen Fischbestand.

Zwischen dem Lough Corrib und dem Lough Mask liegt **Cong**. Das Dorf mit gerade mal 200 Einwohnern zählt zu den schönsten Irlands – weil hier alles so typisch irisch ist. Dieses

Shopping in Galway: Quay Street

Außenposten im Atlantik: Mutton Island Lighthouse von 1817 in der Galway Bay

Höckerschwäne vor der Silhouette von Galway

Image wird sorgsam gepflegt, denn das wollen die meisten Touristen, speziell die aus Amerika, sehen. Viele von ihnen kommen nach Cong, weil sie sich den Originalschauplatz des in den 1950er Jahren gedrehten Films »The Quiet Man« mit John Wayne und Maureen O'Hara anschauen wollen. Zum Pflichtprogramm gehört dann auch das **Quiet Man Cottage**, ein Nachbau der damaligen Filmkulisse. Wer noch nie etwas von dem Film gehört hat, der kann sich die **Cong Abbey** oder den **Ashford Castle Garden** anschauen.

Südlich von Galway, am Südufer der Galway Bay, trifft man auf das **Dunguaire Castle** und noch ein kleines Stück weiter auf das kleine, viel besuchte Fischerdorf Kinvara mit angenehmer Hafenatmosphäre.

Service & Tipps:

Tourist Information
Forster St., Galway, Co. Galway
☏ (091) 53 77 00
www.discoverireland.ie
Mo–Sa 9–17.45 Uhr, im Sommer auch So

Galway City Museum
Spanish Parade, Galway
☏ (091) 53 24 60
www.galwaycitymuseum.ie
Di–Sa 10–17 Uhr, im Sommer auch So/Mo, Eintritt frei
Im neuen Museumsgebäude sind Ausstellungen zur Regionalgeschichte zu sehen.

Nimmo's Restaurant & Wine Bar
Spanish Arch, Galway
☏ (091) 56 11 14
www.nimmos.ie
Café Mo–Sa 10–15.30, Restaurant tägl. 18–22 Uhr
Dieses kleine historische Gebäude am Hafen beherbergt zwei Restaurants. Im Untergeschoss befindet sich die Weinbar mit preisgünstigem Essen, im Restaurant Ard Bia darüber werden exzellente, recht hochpreisige Fischgerichte serviert.
€€–€€€

The King's Head
15 High St., Galway
☏ (091) 56 66 30
www.thekingshead.ie
Mo/Di 10.30–23.30, Mi–Sa 10.30–2, So 11.30–23 Uhr

Galway-Auster

**REGION 6
Westirland**

Literatentreff in der ersten Hälfte des 20. Jahrhunderts: Dunguaire Castle

Pub mit täglicher Livemusik, *lunchtime theater* und Comedy sowie Übertragung von Sportveranstaltungen. Bars auf drei Etagen, die Speisekarte bietet mit Pizza, Irish Stew sowie Fisch und Meeresfrüchten viel Abwechslung. €–€€

Kennys Bookshop and Art Gallery
Liosbaun Retail Park, Galway
℃ (091) 70 93 50
www.kennys.ie, Mo–Sa 9–17 Uhr
Die Galerie zeigt mehrmals jährlich wechselnde Ausstellungen, im Book Shop findet man jede Menge Lesestoff, auch viel Antiquarisches.

Ende Sept. findet in Galway das **Oyster-Festival**, ein großes Austernfestival, statt (www.galwayoysterfest.com).

Im Juli ein Muss für Freunde gälischer Musik: das **Galway Arts Festival** (www.galwayartsfestival.com).

Ausflugsziele:

Quiet Man Cottage Museum
Circular Rd.
Cong, Co. Mayo
℃ (094) 954 60 89
www.museumsofmayo.com
April–Okt. tägl. 10–17 Uhr
Versetzt Besucher in die Filmwelt von »The Quiet Man«.

Dunguaire Castle
Kinvara, Co. Galway
℃ (061) 36 07 88
www.shannonheritage.com
Mai–Sept. tägl. 10–17, Bankett Mitte April–Mitte Okt. 17.30 und 20.45 Uhr
Eintritt € 6/3,40, Familienticket € 14,65
Die heutige Burg am Südufer der Galway Bay stammt aus dem 16. Jh., ist aber nach dem Guaire of Connaught, einem König, der hier im 7. Jh. herrschte, benannt. Im Sommer werden in der Burg jeden Abend mittelalterliche Bankette veranstaltet.

❹ Connemara

Westlich von Galway erstreckt sich das wilde Bergland von Connemara mit seinen Sümpfen und Mooren. Eine Fahrt

Gelbe Ginsterhecken und die allgegenwärtigen Schafe: Connemara im Sommer

durch diese Gegend zählt zu den schönsten Erlebnissen, die Westirland zu bieten hat. Dabei sollte man auf jeden Fall einige Male die Hauptstraße N 59 verlassen, denn die schönsten Ausblicke bieten sich von den engen Nebenstraßen wie der R 340 bzw. R 341 südlich von Clifden oder der R 344 nordöstlich des Ortes.

Bei Letterfrack befindet sich das Besucherzentrum des **Connemara Nationalparks**. Hier beginnen drei Wander- bzw. Spazierwege, die in unterschiedlichen Höhen am Diamond Hill entlang verlaufen. Nur wenige Kilometer weiter liegt

Einsames Naturerlebnis im Herzen von Connemara: der Derryclare Lough vor der Hügelkette der Twelve Bens

**REGION 6
Westirland**

Profilansicht: falbenfarbiges Connemara Pony

Das romantischste Schloss Irlands: Kylemore Abbey ▷

Kylemore Abbey mit weitläufigem Garten. Wie eine Abtei sieht Kylemore nicht aus, eher wie ein verspieltes Herrschaftshaus aus dem 19. Jahrhundert. Und genau das war es auch. Von einem wohlhabenden Landbesitzer, Geschäftsmann und Politiker erbaut, ging es erst 1920 in den Besitz der irischen Benediktinernonnen über. Heute ist dem Kloster eine internationale Internatsschule für Mädchen angegliedert. Nur ein kleiner Teil des Klostergebäudes kann besichtigt werden. Etwa anderthalb Kilometer vom Kloster entfernt liegt der viktorianische Klostergarten.

Zwei Kilometer abseits der N 59, etwa 30 Kilometer von Galway entfernt, liegt **Aughnanure Castle**. Erbaut um das Jahr 1500, diente es dem mächtigen Clan der O'Flahertys als Trutzburg gegen Angreifer. Das Castle erwies sich für die irischen Feinde als uneinnehmbar, denn keiner von ihnen verfügte über schwere Geschütze. Anders die Engländer: Als sie 1572 mit ihren Kanonen anrückten, konnte die Burg nicht standhalten.

Service & Tipps:

ℹ️ **Ireland West Tourism**
s. Galway Tourist Information

ℹ️ **Connemara Nationalpark Visitor Centre**
Letterfrack, Co. Galway
✆ (095) 413 23
www.connemaranationalpark.ie
März–Okt. tägl. 9–17.30 Uhr
Eintritt frei
Hier gibt es jede Menge Informationen zu Unternehmungen im Nationalpark.

Kylemore Abbey & Garden
Kylemore, Connemara, Co. Galway
✆ (095) 520 00
www.kylemoreabbeytourism.ie
Jan. 11–16.30, Feb. 11–17, März, Okt./Nov. 9–17, April–Sept. 9–18, Dez. 9.30–16.30 Uhr
Eintritt € 11,25, Familienticket € 30,15, Kinder unter 10 Jahren frei
Zu besichtigen ist nur ein kleiner Teil des Gebäudes. Der Klostergarten liegt etwa 1,5 km entfernt.

Aughnanure Castle
Oughterad
Co. Galway
✆ (091) 55 22 14
www.heritageireland.ie
Mitte April–Okt. 9.30–18 Uhr
Eintritt € 3/1, Familienticket € 8
Die Burg in der Nähe des Lough Corrib, auf einem flachen Felsvorsprung erbaut, hat einen nahezu quadratischen Grundriss und zählt zu den besterhaltenen sogenannten irischen Turmhäusern. Ende des 13. Jh. wurden die O'Flahertys Herrscher über West-Connacht und nutzten Aughnanure Castle bis zum 16. Jh. als Trutzburg.

REGION 6
Westirland

Hütehund an der Steilküste entlang der Sky Road

»Sit out & enjoy«: E. J. Kings in Clifden

❺ Clifden

Die erst Anfang des 19. Jahrhunderts gegründete Kleinstadt mit knapp 2000 Einwohnern liegt an der Mündung des Flusses Owenglin in die Clifden Bay. Wegen seiner sehenswerten Lage auf einer Klippe, den gut erhaltenen viktorianischen Häusern und der schönen Umgebung erfreut sich Clifden im Sommer großer Beliebtheit. Mit ihrer guten touristischen Infrastruktur eignet sich die Stadt hervorragend als Standquartier für Unternehmungen im Connemara Nationalpark. Der rund 12 Kilometer lange Ausflug auf der **Sky Road**, der Panoramastraße an der zerklüfteten Küste entlang, lohnt mit dem Fahrrad oder dem Auto. Unterwegs kommt man an den Ruinen des **Clifden Castle** vorbei, einst die Residenz des Stadtgründers John d'Arcy.

Service & Tipps:

ℹ️ **Connemara Tourism**
The Square, Clifden, Connemara, Co. Galway
✆ (095) 226 22
www.connemara.ie

🏛 **Connemara Heritage & History Centre**
Lettershea
Clifden, Connemara, Co. Galway
✆ (095) 218 08
www.connemaraheritage.com
April–Okt. tägl. 10–18 Uhr
Eintritt € 8/4
Die ehemalige Farm von Dan O'Hara, der während der großen Hungersnot nach Amerika ausgewandert ist, dient heute als Freilichtmuseum.

🅳❌🎵 **E. J. Kings**
The Square, Clifden,
Connemara, Co. Galway
✆ (095) 213 30
www.ejkings.com
Gemütlicher Pub am Ortsplatz. Hier werden üppige Portionen zu reellen Preisen geboten. Wenn es mal nicht regnet, kann man auch draußen sitzen. Abends oft Livemusik. €

☕ **Two Dog Café**
2 Church Hill, Clifden,
Connemara, Co. Galway
✆ (095) 221 86
Für einen Snack zu empfehlen, poppige Einrichtung. €

🎪 Seit 1924 findet jedes Jahr am 3. Do im Aug. der **Pony-Markt** mit der weltweit größten Schau von Connemara-Ponys statt.

🐴 **Cleggan Beach Riding Centre**
✆ (095) 447 46
Cleggan, Connemara, Co. Galway
www.clegganridingcentre.com
Die Reitschule bietet auch Ausflüge mit Ponys an.

REGION 6
Westirland

An den Klippen der Sky Road lassen sie sich beobachten: Papageientaucherpärchen

❻ Knock

Das Städtchen Knock hat kaum 1000 Einwohner, ist aber jedes Jahr Ziel von rund eineinhalb Millionen Gläubigen, denn der Ort gilt neben Lourdes und Fátima als bedeutendstes Marienheiligtum in Europa. Die Geschichte des Wallfahrtsortes begann am 21. August 1879, als mehr als ein Dutzend Menschen am Südgiebel der örtlichen Kirche die Jungfrau Maria, Josef und den Evangelisten Johannes zu sehen glaubten. Sie berichteten von einem himmlischen Licht, das zwei Stunden angehalten habe. Eine Untersuchungskommission, die von der Kirche eingesetzt wurde, kam nach eingehender Befragung der Augenzeugen zu dem Schluss, dass deren Aussagen glaubwürdig seien, die Erscheinung von der katholischen Kirche also anerkannt werde.

Seitdem strömen die Pilger aus aller Welt in Scharen nach Knock. Auch eine weitere Untersuchung im Jahr 1936 bestätigte, dass 1879 eine Marienerscheinung stattgefunden habe. 1963 wurde eine riesige **Wallfahrtskirche** mit Platz für 10 000 Menschen errichtet. Ebenfalls wegen des großen Andrangs an Pilgern entstand 1986 der einige Kilometer nördlich von Knock gelegene internationale Flughafen **Ireland West Airport**. Anlässlich des 100. Jahrestages der Marienerscheinung im Jahr 1979 stattete Papst Johannes Paul II., der ein Anhänger der Marienverehrung war, Knock einen Besuch ab; Mutter Teresa kam 1993 ebenfalls nach Knock.

Dem Ort geht es gut – die Souvenirgeschäfte quellen über und auch Restaurants und Hotels verdienen gut. Selbst das **Museum of Folk Life** (www.knock-shrine.ie) hat die wundersame Erscheinung zum Thema.

Leprechauns, die in Weißdornbüschen heimischen Kobolde, findet man überall in Irland – wenn auch zumeist nur in Souvenirshops

**REGION 6
Westirland**

❼ Westport

Die Stadt Westport (5000 Einwohner) an der Mündung des Carrowbeg wurde im 18. Jahrhundert im Auftrag des Earl of Altamont am Reißbrett entworfen, und zwar von dem Stararchitekten James Wyatt. Das Zentrum der Stadt bildet ein achteckiger Platz; ungewöhnlich sind auch die breiten Straßen, die dem Ort eine gewisse Eleganz verleihen. Schön flanieren lässt es sich rund um den Hafen, wo sich viele Pubs und Restaurants befinden.

Ausflugsziele:

Über 95 Prozent der Iren sind Katholiken – entsprechend spielen Pilgerfahrten und -Wanderungen eine wichtige Rolle. Ein beliebtes Ziel ist der heilige Berg **Croagh Patrick**. Hier soll im Jahr 441 der Nationalheilige Patrick 40 Tage gebetet und gefastet haben. Um an dieses Ereignis zu erinnern, pilgern am letzten Sonntag im Juli Zehntausende Iren zum Croagh Patrick und besteigen den 762 Meter hohen Berg. Tiefgläubige tun dies oft barfuss. Touristen dürfen Schuhe anziehen und auch an anderen Tagen des Jahres kommen. Die Aussicht ist – schönes Wetter vorausgesetzt – immer lohnend. Dass es in Irland keine Schlangen gibt, dafür hat der heilige Patrick damals auch gesorgt, denn vom Berggipfel aus vertrieb er durch Glockengeläut Schlangen und Drachen aus Irland. Der Einstieg für die Wanderung auf den Croagh Partrick liegt nahe der R 335 zwischen Louisburgh und Westport.

Das südöstlich von Westport gelegene **Ballintubber** (»Die Stadt an der Quelle«) geht ebenfalls auf den heiligen Patrick zurück, der hier an einer Quelle Männer und Frauen getauft haben soll. Die restaurierte Kirche wurde im frühen 13. Jahr-

Irlands heiliger Berg: Croagh Patrick

hundert im romanischen Stil mit Rundbögen, geometrischen Verzierungen und schmückenden Fabeltieren errichtet. 1542 wurde der letzte Abt vertrieben, doch einige Mönche lebten weiterhin in dem Kloster und hielten Messen, bis Königin Elisabeth I. es zerstören ließ.

REGION 6
Westirland

Ein ehrwürdiger Landsitz samt Park: Westport House & Gardens

Service & Tipps:

i Westport Tourism
James St., Westport, Co. Mayo
℗ (098) 257 11
www.westporttourism.com

🏛 Clew Bay Heritage Centre
The Quay
Westport, Co. Mayo
℗ (098) 268 52
www.westportheritage.com
April/Mai, Okt. Mo–Fr 10–14, Juni–Sept. Mo–Fr 10–17, Juli/Aug. auch So 15–17 Uhr
Kleines Heimatmuseum zur Ortsgeschichte.

Westport House & Gardens
Quay Rd., Westport, Co. Mayo
℗ (098) 982 77 66
www.westporthouse.ie
Juli/Aug. tägl. 10–18, sonst Mo–Fr 10–16 Uhr, Eintritt Herrenhaus € 12/6,50, Kombiticket mit Vergnügungspark € 20/16,50, Familienticket € 59
Um die Mitte des 18. Jh. vom Earl of Altamont erbaut, ist der etwas außerhalb der Stadt gelegene ehrwürdige Landsitz samt Park und prächtiger Inneneinrichtung durchaus sehenswert, wird aber durch den auf dem Gelände liegenden Vergnügungspark zum Disneyland.

Cronin's Shebeen
Rosbeg, Westport, Co. Mayo
℗ (098) 265 28
www.croninssheebeen.com
Ein traditioneller Pub mit Barfood und viel Livemusik. €

Matt Molloy's Pub
Bridge St., Westport, Co. Mayo
℗ (098) 266 55
www.mattmolloy.com

Matt Molloy ist der Flötenspieler der Chieftains – ihm gehört das Pub schon seit Jahren. Typisch und traditionell sind sowohl Einrichtung als auch Musik, oft ab 21 Uhr Liveauftritte. €

X Quay Cottage
Quay St., Westport,
Co. Westport
℗ (098) 264 12
www.quaycottage.com
Hier speist man mit Blick auf die Clew Bay vor allem Fischgerichte. €€

Ausflugsziele:

Croagh Patrick
www.croagh-patrick.com

Ballintubber Abbey
Südöstlich von Westport,
Co. Mayo
℗ (094) 903 09 34
www.ballintubberabbey.ie
Tägl. 9–24 Uhr, Eintritt frei
Im frühen 13. Jh. im romanischen Stil erbaute Kirche. Nach der Plünderung durch Cromwells Truppen dauerte es bis zur zweiten Hälfte des 18. Jh., bis die Restaurierung des dachlosen Hauptschiffes in Angriff genommen wurde.

🏛 National Museum of Country Life
Turlogh, Co. Mayo
℗ (094) 903 17 55
www.museum.ie
Di–Sa 10–17, So 14–17 Uhr
Eintritt frei
Der moderne Betonklotz befindet sich nordöstlich von Westport beim Turlogh Park House und zeigt Ausstellungen zum harten Leben der Irländer zwischen 1850 und 1950.

REGION 6
Westirland

❽ Achill Island

Irlands größte Insel (145 km^2, knapp 1000 Einwohner) ist durch eine Brücke mit der Corraun Halbinsel des County Mayo verbunden. Die raue, fast baumlose Landschaft besteht aus dramatischen Klippen, steilen Bergen, ruhigen Seen und abgelegenen Stränden. Rund zwei Drittel von Achill Island ist mit Torf bedeckt. Die beiden höchsten Erhebungen sind der Slievemore Mountain (672 m) und der Croaghaun Mountain (667 m). Auf der Nordseite des Croaghaun fallen die Klippen bis zu 600 Meter steil zum Meer ab.

Achill Island besitzt einige sehr schöne Sandstrände. Die **Keem Bay** mit weißem Sand liegt im äußersten Westen nahe Achill Head. **Trawmore Strand** ist ein vier Kilometer langer, feinkörniger Sandstrand zwischen den Dörfern Keel und Dookinelly. Beim alten Fischerdorf **Dooega**, auf der Südseite von Achill Island, liegt ein kleiner, nach Süden ausgerichteter Strand. In **Dugort**, im Norden der Insel, gibt es gleich zwei Strände.

Heinrich Böll liebte Achill Island und verbrachte hier in den 1950er und 1960er Jahren häufig seinen Urlaub. 1958 kaufte er sich sogar ein Haus auf der Insel, das heute Stipendiaten zur Verfügung gestellt wird, damit sie in Ruhe arbeiten können. Hier entstand Bölls »Irisches Tagebuch«, in dem er auch das Ruinendorf **Slievemore Deserted Village** an den Ausläufern des Slievemore Mountain beschrieben hat. Es wurde im 19. Jahrhundert infolge der großen Hungersnot in Irland endgültig verlassen. Von den rund 100 Steinhäusern sind heute nur noch Reste der Grundmauern zu sehen. Beim verlassenen Dorf beginnt der relativ einfache Aufstieg zum Gipfel des **Slievemore**. Wer nach mehr Wandermöglichkeiten auf der Insel sucht, wird in der Broschüre »Guide to Walking in Achill« fündig, die im Touristenbüro erhältlich ist.

Der kleine Hafen von Cloughmore auf Achill Island

Service & Tipps:

ℹ️ Achill Tourism
Davitt Quarter
Achill Sound, Co. Mayo
✆ (098) 207 05
www.achilltourism.com

🚣 Achill Island Scuba Dive Centre
Purteen Harbour, Keel
Co. Mayo
✆ (087) 234 98 84
www.achilldivecentre.com
Tauchschule mit Verleih von Ausrüstungen.

🍴❌🎵 Annexe Bar
Keel, Co. Mayo
✆ (098) 432 68
Im Sommer jeden Abend traditionelle irische Livemusik.

🛍️🍽️ The Beehive Craft Shop
Keel, Co. Mayo
✆ (098) 431 34
Café mit hausgemachten Kuchen und herzhaften Kleinigkeiten, außerdem gutes Angebot an Kunsthandwerk.

🎭 Ab Anfang August kommen Freunde traditioneller irischer Musik 2 Wochen lang beim **Scoil Acla Festival** auf ihre Kosten. Außerdem Sommerschule mit Kursen in traditioneller irischer Musik, Kunst und Kultur. Informationen unter: www.scoilacla.com.

REGION 6
Westirland

Typische irische Torfhütte: Torf bedeckt etwa ein Sechstel der Landfläche Irlands

❾ Ballina

Ballina (10 000 Einwohner) liegt tief im Land am Ende der trichterförmigen Killala Bay und an der Mündung des Flusses Moy. Der Ort hat wenig Aufregendes zu bieten; beherrschendes Bauwerk ist die **St. Muredach's Cathedral** aus dem 19. Jahrhundert. Vor allem von Juni bis August kommen viele Angler hierher, denn der **Moy** gilt landesweit als einer der besten Lachsflüsse. Mitte Juli findet in Ballina ein riesiges Lachs-Festival statt. Eine Angelausrüstung bekommt man im Ort; die besten Stellen am Fluss wie auch die Modalitäten zum Erwerb eines Angelscheins teilt einem das Touristenbüro mit. Wer lieber nach Forellen fischen möchte, findet im **Lough Conn** südwestlich von Ballina die besten Möglichkeiten.

Ausflugsziele:

Nur mit Glück entdeckt man das Schild **Moyne Friary** auf einer der winzigen Straßen zwischen Killala und Ballina im County Mayo. Und dann auch noch das: »Beware of the Bull« hat der Bauer vorsichtshalber an seinen Zaun geschrieben – und überlässt jedem selbst die Entscheidung, ob man es beim Marsch über seine Wiese mit friedlich grasenden Kühen oder weniger friedlichen Bullen zu tun hat. Wer es wagt, steht dann schließlich vor den Resten des Mitte des 15. Jahrhunderts von MacWilliam de Burgo errichteten Klosters. Obwohl schon 1590 von dem damaligen englischen Gouverneur von

**REGION 6
Westirland**

Petri Dank! Der River Moy gilt landesweit als einer der besten Lachsflüsse

Invasion der Landstraße im County Mayo: Heimkehr der Schafe

Cannacht, Sir Richard Bingham, niedergebrannt, ist die Anlage bis heute erstaunlich gut erhalten. Es fehlen zwar die Dächer, doch die Kirche, der Kreuzgang, die Sakristei, die Küche und das Refektorium sind noch gut zu erkennen. Über Treppen gelangt man ins Obergeschoss und hat von dort einen weiten Blick über sattgrüne Wiesen und die Mündung des Moy. Nichts stört die Ruhe an diesem mystischen Platz, der Jahrhunderte überdauert hat.

Direkt am Rosserk, einem Nebenfluss des Moy, liegen die Überreste der Franziskanerabtei **Rosserk Abbey** aus dem 15. Jahrhundert. Auf der Straße zwischen Ballina und Killala (R 314) gibt ein Hinweisschild den Weg an.

Der »North Mayo Sculpture Trail« **Tír Sáile** wurde im Jahr 1993 eröffnet. Er besteht aus 14 Installationen, die Künstler aus drei Kontinenten in der Landschaft entlang der Küste von Nord-Mayo platziert haben.

Service & Tipps:

🛈 **Ballina Tourist Office**
Cathedral Rd., Ballina,
Co. Mayo
✆ (096) 708 48
www.ballina.ie

◉ **St. Muredach's Cathedral**
Cathedral Colse, Ballina,
Co. Mayo
✆ (096) 713 65
In der Kathedrale lohnen die Glasmalereien einen näheren Blick.

✕◧♪ **Dillon's Bar & Restaurant**
Dillon Terrace, Ballina,
Co. Mayo
✆ (096) 722 30
Bei gutem Wetter sitzt man schön im Innenhof. Umfangreiche Speisekarte, aber auch Barfood. Mittwochs traditionelle irische Musik live, freitags und samstags legt ein DJ auf. €–€€

🎪 Jedes Jahr Mitte Juli ist in Ballina die Hölle los, denn während des 8-tägigen **Ballina Salmon Festival** strömen rund 200 000 Besucher in den Ort. Man muss nicht unbedingt Angler sein, um an diesem großen Volksfest seine Freude zu haben. Informationen unter: www.ballinasalmonfestival.ie.

Ausflugsziel:

◉ **Tír Sáile**
www.mayo-ireland.ie/Mayo/towns/Ballina/TirSaile/TirSaile.htm
Die 14 Installationen der »North Mayo Sculpture Trail« an der Küste von Nord-Mayo sind oft nicht ganz einfach zu finden. Was es wo genau zu sehen gibt, erfährt man auf der Website.

**REGION 6
Westirland**

Inmitten der weitläufigen Moorlandschaft der Céide Fields: das pyramidale Besucherzentrum

❿ Céide Fields

Die gläserne Pyramide des preisgekrönten **Céide Fields Visitor Centre** überrragt weithin sichtbar die karge Moorlandschaft. Auf den ersten Blick gibt es sonst außer einigen niedrigen Steinmauern nicht viel zu sehen. Und doch befindet man sich hier an einer der wichtigsten archäologischen Stätten Irlands.

Angefangen hat alles mit einem Zufall: Ein Einheimischer entdeckte in den 1930er Jahren beim Torfstechen überraschend viele Steine. Doch erst sein Sohn, der Archäologie studierte, erkannte rund 40 Jahre später die Bedeutung dieser Steine. Sie gehören zu einer mehr als 5000 Jahre alten steinzeitlichen Siedlung. Nach und nach fand man immer mehr Steine, die einst als Feldumrandungen aufgeschichtet wurden. Damals muss an dieser Stelle ein großes Dorf existiert haben, denn die Steinmauern verteilen sich auf einer Fläche von rund 1500 Hektar. Außer Steinmauern hat man auch Reste von Häusern und Megalith-Gräber gefunden, die unter dem Hochmoor die Jahrtausende überdauert haben.

Die steinzeitlichen Bewohner lebten anscheinend auf Einzelgehöften, die durch Mauern voneinander getrennt waren. Vermutlich bildeten sie eine gut organisierte Gemeinschaft von Ackerbauern und Viehhaltern, die das Land in Felder aufteilten und große Waldflächen rodeten.

Auch wenn noch lange nicht alles freigelegt wurde, ist Céide Fields schon jetzt das weltweit größte steinzeitliche Relikt. Wer vom Visitor Centre den Hang hinaufgeht, braucht allerdings schon viel Fantasie, um sich die Felder und die Siedlung vorzustellen; sehr hilfreich bei der Interpretation der Funde sind die guten Führungen, die vom Visitor Centre angeboten werden.

Nur wenige Schritte entfernt gibt es einen schönen Aussichtspunkt, von dem man große Teile der Steilküste überblickt.

Service & Tipps:

Céide Fields Visitor Centre
Ballycastle, Co. Mayo
✆ (096) 433 25

www.museumsofmayo.com
Tägl. Juni–Sept. 10–18, sonst 10–17 Uhr
Eintritt € 4/2, Familienticket € 10

**REGION 7
Nordwestirland**

Nordwestirland

Wildromantische Landschaften und Spuren längst vergangener Zeiten

In der Region Nordwestirland sind die aufgeführten Orte geografisch von Süd nach Nord sortiert.

Die Küsten Donegals zählen zu den wildesten und schönsten Landschaften Irlands. Kilometerlange Steilküsten, deren Höhepunkt die 600 Meter hohen Slieve League Klippen bilden, und als Kontrastprogramm ausgedehnte Sandstrände sorgen für einen abwechslungsreichen Urlaub. Die größten Städte Sligo, Donegal und Letterkenny lohnen zwar durchaus einen Besuch, doch wer den Nordwesten Irlands richtig kennenlernen möchte, muss sich die Zeit nehmen und an der teils stark zerklüfteten Küste entlangfahren. Dabei stößt man immer wieder auf vielfältige historische Spuren – Gräber aus der Stein- und Eisenzeit, Dolmen und frühchristliche Kreuze, Klöster und Forts erzählen von der langen Geschichte dieser Region.

❶ Sligo

»Road and Stone Walls«: Es ist eng auf den Straßen im County Donegal

Zwischen Lough Gill und der Sligo Bay gelegen, ist Sligo vor allem als Geburtsort des Dichters William Butler Yeats bekannt. Yeats verbrachte hier einen Teil seiner Jugend und kehrte auch

**REGION 7
Nordwestirland**

später immer wieder gern hierher zurück. Sein Grab befindet sich nördlich der Stadt am Berg Benbulben in **Drumcliff**.

In und um Sligo finden vor allem Yeats-Freunde viel Sehenswertes. Im **Yeats Memorial Building** treffen sich alljährlich Literaturwissenschaftler zur Summer School, außerdem werden in der Art Gallery wechselnde Ausstellungen in- und ausländischer Künstler gezeigt. Ganz in der Nähe steht eine Statue des Dichters. Auch im kleinen **County Museum** zeigt man Erinnerungsstücke von Yeats.

Im Kunstzentrum **The Model** werden Ausstellungen mit dem Schwerpunkt Moderne Kunst veranstaltet. Vom ältesten Gebäude der Stadt, der 1253 gegründeten Dominikanerabtei **Sligo Abbey**, sind nur noch Ruinen vorhanden.

Westlich von Sligo erhebt sich der **Knocknarea**, ein etwa 300 Meter hoher, markanter Kalksteinberg, der schon aus der Ferne durch seine abgerundete Form ins Auge fällt. In dem Grabhügel auf dem Gipfel soll die sagenhafte Königin Maeve von Connacht begraben liegen. Ob es stimmt, weiß man nicht, denn bis heute wurde der Grabhügel nicht geöffnet.

Service & Tipps:

ⓘ Sligo Tourist Office
Bank Building, O'Connell St.
Sligo, Co. Sligo
✆ (071) 916 12 01
www.discoverireland.ie

🏛🐾 The Model
The Mall, Sligo
✆ (071) 914 14 05
www.themodel.ie
Di–Sa 10–17.30, So 12–17 Uhr
Kunst- und Kulturzentrum in Sligo mit Ausstellungen zu moderner Kunst. Das Kunstmuseum der Stadt ist ebenfalls einbezogen, wie auch die Niland Collection, die ihren Schwerpunkt auf Künstler aus dem Nordwesten des Landes legt. U. a. sind Bilder von Jack Butler Yeats, Patrick Collins, Sean Mc Sweeney, Patrick Hall und Nick Miller ausgestellt. Außerdem Musikveranstaltungen, Kino und ein Kursprogramm.

🏛🐾 Yeats Memorial Building
Hyde Bridge, Sligo
✆ (071) 914 27 80
www.yeats-sligo.com
Tägl. 10–17 Uhr, Eintritt € 2
Sitz der Yeats-Gesellschaft, mit Yeats Foto- und Kunstausstellung. Café.

◉ Carrowmore Megalithic Cemetery
Carrowmore, Co. Sligo
✆ (071) 916 15 34
www.heritageireland.ie, Ostern–

Megalithanlage bei Carrowmore westlich von Sligo

Mitte Okt. tägl. 10–18 Uhr
Eintritt € 3/1, Familienticket € 8
Größte Grabanlage aus der
Steinzeit, die sich auf einer
Fläche von mehreren Quadrat-
kilometern ausbreitet. Bisher
haben die Archäologen mehr
als 60 Gräber gefunden, von
denen einige sogar rund 700
Jahre älter als Newgrange sind.

◉ **Sligo Abbey**
Abbey St., Sligo
✆ (071) 914 64 06
www.heritageireland.ie
April–Mitte Okt. tägl. 10–18,
Mitte Okt.–Ende Okt. Fr–So
9.30–16.30 Uhr
Eintritt € 3/1, Familienticket € 8

▯♫ **Furey's Bar**
Bridge St., Sligo
www.facebook.com/fureyspub
Traditionelles Pub im Herzen
der Stadt. Regelmäßig Livemusik.

▯ **The Strand Bar**
Strandhill, Co. Sligo
✆ (071) 916 81 40
www.thestrandbar.ie
8 km von Sligo entfernt liegt
Strandhill, der Ort, in dem
sich Irlands Surfer wohlfühlen.
Auch die Besitzer der Bar sind
Surffreaks und so treffen sich
hier die Wellenreiter gern nach
ihren Ausritten.
  Doch auch jeder andere
Gast fühlt sich in der gemütlichen Kneipe wohl. Wenn es
das Wetter hergibt, sitzt man
draußen auf stabilen Bänken in
der Sonne.

**REGION 7
Nordwestirland**

*Hauptsächlich
Makrelen, Heringe
und Thunfische
werden in der
Donegal Bay ge-
fangen*

❷ **Donegal**

Der Name Donegal bedeutet »Burg der Fremden« und geht auf die Wikinger zurück, die an der Bucht ein Fort errichteten. Die größte Sehenswürdigkeit des kleinen Ortes ist die **Ruine des Schlosses** aus dem 15. Jahrhundert mitten im Zentrum. Auch vom ehemaligen Franziskanerkloster **Donegal Abbey** an der Mündung des Flusses Eske existieren nur noch Ruinen. Im Kloster wurden um 1630 die »Annals of the four Masters«, eine umfassende Geschichte des irischen Volkes, verfasst. Auf dem dreieckigen Marktplatz von Donegal, dem *Diamond*, er- innert ein Obelisk an die Franziskanermönche, die das Ge- schichtswerk geschrieben haben.

Ausflugsziele:

Donegal eignet sich hervorragend für Ausflüge in die Um- gebung; spektakulär ist die Fahrt entlang der Nordküste der **Donegal Bay** bis nach Slieve League.
  Rund 20 Kilometer südlich lohnt einer der schönsten Sand- strände Irlands beim Ferienort **Rossnowlagh** einen Abstecher.
  Lough Derg im Landesinnern ist ein bekannter Wallfahrts- ort, denn der Heilige Patrick soll im Jahr 445 auf einer der In- seln im See gebetet haben. Heute ist Station Island mit seiner Basilika im Sommer ein bekanntes Pilgerzentrum. Auf Holy Island sind die Ruinen eines Klosters und eines Rundturms aus dem 7. Jahrhundert erhalten.

*Sandstrukturen:
Ebbebäumchen*

**REGION 7
Nordwestirland**

Service & Tipps:

ℹ️ **Tourist Office**
Quay St., Donegal
Co. Donegal
℡ (074) 972 11 48
www.discoverireland.ie

📷 **Donegal Castle**
Donegal
℡ (074) 972 24 05
www.heritageireland.ie
Ostern–Mitte Sept. tägl. 10–18,
sonst Do–Mo 9.30–16.30 Uhr
Eintritt € 4/2, Familienticket € 10
Mächtige Burg aus dem 15. Jh.,
im Innern sehenswert sind die
schweren französischen Wandteppiche.

🛍️☕ **Donegal Craft Village**
Donegal
℡ (074) 972 22 25
www.donegalcraftvillage.com
Mo–Sa 10–18, im Sommer auch
So 12–18 Uhr
Zusammenschluss von mehreren Kunsthandwerkern rund
2 km außerhalb von Donegal in
ländlicher Atmosphäre an der
Straße nach Ballyshannon und
Sligo. Außerdem gibt es ein
Café und Möglichkeiten zum
Picknicken.

❸ Glencolumbkille

Das kleine Dorf Glencolumbkille liegt in der Grafschaft Donegal am Ausgang eines lieblichen Tals, in dem die Zeit stehen geblieben zu sein scheint. Historisch interessant ist das Tal vor allem wegen seiner vorzeitlichen Monumente und frühchristlichen Spuren. Glencolumbkille bedeutet »Tal des heiligen Columba«. Der heilige Columba, im Jahr 561 in Donegal geboren, zählt zu den Nationalheiligen Irlands und soll dieses Tal geliebt haben. Ihm zu Ehren findet alljährlich am 9. Juni eine nächtliche Prozession statt, die sogenannte *Turas*. Sie

führt an 15 Stationen vorbei – darunter auch vorchristliche Ausgrabungsstätten – und endet um 3 Uhr nachts an der St. Columba Kirche. Manche Gläubige sind barfuss unterwegs.

Sehenswert in Glencolumbkille ist das **Folk Village Museum**, das in den 1950er Jahren von dem Priester James McDyer gegründet wurde und in dem das ländliche Leben Donegals dokumentiert wird. McDyer versuchte damals, den Menschen eine Alternative zur Abwanderung zu bieten, und ermutigte sie, Kunsthandwerk herzustellen und sich in Kooperativen zu organisieren. Im Museumsshop kann man schöne Arbeiten örtlicher Künstler erwerben.

Der 13 Kilometer lange Glencolumbkille-Rundweg bringt Wanderer zu schönen Aussichtspunkten an Klippen und Stränden und führt an historischen Denkmälern vorbei. Südöstlich von Glencolumbkille finden sich die berühmten Klippen von **Slieve League**, die zu den höchsten Felsklippen Europas zählen.

**REGION 7
Nordwestirland**

Service & Tipps:

🏛 **Father McDyer's Folk Village Museum**
Glencolumbkille
Co. Donegal
✆ (074) 973 00 17
www.glenfolkvillage.com
Ostern–Ende Sept. Mo–Sa 10–18, So 12–18 Uhr
Das Folk Village ist wie ein richtiges Dorf angelegt. Die Gebäude sind originalgetreue Nachbauten von Häusern aus der Region, ausgestattet mit Möbeln und Einrichtungsgegenständen aus der entsprechenden Periode. Das Museum wird ständig erweitert.

👁 **Slieve League**
Ausgangspunkt für einen Be-

*Slieve League –
Europas höchste
Felsklippen*

**REGION 7
Nordwestirland**

such der 600 Meter senkrecht ins Meer abfallenden Klippen ist der kleine Ort Carrick südöstlich von Glencolumbkille. Beim McGinley's Pub im Ort muss man der Straße in Richtung Bungas und Slieve League folgen. Nachdem man das Dorf Teelin passiert hat, fährt man auf einer schmalen Straße – vorbei am Carrigan Head – bis zum **Bunglass Point**, von dem man einen beeindruckenden Blick auf Slieve League genießt. Wer die Klippen lieber vom Wasser aus sehen möchte, kann in Teelin oder Killybegs eine Bootstour buchen.

Morgendämmerung in Letterkenny

❹ Letterkenny

Mit rund 18 000 Einwohnern ist Letterkenny, am Fluss Swilly gelegen, die größte Stadt der Grafschaft Donegal. Überragt wird der Ort von der Ende des 19. Jahrhunderts im neogotischen Stil erbauten **St. Eunan's Cathedral**. Letterkenny ist bekannt für das alljährlich im August stattfindende Musikfestival.

Rund fünf Kilometer außerhalb, an der Straße nach Churchill, befinden sich die etwa 400 Jahre alten Gebäude einer Flachs- und Getreidemühle. Die Ausstellungen im Innern der Mühle geben einen guten Einblick in die industrielle Entwicklung der Region. Eines der größten Wasserräder des Landes ist noch heute in Betrieb.

Er ragt wie ein echter Tausender aus der Landschaft: der 752 Meter hohe Mount Errigal im Glenveagh-Nationalpark ▷

Service & Tipps:

ℹ️ **Letterkenny Tourist Office**
Neill T. Blaney Rd.
Letterkenny, Co. Donegal
℡ (074) 912 11 60
www.discoverireland.ie

🏛️ **County Museum of Donegal/Músaem Condae Dhún na nGall**
High Rd.
Letterkenny, Co. Donegal
℡(074) 912 46 13
So geschl.
Eintritt frei
Das Provinzmuseum von Donegal liegt in einem Gebäude von 1843, das früher der Aufseher eines Arbeitshauses bewohnte. Die Ausstellung im Obergeschoss befasst sich mit der Regionalgeschichte von der Steinzeit bis in die heutigen Tage, im Erdgeschoss finden regelmäßig wechselnde Ausstellungen statt.

📷 **Newmills Corn and Flax Mills**
Churchill Rd.
Letterkenny, Co. Donegal
℡ (074) 912 51 15
www.heritageireland.ie
Mai–Sept. tägl. 10–18 Uhr
Eintritt frei
Flachs- und Getreidemühle mit Ausstellung.

❺ Glenveagh National Park

Im 1986 eingerichteten Glenveagh-Nationalpark lebt die größte Rotwildherde der Grafschaft Donegal. Naturliebhaber kommen vor allem wegen der rauen Berglandschaft, der schönen Seen, Täler und Wälder. Im Park liegen mit dem **Errigal** (752 m) und dem **Slieve Snaght** (683 m) die beiden höchsten Berge Donegals. Am Südufer des Lough Veagh befindet sich in einmalig schöner Lage das 1870 von John George Adair erbaute **Glenveagh Castle** mit vierstöckigem Bergfried und Rundturm. In den liebevoll gepflegten Gärten rund um die Burg wachsen viele exotische Pflanzen.

Service & Tipps:

Glenveagh Castle and Gardens
Sean O Gaoithin, Glenveagh National Park
Churchill, Co. Donegal
℡ (074) 913 70 90
www.glenveaghnationalpark.ie
Tägl. 9–18, Nov.–Feb. bis 17 Uhr, Eintritt € 5/2, Familienticket € 10
Der Nationalpark liegt 24 km nordwestlich von Letterkenny und ist über die Dörfer Kilmacrennan oder Churchill zu erreichen. Vom Besucherzentrum (mit Cafeteria) läuft man eine halbe Stunde zum Glenveagh Castle – oder man lässt sich mit dem Nationalparkbus fahren (Hin- und Rückfahrt € 3).
Das Castle wurde im 19. Jh. erbaut und ist eigentlich gar kein richtiges Schloss. Vielmehr ist es ein Herrenhaus, das mit ein paar Türmchen versehen wurde, um den viktorianischen Vorstellungen von einem romantischen Haus in den Bergen zu entsprechen. Aus diesem Grund hat der Bauherr auch den Stil des *Tower House* aus früheren Jahrhunderten imitiert. Im Innern bot Glenveagh Castle jeden Komfort der damaligen Zeit. Das Haus ist perfekt erhalten und ermöglicht den Besuchern einen guten Einblick in den Lebensstil des Geldadels des vorletzten Jahrhunderts.

Leo's Tavern
Meenaleek, Crolly
Co. Donegal
℡ (074) 954 81 43
www.leostavern.com
Mo–Fr 16–24, Sa 12–1, So 12–24 Uhr, Küche 17/13–20.30 Uhr
Westlich vom Glenveagh National Park und nicht weit von der N 56 findet man diesen berühmten Pub. Mit Livemusik.

REGION 7
Nordwestirland

Enyas Welt
Weder von außen noch von innen macht *Leo's Tavern* viel her und doch ist es einer der berühmtesten Pubs von ganz Donegal. Denn von hier stammt die Brennan-Familie, die jeder Fan irischer Musik unter dem Namen Clannad kennt. Mit ihren typisch irischen, teils mystischen Klängen sind sie seit ihrem ersten Album, das im Jahr 1973 herauskam, ein fester Teil der Musikszene. Noch bekannter ist allerdings Enya, eine Tochter des Brennan-Clans, die auch schon häufiger in Leo's Pub gespielt hat.

**REGION 7
Nordwestirland**

❻ Inishowen-Halbinsel

Die Inishowen Peninsula ist die größte Halbinsel Irlands und der **Malin Head** der nördlichste Punkt des Landes. Abseits der Küste findet man dünn besiedeltes Hügelland, die höchste Erhebung ist mit gut 600 Metern der **Slieve Snaght**. Die Fahrt am Meer entlang gestaltet sich wegen der wildromantischen Klippen und der eingestreuten Strände abwechslungsreich; in einigen kleinen Hafenorten leben viele Menschen noch vom Fischfang. Zahlreiche historische Monumente belegen, dass Inishowen schon immer von großer strategischer Bedeutung war.

Am Beginn der Halbinsel liegt mit dem **Grianán of Aileach** eine der Hauptsehenswürdigkeiten. Das Ringfort auf einem Hügel lässt sich bis in die Eisenzeit zurückverfolgen und soll einst der Sitz der Könige von Aileach gewesen sein. Heute besteht es aus konzentrischen Wällen mit rund 23 Meter Durchmesser, die im 19. Jahrhundert rekonstruiert worden sind.

Banba's Crown auf der Inishowen-Halbinsel: Schroff, wild und einsam ist die Landschaft am nördlichsten Punkt des irischen Festlands

Umrundet man die Halbinsel ausgehend vom Ringfort im Uhrzeigersinn, kommt man als Erstes nach **Buncrana**, das wegen des langen Sandstrandes und zweier Burgen einen Stopp lohnt. Bei **Dunree Head** bewacht ein Fort aus dem späten 18. Jahrhundert die Küste des Lough Swilly. Bevor man den lohnenden Abstecher zum nördlichsten Punkt macht, sollte

Der ideale Platz für ein Picknick: Sandstrand auf Inishowen Peninsula

man noch einen Blick auf das **Carndonagh Kreuz** aus dem 7. Jahrhundert werfen. Im Nordosten der Halbinsel, an der schmalsten Stelle zwischen Lough Foyle und dem Atlantik, befindet sich der Fischer- und Ferienort **Greencastle**.

**REGION 7
Nordwestirland**

Zutraulich: Esel auf der Halbinsel Inishowen

Service & Tipps:

Grianán of Aileach
Inishowen
Co. Donegal
(074) 912 11 60
www.discoverireland.ie
Eindrucksvolles Ringfort 10 km westlich von Derry. Das Fort wurde im 5. Jh. v. Chr. (vermutlich) als Tempel errichtet und liegt auf einer 244 m hohen Anhöhe.
 Die Steinmauern sind 5 m hoch und 4 m dick, die kreisrunde Anlage hat einen Durchmesser von etwa 23 m. Nachdem das Fort im 12. Jh. von den Normannen zerstört worden war, geriet es in Vergessenheit; erst 1833 wurde die Anlage wiederentdeckt und 1878 in der Ursprungsform wiederaufgebaut.

Greencastle Maritime Museum & Planetarium
Old Coast Guard Station
Greencastle, Co. Donegal
(074) 938 13 63
www.inishowenmaritime.com
Ostern–Okt. Mo–Sa 10–18, So 12–18, sonst Mo–Fr 9.15–17.30 Uhr
Eintritt Museum € 5/3, Museum und Planetarium € 10/6, Familienrabatt möglich
Große Ausstellungen zu maritimen Themen.

Kealys Seafood Bar
The Harbour
Greencastle, Co. Donegal
(074) 938 10 10
www.kealysseafoodbar.ie
Mi–So 12.30–23.30 Uhr
Sehr gutes Fischrestaurant, in dem irische Küche mit internationalem Einschlag geboten wird. €€

REGION 8
Nordirland

Nordirland

Imposante Steilküsten, weite Strände, glasklare Seen und Aufbruchstimmung

Die Antrim Coast wie hier an der Whitepark Bay westlich von Ballintoy zählt zu den Natursehenswürdigkeiten Nordirlands

Bis vor Kurzem mieden die meisten Touristen Nordirland – und das aus gutem Grund: Die bürgerkriegsähnlichen Unruhen machten es zu einem gefährlichen Reiseziel. Das hat sich inzwischen geändert, und das ganze Land kann gefahrlos besucht werden. Seit 1998 das Karfreitagsabkommen zwischen den irischen Streitparteien sowie Großbritannien und Irland geschlossen wurde, hat sich die Lage merklich entspannt.

Auch Belfast findet langsam zum normalen Leben zurück und lockt Besucher mit Kneipen und Einkaufsmöglichkeiten. Noch merkt man der Stadt ein wenig die Jahrzehnte des Stillstands an, doch der Aufschwung ist greifbar und auch das Nachtleben hat Fahrt aufgenom-

REGION 8
Nordirland

Eine der größten mittelalterlichen Burgruinen Irlands: Dunluce Castle an der Causeway Coastal Road

men – das Feiern hatten die Nordiren ohnehin auch in Krisenzeiten nie verlernt. Und: Selbst während der Unruhen blieb die nordirische Gastfreundschaft legendär.

Vor allem ist es aber die Natur, die Reisende ins Land lockt – die Causeway Coastal Road führt zu den größten Natursehenswürdigkeiten: weite Sandstrände, wilde Steilküsten und die Basaltfelsen des Giant's Causeway. Die sind etwas so Besonderes, dass sie von der UNESCO zum Weltnaturerbe erklärt wurden. Im Landesinnern locken kleinere und größere Seen – Angler sollten ihre Ausrüstung bei einer Fahrt in den Norden Irlands nicht vergessen!

Zudem ist Nordirland auch eine geschichtsträchtige Region. Die neuere, leidvolle Vergangenheit lässt sich auf den *Wall Murals*, den Wandgemälden, in Westbelfast oder Derry nacherleben, Einblicke in die ältere Geschichte erhält man durch Herrenhäuser wie Castle Coole bei Enniskillen oder Burgen wie Carrickfergus Castle. Nicht alle Burgen sind so gut erhalten wie die Letztgenannte, doch das macht sie nicht minder besuchenswert – so zählen die malerisch an der Steilküste gelegenen Ruinen von Dunluce Castle sicher zu den romantischsten Orten des Landes.

Blick von der Stadtmauer zur St. Columb's Cathedral von Derry

In Gedenken an Che Guevara: »Murals« ...

❶ Derry

»Derry« oder »Londonderry«, wie die Stadt am Fluss Foyle auch heißt, ist heute mit 100 000 Einwohnern die zweitgrößte Stadt Nordirlands. Sie geht auf eine Klostergründung im 6. Jahrhundert zurück. Zur Zeit der Gründung hieß der Ort noch Doire, was im Irischen »Eichenhain« bedeutet, später wurde der Name zu »Derry« anglisiert. Im 17. Jahrhundert haben protestantische Siedler dann den Stadtnamen in »Londonderry« geändert, doch viele fanden dies unlogisch und blieben bei Derry.

Während des Nordirlandkonflikts geriet der Stadtname zum Politikum, denn die englandtreuen Unionisten, meist Protestanten, bestanden darauf, die Stadt »Londonderry« zu nennen, für die nationalistischen, irischstämmigen, meist katholischen Bewohner musste es »Derry« heißen. 2003 beschloss der Stadtrat schließlich die Umbenennung in »Derry«, doch bis heute hat die britische Queen diese Änderung nicht bestätigt.

Die größte Sehenswürdigkeit von Derry und einzigartig in Irland ist die **Stadtmauer** von 1618, die noch vollständig erhalten ist und die gesamte Altstadt umschließt. Ein rund eineinhalb Kilometer langer Spaziergang auf der Mauer führt um die gesamte Altstadt herum und verdeutlicht dem Besucher die ursprüngliche Stadtanlage im Stil der Renaissance.

Innerhalb der Mauern befindet sich die protestantische **St. Columb's Cathedral**, die im 17. Jahrhundert erbaut und im 19. Jahrhundert viktorianisch-neugotisch umgestaltet wurde. Sie ist das älteste Gebäude der Stadt und die erste Kathedrale, die auf den britischen Inseln nach der Reformation erbaut wurde.

Ebenfalls innerhalb der Stadtmauern befindet sich das 2006 eröffnete und mehrfach ausgezeichnete **Tower Museum**, das die Stadtgeschichte dokumentiert und im Obergeschoss eine Ausstellung über die spanische Armada zeigt sowie auch ein vor der Küste gesunkenes Schiff derselben ausstellt.

**REGION 8
Nordirland**

Service & Tipps:

City of Derry Airport
(028) 71 81 07 84
www.cityofderryairport.com
Regionalflughafen mit Verbindungen nach Birmingham, Glasgow, Prestwick, Liverpool und London. Auch Ferienflieger nach Spanien und Portugal starten hier.

Tourist Information Centre
44 Foyle St.
Derry, Co. Derry, BT48 6AT
(028) 71 26 72 84
www.derryvisitor.com
Mo–Fr 9–17, Sa 10–17, März–Okt. auch So 10–16 Uhr

The Amelia Earhart Centre
Ballyarnett Country Park, Derry
(028) 71 35 40 40
www.derrytourist.com
Mo–Do 10–14, Fr 10–13 Uhr
Eintritt frei
Dieses kleine Museum ist der Luftfahrtpionierin Amelia Earhart gewidmet, die hier nach ihrem Alleinflug über den Atlantik am 21. Mai 1932 gelandet ist.

Museum of Free Derry
55 Glenfada Park, Derry
(028) 71 36 08 80
www.museumoffreederry.org
Mo–Fr 9.30–16.30, April–Sept. auch Sa 13–16, Juli–Sept. auch So 13–16 Uhr
Eintritt £ 3/2
Aus Sicht der Katholiken zeigt das Museum die »Zeit der Unruhen«, wie der bis 1998 schwelende Konflikt zwischen Republikanern und Unionisten im Land genannt wird. Hauptaugenmerk liegt auf dem »Blutigen Sonntag« von 1972, an dem 14 Menschen von der britischen Armee getötet wurden. Ein Anbau wird die Ausstellung in den nächsten Jahren erweitern.

Tower Museum
Union Hall Place, Derry
(028) 71 37 24 11
www.derrycity.gov.uk/museums
Di–Sa 10–17 Uhr, Juli–Sept. teilweise länger
Eintritt £ 4/2
Das Museum zeigt zwei Dauerausstellungen: »The Story of Derry« ist der Stadtgeschichte gewidmet, »An Armada Shipwreck – La Trinidad Valencera« erzählt die Geschichte eines der größten Schiffe der Spanischen Armada, das 1588 vor der Küste Donegals gesunken ist. Vom Dachgeschoss aus genießt man einen schönen Blick über die Stadt.

St. Columb's Cathedral
London St., Derry
(028) 71 26 73 13
www.stcolumbscathedral.org
Mo–Sa 9–17 Uhr
Eintritt £ 2/1.50
Die 1633 fertiggestellte und dem heiligen Columba geweihte Kathedrale birgt viele Zeugnisse der Stadtgeschichte wie z. B. Steinmetzarbeiten,

... in Derry Bogside

**REGION 8
Nordirland**

Marmordenkmäler und Buntglasfenster.

◉ **The Guildhall**
Guildhall Sq., Derry
℡ (028) 71 37 73 35
www.derryvisitor.com
Tägl. 10–17.30 Uhr, Eintritt frei
Die 1887 im neugotischen Stil aus rotem Sandstein erbaute Gildehalle befindet sich zwischen Altstadt und Fluss. Neben der schönen Fassade sind im Innern die Buntglasfenster mit Motiven der Stadtgeschichte sehenswert. 1972 wurde das Gebäude durch mehrere Bomben schwer beschädigt, bis 1978 jedoch wieder instand gesetzt.

◉ **The People's Gallery**
Die meisten der sogenannten *Murals* findet man im überwiegend katholischen Stadtteil Bogside – vor allem in der Gegend um die Bond Street und die Rossville Street. Die »Wandgemälde« thematisieren vor allem den »Bloody Sunday« von 1972, die Bürgerrechtsbewegung und Ereignisse aus der Zeit der »Troubles«.

✗ **Satchmos Restaurant**
Prehen Rd., Derry
℡ (028) 71 32 10 66

www.hastingshotels.com
Tägl. 18.30–21.30, So auch Brunch 12.30–15 Uhr
Das Restaurant befindet sich im Vier-Sterne-Hotel Everglades. Im eleganten Speisesaal wird eines der besten kulinarischen Erlebnisse serviert, die Derry zu bieten hat. £££

✗ **Browns Restaurant**
1 Bond's Hill, Waterside, Derry
℡ (028) 714 51 80
www.brownsrestaurant.com
Mo geschl.
Hier stimmt alles. Optimaler Service und ein Essen, wie man es sonst in Nordirland kaum findet. Etwas außerhalb des Zentrums gelegen, doch der Umweg lohnt. Tipp: Das dreigängige *Early Bird Meal* kostet zwischen 18 und 19.30 Uhr (Sa nur bis 19 Uhr) nur £ 18. ££

✗☕♪ **Café del Mondo**
The Craft Village, Shipquay St. Derry
℡ (028) 71 36 68 77
www.cafedelmondo.org
Tagsüber Kaffeehaus, abends Restaurant. Es werden hauptsächlich Fair-Trade-Produkte verwendet. Häufig Kulturveranstaltungen. Das Café del Mondo arbeitet auf gemeinnütziger Basis, Gewinne werden in soziale Projekte gesteckt. £

🍺♪ **Peadar O'Donnell`s Bar/ The Gweedore Bar**
59–63 Waterloo St., Derry
℡ (028) 71 26 72 95
www.peaders-gweedorebar.com
Mo–Sa 11.30–1, So ab 12 Uhr
Zwei typisch irische Kneipen, die nebeneinander liegen. Abends Livemusik.

🍺♪ **Sandinos Café Bar**
Water St., Derry
℡ (028) 71 30 92 97
www.sandinos.com
Mo–Sa 11.30–1, So 13–24 Uhr

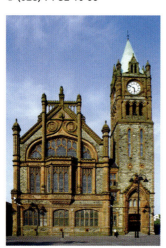

»In the Heart of the City«: die neugotische Guildhall in Derry

Derry-Impression

Kneipe der Studenten, Künstler und Intellektuellen. Häufig Livemusik.

Austin Departement Store
The Diamond, Derry
✆ (028) 71 26 18 17
www.austinstore.com
Mo–Sa 9.30–17.30, Fr bis 20, So 13–17 Uhr
Um 1830 eröffnet und damit das älteste Kaufhaus der Welt, das sich im Familienbesitz befindet – älter als Harrods in London. Die Auswahl ist allerdings eher beschränkt, das Interieur erinnert auf sympathische Weise an eine Kaufhalle aus den 1970ern. Unbedingt besuchen: das Restaurant im Obergeschoss. Von hier hat man einen weiten Blick über die Stadt.

City of Derry Crystal
22 The Craft Village
Shipquay St., Derry
✆ (028) 71 37 00 42
www.derry-crystal.com
Mo–Sa 10–17.30 Uhr
Traditionelle Glaskunst aus Derry und der Region.

The Irish Shop
12 The Craft Village, Shipquay St., Derry
✆ (028) 71 26 90 33
Mo–Sa 9.30–17.30 Uhr

Innerhalb der Stadtmauern und des Craft Village gelegen, kann man in diesem Geschäft von Keramik bis zu Pullovern jede Menge Souvenirs erstehen.

Cowley Cooper Fine Art
15–17 Shipquay St., Derry
✆ (028) 71 36 60 11
www.cowleycooperfineart.com
Mo–Sa 10–17 Uhr
Die Galerie stellt rund 150 Gemälde zeitgenössischer Künstler aus.

Anfang Mai spielt die Musik in Derry, beim **City of Derry Jazz & Big Band Festival**. Mit dem Musikstil sieht man es dabei nicht ganz so eng: Es treten national bekannte Künstler fast aller Musikrichtungen auf. Eröffnet wird das Festival in der Regel mit dem Konzert eines Weltstars (www.cityofderryjazzfestival.com).

Das **Foyle Film Festival** ist ein internationales Filmfestival Ende Nov./Anfang Dez. (www.foylefilmfestival.org).

Das **Maiden City Festival** bietet Schauspiel, Musik und Tanz. Beim Stadtfest im August wird eine Woche gefeiert (www.maidencityfestival.com).

**REGION 8
Nordirland**

❷ Enniskillen

Am Ortseingang begrüßt das fast 600 Jahre alte **Enniskillen Castle** Besucher der Stadt am River Erne. Einst bewachte die Burg die Grenze von Ulster, später beherbergte sie einen englischen Militärstützpunkt und heute sind hier zwei Museen untergebracht. Zum einen das **Inniskillings Museum**, das sich hauptsächlich mit der Geschichte des Regiments der »Royal Inniskilling Fusiliers« auseinandersetzt und dementsprechend vor allem Uniformen, Orden, Waffen und Ähnliches zeigt, und zum anderen das **Provinzmuseum von Fermanagh**, das der Geschichte, Archäologie und Natur der Provinz gewidmet ist.

Enniskillen ist eine ansprechende Kleinstadt, die einen kurzen Stopp lohnt, obwohl sie außer der Burg keine größeren Sehenswürdigkeiten aufzuweisen hat. Einige Kilometer außerhalb liegt das **Castle Coole**, erbaut im späten 18. Jahrhundert. Es ist eines der besterhaltenen irischen Herrschaftshäuser. Wer das Haus nicht besichtigen will, sollte sich zumindest einen Rundgang durch den weitläufigen Park gönnen.

Ausflug nach Devenish Island:

Mehrmals täglich fahren Ausflugsboote von Enniskillen nach Devenish Island, der größten der fast 200 Inseln im Lower Lough Erne. Der heilige Molaise gründete hier im 6. Jahrhundert ein Kloster, das in späteren Jahrhunderten immer wieder von Wikingern angegriffen wurde. Trotzdem sind von der Klosteranlage viele Überreste erhalten. Besonders beeindruckend ist der Rundturm, dessen fünf Stockwerke über Leitern zugänglich sind. Weiterhin sehenswert sind unter anderem die Reste einer Augustinerabtei, die St. Molaise's Church aus dem 13. Jahrhundert und ein reich verziertes Hochkreuz. Abgesehen von all dem lohnt der Ausflug zur Insel allein schon wegen der schönen Landschaft.

Festung am River Erne: Enniskillen Castle

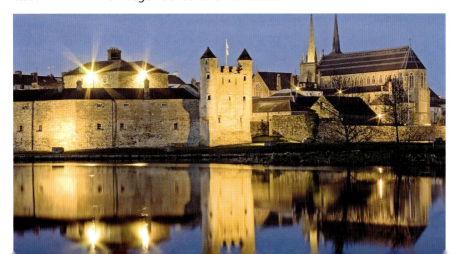

Service & Tipps:

ℹ Fermanagh Tourist Information Centre
Wellington Rd., Enniskillen
Co. Fermanagh, BT74 7EF
✆ (028) 66 32 31 10
www.fermanaghlakelands.com
Mo–Fr 9–17.30, Juli/Aug. bis 19, Ostern–Sept. auch Sa 10–18 und So 11–17 Uhr

⛫ Castle Coole
Enniskillen, Co. Fermanagh
✆ (028) 66 32 26 90
www.nationaltrust.org.uk
Park tägl. Nov.–Feb. 10–16, März–Okt. 10–19 Uhr; Herrenhaus Mitte März–Mai, Sept. Sa/So 11–17, Osterwoche, Juni–Aug. tägl. 11–17 Uhr, letzter Einlass 1 Stunde vor Schließung
Eintritt Park £ 2/1, Familienticket £ 5, Haus £ 5/2, Familienticket £ 12
Herrschaftshaus aus dem späten 18. Jh., umgeben von einem riesigen Park.

⛫ 🏛 Enniskillen Castle Museums
Castle Barracks
Enniskillen, Co. Fermanagh
✆ (028) 66 32 50 00
www.enniskillencastle.co.uk, inniskillingsmuseum.com
Mo 14–17, Di–Fr 10–17, April–Okt. auch Sa 14–17, Juli/Aug. auch So 14–17 Uhr
Eintritt £ 4/3, Familienticket £ 11
In der Burg sind zwei Museen untergebracht – das Provinzmuseum von Fermanagh und das Inniskillings Museum, das sich mit den »Royal Inniskilling Fusiliers« auseinandersetzt.

⛫ 🌳 Florence Court
Südwestlich von Enniskillen abseits der Straße A 32, Co. Fermanagh
✆ (028) 66 34 82 49
www.nationaltrust.org.uk
Tägl. 11–17, Park schon ab 10 Uhr, Eintritt £ 5/2

Ehemaliges Herrschaftshaus des Earl of Enniskillen aus dem 18. Jh. mit aufwendigen Rokokostuckaturen. Der Park bietet sich für ausgedehnte Spaziergänge an.

🍺 The Linen Hall
11–13 Townhall St.
Enniskillen, Co. Fermanagh
✆ (028) 66 34 09 10
Traditioneller irischer Pub. Seinen Namen hat er aus der Zeit, als die Leinenindustrie in der Region zu den wichtigsten Arbeitgebern gehörte. £

🛍 🛒 Buttermarket Craft & Design Courtyard
Down St.
Enniskillen, Co. Fermanagh
✆ (028) 66 32 44 99
Tägl. 10–17 Uhr
Auf dem Gelände des ehemaligen Buttermarktes im Zentrum der Stadt haben sich Galerien und Kunsthandwerker niedergelassen. U. a. werden Töpferwaren, Schmuck, Kleider und Keramik verkauft. Zudem gibt es ein Café und einen Souvenirladen.

🎭 Das Fest Happy Days – Enniskillen International Beckett Festival findet immer Ende August statt und ist dem Literaturnobelpreisträger Samuel Beckett gewidmet (www.happy-days-enniskillen.com).

REGION 8
Nordirland

Klostergründung aus dem 6. Jahrhundert: der begehbare »Round Tower« der Devenish Island Abbey

Im Park von Florence Court südwestlich von Enniskillen

REGION 8
Nordirland

Der Ulster American Folk Park bei Omagh dokumentiert die irische Emigration in die USA

❸ Sperrin Mountains mit Cookstown, Omagh und Strabane

Die einsame Bergregion der **Sperrin Mountains** ist ein beliebtes Wandergebiet. Und für all jene, die lieber mit dem Auto unterwegs sind, wurden in der Region vier *Scenic Drives* von je knapp 100 Kilometern Länge angelegt.

Der höchste Punkt der von Mooren und Heidelandschaft geprägten Sperrin Mountains ist der **Sawel Mountain** (678 m). Mehrere lohnende Wege bieten sich dem Wanderer im gut 1500 Hektar großen **Gortin Glen Forest Park** nördlich von Omagh. Schöne Blicke auf die kargen Berge eröffnen sich auch bei dem etwa einstündigen Spaziergang um den kleinen **Lough Fea** zwischen Cookstown und Draperstown.

Als Ausgangspunkt für eine Erkundung der Sperrin Mountains sind sowohl Strabane als auch Omagh und Cookstown gut geeignet. Im an der nordirischen Grenze gelegenen **Strabane** ist man nicht nur auf die Lage des Ortes, sondern auch auf die Kunstgalerien und die große, moderne Skulptur mit dem Namen »Let The Dance Begin« stolz.

Das 22 000 Einwohner zählende **Omagh** wird von vielen Gästen wegen des nördlich der Stadt liegenden **Ulster American Folk Parks** besucht. Das Freilichtmuseum dokumentiert die Geschichte der irischen Emigration in die USA. Der irische Einfluss auf die amerikanische Geschichte ist kaum zu unterschätzen – unter anderem stammten allein fünf Unterzeichner der amerikanischen Unabhängigkeitserklärung aus Ulster und viele bedeutende amerikanische Politiker, wie z. B. auch John F. Kennedy, hatten irische

Wurzeln. Beliebt ist die Region um Omagh auch bei Anglern, die in den Flüssen Drumragh und Camowen vor allem Lachse fangen.

Außer dem Ausblick auf die Sperrin Mountains hat **Cookstown** dem Touristen nur wenig zu bieten, dafür ist die Stadt ein hervorragender Ausgangspunkt, um in der Umgebung die Fundorte aus der frühen irischen Geschichte zu besuchen.

14 Kilometer nordwestlich von Cookstown findet man in einem Moorgebiet am Fuße der Sperrin Mountains die **Steinkreise von Beaghmore**. Auch wenn sie auf den ersten Blick nicht unbedingt imposant aussehen, zählen sie doch zu den wichtigsten archäologischen Funden in Ulster. Die meisten Steine der sieben Kreise sind nicht einmal einen Meter hoch, selbst der größte bringt es nur auf 120 Zentimeter. Äußerst ungewöhnlich ist, dass einer der Kreise im Innern mit mehreren Hundert Steinen, den sogenannten Drachenzähnen, vollständig ausgelegt ist.

Entstanden sind die Monumente zwischen 2000 und 1200 v. Chr., wurden jedoch erst vor rund 50 Jahren von Torfstechern entdeckt. Ihre genaue Bedeutung ist bis heute unbekannt, man hat aber herausgefunden, dass ihre Anordnung mit der

**REGION 8
Nordirland**

Von Torfstechern entdeckt: die Steinkreise von Beaghmore

**REGION 8
Nordirland**

Sommersonnenwende sowie dem Lauf des Mondes und der Sonne in Verbindung gebracht werden kann. Ob es sich um einen überdimensionalen Sternenkalender oder doch einen Zeremonienplatz gehandelt hat, wird man womöglich nie mit Sicherheit wissen.

Einen Blick in die jüngere Industriegeschichte ermöglicht ein Besuch der **Wellbrook Beetling Mill** sieben Kilometer westlich von Cookstown. Die Provinz Ulster wurde im 17. und 18. Jahrhundert zu einem Zentrum der Tuchherstellung, nachdem sich französische Hugenotten hier niedergelassen und ihr Wissen mitgebracht hatten. In der letzten noch arbeitenden Wassermühle Nordirlands von 1768 kann man zuschauen, wie früher Leinen hergestellt wurde. Nach dem Besuch der Mühle bieten sich ein erholsamer Spaziergang und ein Picknick rund um den Ballinderry Fluss an.

Service & Tipps:

Sperrins Tourism
30 High St.
Moneymore
Co. Derry, BT45 7PD
℡ (028) 86 74 77 00
www.sperrinstourism.com

Tourist Information Centre Strabane
The Alley Arts & Conference Centre
1a Railway St., Strabane, Co. Tyrone, BT82 8EF
℡ (028) 71 38 44 44
www.strabanedc.com
Mo–Sa 10–17 Uhr

Tourist Information Omagh
Strule Arts Centre
Townhall Sq.
Omagh, Co. Tyrone, BT78 1BL
℡ (028) 82 24 78 31
www.struleartscentre.co.uk
www.flavouroftyrone.com
Mo–Sa 10–17.30 Uhr

Tourist Information Cookstown
Burn Rd., Cookstown
Co. Tyrone, BT80 8DN
℡ (028) 86 76 99 49
www.cookstown.gov.uk
Mo–Sa 9–17, Juli/Aug. auch So 14–16 Uhr

Ulster American Folk Park
2 Mellon Rd., Castletown
Omagh, Co. Tyrone
℡ (028) 82 24 32 92
www.nmni.com
März–Sept. tägl. außer Mo 10–17, Okt.–Feb. Di–Fr 10–16, Sa/So 11–16 Uhr, letzter Einlass jeweils 30 Minuten vor Schließung, Eintritt £ 8.50/5, Familienticket £ 23
Freilichtmuseum, in dem die Geschichte der irischen Emigration in die USA dokumentiert wird.

Wellbrook Beetling Mill
20 Wellbrook Rd., Corkill
Cookstown, Co. Tyrone
℡ (028) 86 75 17 35
www.nationaltrust.org.uk
Mitte März–Sept. Sa/So 14–17, Juli/Aug. auch Do/Fr 14–17, Osterwoche tägl. 14–17 Uhr
Eintritt £ 4/2, Familienticket £ 10
Besucher bekommen einen guten Eindruck von den Bedingungen, unter denen in der Wassermühle von 1768 früher gearbeitet wurde, z. B. von dem Lärm, denn damit der Stoff einen schönen Glanz bekommt, muss er mit kräftigen Hammerschlägen traktiert werden.

Pflanzen zum Heizen? Getrockneter Torf dient seit Tausenden von Jahren als Heizmaterial

**REGION 8
Nordirland**

Fischer am Lough Neagh, dem größten Süßwassersee der irischen Insel (County Armagh)

❹ Lough Neagh

Mit einer Fläche von mehr als 300 Quadratkilometern ist Lough Neagh (»nai« ausgesprochen) der größte See der Britischen Inseln. Rund 30 Kilometer lang und 15 Kilometer breit bietet der relativ flache See zahlreichen Arten von Wasservögeln und Fischen einen Lebensraum.

Glaubt man der Legende, dann wurde Lough Neagh von dem irischen Riesen Finn McCool geschaffen. Als ein schottischer Rivale über den Giant's Causeway floh, warf er ihm ein großes Stück Land hinterher. Er verfehlte den Schotten und der riesige Klumpen landete in der Irischen See, wodurch die Isle of Man entstand. Inmitten Nordirlands blieb ein großes Loch zurück, das sich mit Wasser füllte.

Für Ornithologen ganz besonders interessant ist Lough Neagh während der kalten Jahreszeit, wenn hier mehr als 100 000 Wasservögel überwintern. Vor allem die große Population an Singschwänen, die von Island herüberkommt, sorgt für spektakuläre Bilder. Im See lebt auch eine der größten wilden Aalpopulationen Europas, was den Fischern einen jährlichen Fang von rund 650 Tonnen beschert. Die Edelfische aus dem See schwimmen rund 6000 Kilometer bis zur Sargasso See, um dort zu laichen. Die neue Generation der Jungfische macht sich dann mithilfe des Golfstroms auf den Rückweg und gelangt durch den Fluss Bann wieder zum Lough Neagh.

National Nature Reserve an der Südküste von Lough Neagh: Oxford Island

Am Westufer des Sees liegen die spärlichen Überreste eines frühchristlichen Klosters. Sehenswert ist hier nur noch das **Ardboe Cross**, ein Hochkreuz aus dem 10. Jahrhundert, das allerdings zur Seeseite hin recht stark verwittert ist. Deshalb hat man etwas Mühe, die 22 Bildtafeln auf dem Kreuz zu identifizieren. Auf der Seite zur Straße sind Szenen aus dem Neuen Testament, auf der Seite zum See Szenen aus dem Alten Testament zu erken-

**REGION 8
Nordirland**

»Birdwatching« am Lough Neagh

nen. Selbst auf den schmalen Seiten des Hochkreuzes sind Darstellungen auszumachen.

Am Nordostufer des Lough Neagh und zugleich am Fluss Sixmilewater liegt die Stadt **Antrim** mit rund 20 000 Einwohnern. Der Hauptort der gleichnamigen Grafschaft hat abgesehen vom Courthouse von 1762, dem Barbican Gate von 1818 und den Resten der alten Burgmauer ein modernes und gesichtsloses Zentrum. Im Steeple Park ist noch ein Rundturm erhalten geblieben. Das Castle von Antrim, 1610 erbaut, ist 1922 durch ein Feuer vollkommen zerstört worden. Zu bewundern sind hingegen noch die Antrim Castle Gardens aus dem 17. Jahrhundert, die immerhin von André Le Nôtre angelegt wurden, der in Versailles zu Höchstform aufgelaufen ist.

Das Naturschutzgebiet **Oxford Island** findet man am Südufer des Sees. Vom Parkplatz sind es nur wenige Schritte zum Discovery Centre in einem Schilfteich, wo man sich mit Informationsmaterial versorgen kann, bevor man das Gebiet auf Wanderwegen, die vor allem über Wildblumenwiesen und entlang der Schilfzone führen, durchstreift.

Nicht weit entfernt von Oxford Island bietet der **Peatlands Park** die Möglichkeit, auf Spaziergängen die ganz spezielle Flora und Fauna eines Moores kennenzulernen. Im Park fährt eine Minibahn und man kann beim Torfstechen zuschauen.

Mit dem **Loughshore Trail** führt überwiegend auf Nebenstraßen eine 180 Kilometer lange Radwanderroute um den See.

Service & Tipps:

ℹ️ **Lough Neagh Partnership**
Unit 3, The Marina Centre,
135a Shore Rd.
Ballyronan, Magherafelt
Co. Derry, BT45 6JA
✆ (028) 79 41 79 41
www.discoverloughneagh.com

ℹ️ **Lough Neagh Discovery Centre**
Oxford Island National Nature Reserve
Annaloiste Rd.
Craigavon
Co. Armagh, BT66 6NJ
✆ (028) 38 32 22 05
www.oxfordisland.com
Mo–Fr 9–17, Sa/So 10–17, Ostern–Sept. So bis 18 Uhr
Eintritt frei
Informationsmaterial und eine kleine Ausstellung über die verschiedenen Biotope des Sees.
Hier beginnen Wanderwege durch das Naturschutzgebiet.

ℹ️ **Visitor Centre Peatlands Park**
33 Derryhubbert Rd., Dungannon, Co. Armagh, BT71 6NW
✆ (028) 38 85 11 02
www.peatlandsni.gov.uk
April/Mai und Okt. Sa/So 13–17,
Juni–Sept. tägl. 10–17 Uhr
Mit kleiner naturkundlicher Ausstellung.
Jedes Jahr am 4. So im Juli finden im Rahmen des **International Bog Day** im Peatlands Park die Meisterschaften im Moorschnorcheln statt.

Loughshore Trail
www.loughshoretrail.com
Den genauen Verlauf der Radwanderroute um den Lough Neagh findet man auf der Website.

❺ Armagh

Armagh gilt als eine der ältesten Städte Irlands. Im Jahr 445 hat der heilige Patrick auf einem Hügel seine erste steinerne Kirche errichten lassen. Heute thronen weithin sichtbar zwei mächtige Kirchen über der Stadt, die gewaltige katholische Kathedrale im neugotischen Stil und die etwas kleinere protestantische Kirche, die noch aus dem Mittelalter stammt.

Sowohl das **Armagh County Museum** als auch das **St. Patrick's Trian** dokumentieren die örtliche Geschichte und zeichnen das Leben des heiligen Patrick nach. Der **Armagh City Public Art Trail** führt im Stadtzentrum zu verschiedenen Skulpturen. Eine Broschüre, die die Kunstwerke entlang des Spazierwegs beschreibt, ist bei der Touristeninformation erhältlich.

REGION 8
Nordirland

Portal der St. Patrick's Cathedral (Church of Ireland) in Armagh

Service & Tipps:

ℹ **Tourist Information Centre**
40 Upper English St., Armagh, Co. Armagh, BT61 7BA
✆ (028) 37 52 18 00
www.armagh.co.uk
www.visitarmagh.com

🏛 **Armagh County Museum**
The Mall East, Armagh
✆ (028) 37 52 30 70
www.nmni.com
Mo–Fr 10–17, Sa 10–13 und 14–17 Uhr, Eintritt frei
Sammlungen zur Lokalgeschichte.

🏛 **Navan Centre & Fort**
81 Killylea Rd., Armagh
✆ (028) 37 52 96 44
www.armagh.gov.uk
Tägl. 10–16, April–Sept. bis 19, letzter Einlass 15 bzw. 17.30 Uhr
Freilichtmuseum, in dem man u. a. eine Steinzeitsiedlung besuchen kann.

🏛 **Saint Patrick's Trian Visitor Complex**
40 English St., Armagh
✆ (028) 37 52 18 01
Mo–Sa 10–17, So 14–17 Uhr
Eintritt £ 4.75/3
Ausstellungen zur Geschichte der Stadt, zum Leben des heiligen Patrick sowie zu Gulliver's Reisen und dem »Land of Lilliput«. Außerdem gehören 2 Kunstgalerien zu dem Komplex.

Armagh Planetarium
College Hill, Armagh
✆ (028) 37 52 36 89
www.armaghplanet.com
Juli/Aug. tägl. 10–17 Uhr, Shows 11–16 Uhr jeweils zur vollen Stunde, Eintritt £ 4.75/3
Planetarium und Weltraumausstellung.

St. Patrick's Cathedral (Catholic)
Cathedral Rd., Armagh
✆ (028) 37 52 20 45
www.armagharchdiocese.org
Eintritt frei
1840 wurde der Grundstein zu der katholischen Kathedrale gelegt, doch erst gut 60 Jahre später konnte der imposante Bau mit den beiden spitzen Türmen fertiggestellt werden.

St. Patrick's Cathedral (Church of Ireland)
Cathedral Close, Armagh
✆ (028) 37 52 31 42
www.stpatricks-cathedral.org
April–Okt. 9–17, Nov.–März 9–16 Uhr, Eintritt frei
Die gegenwärtige Kathedrale stammt aus dem 13. Jh., wurde

**REGION 8
Nordirland**

jedoch mehrfach – letztmalig 1834 – umgebaut. Sehenswert sind ein Hochkreuz aus dem 11. Jh. und die Grabstätte des irischen Hochkönigs Brian Boru, der 1014 die Wikinger besiegte.

✕ **Manor Park Bar & Restaurant**
2 College Hill, The Mall, Armagh
✆ (028) 37 51 53 53
Ausgezeichnetes Restaurant im Zentrum der Stadt. Kleine, aber durchweg überzeugende Karte mit vielen lokalen Produkten. ££

✕ **Uluru Bistro**
16–18 Market St., Armagh
✆ (028) 37 51 80 51
Einziges australisches Restaurant in Nordirland. Zwischen 2008 und 2010 jeweils zum besten Restaurant der Stadt gewählt. ££

🛍 **Shambles Market**
Market Sq., Armagh
Di und Fr 8–16 Uhr
Bauernmarkt mit lokalen Produkten.

🎭 Jedes Jahr im August finden in der Provinz Armagh die **Meisterschaften im Road Bowling** statt, einer Sportart, die mit dem friesischen Boßeln vergleichbar ist und nur in zwei Provinzen Irlands gespielt wird.

❻ Downpatrick

Die Kleinstadt an der südwestlichen Ecke des Strangford Lough ist vor allem deshalb landesweit bekannt, weil auf dem Friedhof der **Down Cathedral** (vermeintlich) der irische Nationalheilige Patrick begraben liegt. An dessen Todestag, dem 17. März, ist die Stadt Ziel zahlreicher Pilger.

Ausflug in die Mourne Mountains:

Das Berggebiet zwischen Newcastle im Norden und Newry und Warrenpoint im Süden ist eines der besten Wandergebiete des Landes. Auch Mountainbiker, Bergsteiger und andere Freiluftfreaks fühlen sich hier wohl. Den **Slieve Donard**, mit 836 Metern der höchste Berg Nordirlands, kann man von Newcastle aus in zwei bis drei Stunden besteigen – um sich nach der Rückkehr am langen Sandstrand des Badeortes zu erholen.

Mourne Mountains – ein Mekka für Naturliebhaber und Outdoor-Enthusiasten

Service & Tipps:

ℹ Tourist Information im Saint Patrick Centre
53a Market St., Downpatrick, Co. Down, BT30 6LZ
✆ (028) 44 61 22 33
www.downdc.gov.uk/home.aspx
Mo–Fr 9–17, Sa 9.30–17, Juli/Aug. auch So 13–17 Uhr

🏛 Down County Museum
The Mall, English St.
Downpatrick, Co. Down
✆ (028) 44 61 52 18, 44 61 55 90
www.downcountymuseum.com
Mo–Fr 10–17, Sa/So 13–17 Uhr
Eintritt frei
Das Regionalmuseum ist in einem alten Gefängnis aus dem 18. Jh. untergebracht. Einige Zellen sind im Originalzustand erhalten und zu besichtigen.

◉ Down Cathedral
Cathedral Office, English St.
Downpatrick, Co. Down
✆ (028) 44 61 49 22
www.downcathedral.org
Mo–Sa 9.30–16.30, So 14–17 Uhr
Die ältesten Teile der Kirche stammen zwar aus dem 13. Jh., der heutige Bau wurde aber erst Anfang des 19. Jh. errichtet. Auf dem Friedhof liegt angeblich der heilige Patrick begraben, der im Jahr 461 starb. Obwohl das Grab des Nationalheiligen für die Gläubigen eine Art Pilgerstätte ist, sind sich die Wissenschaftler sicher, dass Patrick in Wirklichkeit gar nicht hier begraben ist.

◉ The Saint Patrick Centre
53A Market St., Downpatrick, Co. Down
✆ (028) 44 61 90 00
www.saintpatrickcentre.com
Mo–Sa 9–17, Juli/Aug. auch So 13–17 Uhr
Eintritt £ 5.50/3
Audiovisuelle Führung durch das Leben des heiligen Patrick und die Geschichte des Christentums in Irland.

Ausflugsziele:

🌲 Mourne Mountains
Informationen unter:
www.mournemountains.com
und www.mournelive.com

🎶 Ende Mai lädt die Kleinstadt **Warrenpoint** zu einem internationalen Blues & Jazz Festival ein, dem **International Guinness Blues on the Bay Festival** (www.bluesonthebay.co.uk).

Eine der ursprünglichsten Landschaften Irlands: die Mourne Mountains

**REGION 8
Nordirland**

❼ Lisburn

Mit gut 72 000 Einwohnern ist das 20 Kilometer südlich von Belfast gelegene Lisburn die drittgrößte Stadt Irlands. Hier liegt auch das Hauptquartier der in Nordirland stationierten britischen Truppen. Bekannt ist die Stadt vor allem wegen ihres **Leinenmuseums**.

Service & Tipps:

ℹ **Lisburn Tourist Information Centre**
15 Lisburn Sq., Lisburn, Co. Antrim, BT28 1AN
✆ (028) 92 66 00 38
http://visitlisburn.com

🏛 **Irish Linen Centre & Lisburn Museum**
Market Sq.
Lisburn, Co. Antrim
✆ (028) 92 66 33 77
www.lisburn.gov.uk
Mo–Sa 9.30–17 Uhr
Aus dem Museum für Regionalgeschichte hat sich im Laufe der Jahre das irische Leinenmuseum entwickelt. Untergebracht ist die Ausstellung in einem alten Markthaus aus dem 17. Jh.

🅳🅧 **The Tuesday Bell**
4 Lisburn Sq.
Lisburn, Co. Antrim
✆ (028) 92 62 73 90
Traditioneller irischer Pub im Herzen von Lisburn. Viele Marktbesucher kommen hierher zum Mittagessen. £

🎪 Jedes Jahr im September findet in der Gemeinde Hillsborough in der Nähe von Lisburn das **Hillsborough International Oyster Festival** statt. Höhepunkt dieses großen Familienfestes rund um die Auster ist die Weltmeisterschaft im Austernessen (www.hillsboroughoysterfestival.com).

🏁 Auf einer Rennstrecke zwischen Lisburn und Belfast findet im August der **International Ulster Grand Prix** statt – ein Motorradrennen der internationalen Spitzenklasse. Die Besonderheit: Der Rundkurs wird auf öffentlichen Straßen ausgesteckt. In den 1950er Jahren wurden auf der Strecke sogar Formel-1-Rennen ausgetragen (www.ulstergrandprix.net).

»All you can eat«: In Hillsborough findet alljährlich im September die Weltmeisterschaft im Austernessen statt

❽ Ards-Halbinsel

Die Ards Peninsula liegt südöstlich von Belfast. Sowohl entlang des Strangford Lough als auch auf der Meerseite bieten sich vielfältige Aktivitäten für Wassersportler. Doch auch Naturliebhaber und Ornithologen kommen hier auf ihre Kosten. Vor allem entlang der Küste des Sees bieten sich zahlreiche Möglichkeiten der Vogelbeobachtung.

Im Norden der Halbinsel steht mit der **Ballycopeland Windmill** die einzige noch intakte Windmühle Irlands. Ein Stück weiter südlich finden sich bei dem Dorf **Greyabbey** die Ruinen einer Zisterzienserabtei aus dem 12. Jahrhundert. Die größte Attraktion ist jedoch der Landsitz **Mount Stewart House** (18./19. Jh.), der von einem wunderschönen Garten umgeben ist. Das milde Klima lässt hier Bäume und Pflanzen üppig wachsen, im Sommer ist der Garten ein buntes Blumenmeer.

**REGION 8
Nordirland**

Ballycopeland Windmill

Service & Tipps:

🛈 Tourist Information Centre
The Stables, Castle St., Portaferry, Co. Down, BT22 1NZ
✆ (028) 42 72 98 82
www.portaferry.info
Ostern–Juni Mo–Sa 10–17, So 13–17, Juli/Aug. Mo–Sa 10–17.30, So 12–17 Uhr, sonst geschl.

Exploris Aquarium
The Ropewalk, Castle St.
Portaferry, Co. Down
✆ (028) 42 72 80 62
www.exploris.org.uk
April–Aug. Mo–Fr 10–18, Sa 11–18, So 12–18, Sept.–März Mo–Fr 10–17, Sa 11–17, So 13–17 Uhr, Eintritt £ 7/4.50, Familienticket £ 22
In Nordirlands einzigem Aquarium sind ausschließlich einheimische Fischarten, die im kalten Wasser der Irischen See vorkommen, zu sehen. Die Lieblinge der Besucher sind jedoch die Seehunde in ihrem Freibecken. Ganz in der Nähe lohnt das Herrschaftshaus **Castle Ward** einen kurzen Besuch.

Ballycopeland Windmill
Windmill Rd., Millisle
Co. Down, BT22 2BP
✆ (028) 91 81 14 91
www.ni-environment.gov.uk/ballycopeland
Juli/Aug. tägl. 10–17 Uhr
Nordirlands einzige noch arbeitende Windmühle aus dem späten 18. Jh.

Mount Stewart House and Gardens
Portaferry Rd., Newtownards
Co. Down, BT22 2AD
✆ (028) 42 78 83 87
www.nationaltrust.org.uk
Gärten Mitte März–Okt. tägl. 10–18, sonst 10–16; Haus Mitte März–Okt. tägl. 12–17 Uhr
Eintritt £ 7/3.50, Familienticket £ 17.50
Familiensitz von Lord Castlereagh (1769–1822), Außenminister zur Zeit der Napoleonischen Kriege. Neoklassizistisches Haus aus dem 18. und 19. Jh., das von einer der schönsten Gartenanlagen Irlands umgeben ist – mit Pflanzen, die man nur in Südeuropa erwartet.

Ards Crafts
31 Regent St., Newtownards
Co. Down, ✆ (028) 91 82 68 46
www.ards-council.gov.uk
Mo–Sa 9.30–17 Uhr
Breite Auswahl an Kunsthandwerk, Schmuck und Textilien im örtlichen Touristenbüro.

**REGION 8
Nordirland**

❾ Causeway Coastal Road

Man verlässt Belfast auf der Autobahn M 5 Richtung Norden und wechselt am Ortsrand auf die Causeway Coastal Road (A2). Nach etwa 20 Minuten Fahrzeit erreicht man den kleinen Ort **Carrickfergus** mit der 1178 erbauten Burg. Sie zählt zu den schönsten in Nordirland und ist vor allem für Familien mit Kindern sehenswert. Lebensechte Figuren »bewohnen« das Castle und zeigen Groß und Klein auf unterhaltsame Weise, wie eine Burg »funktioniert«.

Der weitere Weg führt an der Küste entlang über die Industrie- und Hafenstädte Larne und Cushendall an einigen kleineren Burgruinen vorbei.

Ballycastle ist ein kleiner Marktort am Meer mit schönem Sandstrand in der Nähe des Hafens. Am Ortsrand liegen die Ruinen der **Bonarmargy Friary**. Von Ballycastle verkehren mehrmals täglich Fähren nach **Rathlin Island**. Die Insel ist wegen der häufig hier anzutreffenden Dreizehenmöwen und Papageitaucher besonders bei Vogelbeobachtern beliebt.

Nach gut einer Stunde Fahrzeit erreicht man die **Carrick-a-**

Rede Rope Bridge: eine Hängebrücke, die über eine 24 Meter tiefe und 18 Meter breite Felsspalte hinweg auf eine Insel vor der Küste führt. Die Brücke liegt gut einen Kilometer vom Parkplatz entfernt. Vom Wanderweg, der zur Brücke führt, genießt man spektakuläre Ausblicke auf die nordirische Steilküste.

Von nun an reiht sich eine Sehenswürdigkeit an die andere. Zunächst der weite Sandstrand von **Whitepark Bay**, dann die Ruine von **Dunseverick Castle** aus der Mitte des 15. Jahrhunderts, die Basaltsäulen von **Giant's Causeway** und schließlich die **Whiskey-Brennerei** in **Bushmills**. Kurz danach erreicht man, malerisch an der Steilküste gelegen, die Burgruine von **Dunluce Castle** aus dem 16. Jahrhundert und den vor allem bei Surfern beliebten **White Rocks Beach**. Doch auch wer sich nicht in die hohen Wellen stürzen will, ist hier richtig. Ein Spaziergang am Sandstrand entlang führt an vom Meer ausgespülten riesigen Kalksteinfelsen vorbei, deren Namen – »Elefantenfelsen«, »Bogen der Wünsche« und »Kopf des Riesen« – schon Rückschlüsse auf ihre fantastischen Formen zulassen. Den Abschluss einer Fahrt auf der Causeway Coastal Road bildet der Badeort **Portrush**.

REGION 8
Nordirland

Dramatische Klippen und Felsenlandschaften der Causeway Coast, im Vordergrund Dunluce Castle

Korn & Malz: in der Old Bushmills Distillery

Service & Tipps:

ℹ Causeway Coast and Glens Tourism
11 Railway Rd.
Coleraine
Co. Derry, BT52 1LU
✆ (028) 70 34 47 23
www.causewaycoastandglens.com

ℹ Tourist Information Centre
11 Antrim St.
Carrickfergus, Co. Antrim,
BT38 7DG
✆ (028) 93 35 80 49

👁🎫 Carrickfergus Castle
Marine Highway
Carrickfergus, Co. Antrim
✆ (028) 93 35 12 73
www.carrickfergus.org
Ostern–Sept. tägl. 10–18, sonst 10–16 Uhr
Eintritt £ 5/3, Familienticket £ 13
Die 1178 erbaute Burg zählt zu den schönsten Nordirlands.

🍺 The Central Bar
13–15 High St.
Carrickfergus, Co. Antrim
✆ (028) 93 35 78 40
Noch in Blickweite des Schlosses findet sich hier der perfekte Ort, um nach dem Besuch von Carrickfergus Castle eine geruhsame Pause einzulegen. £

👁🚶 Carrick-a-Rede Rope Bridge
119a White Park Rd.
Ballintoy, Co. Antrim,
BT54 6LS
✆ (028) 20 76 98 39
www.nationaltrust.org.uk
Bei passablem Wetter März–Mai und Sept./Okt. tägl. 10–18, Juni/Aug. 10–19, Nov.–Feb. 10.30–15.30 Uhr
Eintritt £ 5.60/2.65, Familienticket £ 12.45
Eine 20 m lange Hängebrücke zu einer Insel vor der Küste, die jährlich von immerhin etwa 250 000 Touristen überquert wird. Nur etwas für Schwindelfreie: 30 m unter der Brücke tobt die Irische See. Schöner Spazierweg vom Parkplatz zur Brücke.

👁🚶 Dunseverick Castle
Burgruine 7 km östlich von Bushmills. Ein Wanderweg entlang der Steilküste führt von der Ruine zum Giant's Causeway.

👁🍸🏭 Old Bushmills Distillery
2 Distillery Rd., Bushmills
Co. Antrim, BT57 8XH
✆ (028) 20 73 32 18
www.bushmills.com
Mo–Sa 9.15–16.45, Nov–Feb. erst ab 10, So 12–16.45 Uhr, halbstündlich Führungen, letzte Tour um 16, Nov–Feb. 15.30 Uhr

Die Whiskey-Destillerie in der kleinen Stadt Bushmills in der Nähe des Giant's Causeway erhielt 1608 das Brennrecht und ist damit eine der ältesten Produktionsstätten des edlen Getränks.

Bei einer Führung lernt man alle Schritte der Whiskeyproduktion kennen und kann sich am Ende von der Qualität des hauseigenen Whiskeys überzeugen, der im Gegensatz zu dem vieler anderer Hersteller immer nur aus einer Sorte Korn und Malz hergestellt wird. Im Shop bekommt man neben den üblichen Irland-Souvenirs unterschiedlich lange gereifte Whiskeys.

◉ **Dunluce Castle**
87 Dunluce Rd., Bushmills, Co. Antrim
✆ (028) 20 73 19 38
www.doeni.gov.uk
April–Sept. 10–18, Okt.–März 10–17 Uhr, letzter Einlass jeweils eine halbe Stunde vor Schließung
Eintritt £ 5/3, Familienticket £ 13
Malerische Burgruine für Romantiker – bereits Ende des 16. Jh. wurde diese Burg direkt an der Steilküste zerstört.

◉ **The Old Courthouse**
Castlerock Rd., Coleraine, Co. Derry
✆ (028) 70 32 58 20
Im alten Gericht – in dem noch bis 1985 Urteile gesprochen wurden – wird heute Bier ausgeschenkt. £

REGION 8
Nordirland

*Ausführliche Informationen zu den Sehenswürdigkeiten an der **Causeway Coastal Road** findet man auf folgender Website: www.causewaycoastalroute.com.*

In schwindelerregenden 30 Metern Höhe: die Carrick-a-Rede Rope Bridge bei Ballintoy

**REGION 8
Nordirland**

❿ Giant's Causeway

Mit mehr als einer halben Million Besucher jährlich zählt der von der UNESCO zum Weltnaturerbe ernannte Giant's Causeway an der Nordküste der Grafschaft Antrim zu den meistbesuchten Sehenswürdigkeiten Irlands. Um die rund 40 000 Basaltsäulen ranken sich seit Ewigkeiten zahlreiche Mythen. Einer der bekanntesten Legenden nach wollte der Riese Finn McCool einen Damm bis hinüber nach Schottland bauen – wo nämlich ähnliche Basaltsäulen zu finden sind –, damit er trockenen Fußes zu seiner Liebsten gelangen konnte.

Geologen sehen dies naturgemäß nüchterner; sie schätzen das Alter der Basaltsäulen auf etwa 60 Millionen Jahre und schreiben sie vulkanischer Aktivität und einem natürlichen Abkühlungsprozess des heißen Magmas zu. Die meisten Säulen sind sechseckig und etwa 30 Zentimeter dick, es gibt aber auch welche mit vier, fünf, acht und zehn Seiten.

Vor gut 60 Millionen Jahren trennte sich Nordamerika von Europa. Durch die Aufspaltung der Kontinente brach die Erdkruste nordöstlich von Irland auf, als Folge davon durchdrangen gewaltige Lavaströme das Kalkgestein. Etwa zwei Millionen Jahre dauerte diese Phase, in der das Basaltsteinpla-

Sechseckige Basaltsäulen am Giant's Causeway als UNESCO-Weltnaturerbe

teau der Grafschaft Antrim entstand. In der Folgezeit gab es nur noch kleinere vulkanische Eruptionen, die Lava sammelte sich dabei in Kratern und Spalten und kühlte dort nur langsam ab, so konnten sich die mehreckigen Basaltsäulen – die immer senkrecht zur Abkühlungsfläche stehen – des Giant's Causeway bilden.

Vom Visitor Centre führt eine Straße hinunter an die Küste, die, steil und erodiert, selbst ohne die Basaltsäulen schon sehenswert wäre. Eine weitere Besichtigungsmöglichkeit bietet der **North Antrim Cliff Path**, der ein Stück am oberen Rand der Steilküste entlangführt, über Treppen gelangt man dann zum Strand und zum Giant's Causeway.

**REGION 8
Nordirland**

Service & Tipps:

[i] **Giant's Causeway Visitor Experience**
44 Causeway Rd.
Bushmills, Co. Antrim, BT57 8SU
ⓒ (028) 20 73 15 82
www.giantscausewaycentre.com
Tägl. ab 9, April–Juni, Sept. bis 19, Juli/Aug. bis 21, Feb./März, Okt. bis 18, Nov.–Jan. bis 17 Uhr

Eintritt £ 8.50/4.25, Familienticket £ 21
Das im Sommer 2012 eröffnete Visitor Centre bietet eine sehenswerte Ausstellung sowie eine Cafeteria und einen Souvenirshop. Das Gebäude ist CO_2-neutral und auch architektonisch sehenswert. Auf dem grasbedeckten Dach können die Besucher spazieren gehen.

Von Wellen umtost: Giant's Causeway, die meistbesuchte Sehenswürdigkeit Nordirlands

**REGION 8
Nordirland**

Warzenähnliche Gebilde im Gezeitengürtel: Seepocken

⑪ Portrush

Der beliebte Badeort mit seinen langen Sandstränden ist der ideale Ausgangspunkt für eine Fahrt auf der Causeway Coastal Road oder einen Ausflug zum Giant's Causeway. Für Familien mit Kindern ist auch der Besuch von **Barry's Amusements**, Irlands größtem Freizeitpark, interessant. Der Nachbarort **Portstewart** ist wegen seines langen Sandstrands ebenfalls ein populärer Badeort.

Einen Abstecher ▷ ins Hinterland der Antrim Coast wert: die über 250 Jahre alten »Dark Hedges« genannten Buchen an der Bregagh Road zwischen Ballycastle und Ballymoney

Service & Tipps:

🛈 **Tourist Information**
Dunluce Centre
10 Sandhill Dr.
Portrush, Co. Antrim, BT56 8BF
✆ (028) 70 82 44 44
www.dunlucecentre.co.uk
März, Okt. Sa/So 12–17, April–Mitte Juni, Sept. Mo–Fr 9–17, Sa/So 12–17, Mitte Juni–Aug. Mo–So 9–19 Uhr

🎢 **Barry's Amusements**
16 Eglinton St.
Portrush, Co. Antrim
✆ (028) 70 82 23 40
www.barrysamusements.com
April/Mai nur Sa/So (und in der Osterwoche) zu unterschied-

lichen Öffnungszeiten, Juni Mo–Fr 10–18, Sa 12.30–22.30, So 12.30–21.30, Juli/Aug. tägl. 12.30–22.30 Uhr

✖ **Fifty-Five Degrees North**
1 Causeway St.
Portrush, Co. Antrim
✆ (028) 70 82 28 11
www.55-north.com
Tägl. 12.30–14.30 und 17–21, Fr/Sa bis 22 Uhr
Das Restaurant im Herzen von Portrush bietet internationale Küche, vor allem aber spektakuläre Ausblicke über den »East Strand« und die Causeway-Küste. ££

Ausflugsziel:

📷 **Downhill Estate**
Mussenden Rd.
Castlerock, Co. Antrim, BT51 4RP
✆ (028) 70 84 87 28
Es gibt gleich mehrere Gründe für einen Ausflug zum westlich von Portrush gelegenen Downhill Estate: die Ruinen eines alten Herrschaftshauses, der 1785 erbaute kreisrunde Mussenden-Tempel direkt an der Abbruchkante der steilen Kliffküste und die Wanderwege, die an der Abbruchkante entlangführen und herrliche Ausblicke auf weite Sandstrände eröffnen.

Fischerboote im Hafen von Portrush

**REGION 9
Belfast**

Belfast
Eine aufblühende Stadt

Probritisch im nordirischen Belfast

Belfast City Hall mit der Statue Queen Victorias im Vordergrund

Belfast ist die Hauptstadt Nordirlands und nach Dublin die größte Stadt der irischen Insel. Rund 280 000 Menschen leben hier, rechnet man die Randgebiete hinzu, sind es knapp eine halbe Million. Seit dem Mittelalter gibt es an dieser Stelle eine befestigte Ansiedlung; der Name Belfast, auf Irisch Béal Feirste (sandige Furt an der Flussmündung), lässt auf den Grund schließen: Hier bestand die erste Möglichkeit, den Fluss Farset sicher zu überqueren. Dieser mündet am Donegall Quay in den Lagan, verläuft heute allerdings in einem unterirdischen Kanal.

Für mehrere Jahrhunderte blieb die Ansiedlung eher unbedeutend, erst 1609 erhielt das Handelszentrum Stadtrechte. Der Aufschwung kam mit mehreren Einwanderungswellen englischer und schottischer Siedler sowie französischer Hugenotten im Laufe des 17. Jahrhunderts. Neue Industriezweige wie die Textilindustrie und der Schiffs- und Maschinenbau entwickelten sich. Die industrielle Revolution ließ die Bevölkerungszahl explodieren, und es entstanden ganze Viertel mit einfachen Reihenhäusern für die Fabrikarbeiter, die noch heute in weiten Teilen das Stadtbild prägen.

Ab 1969 sorgten Bombenanschläge und bürgerkriegs-
ähnliche Auseinandersetzungen zwischen militanten
Gruppen von Katholiken und Protestanten immer wieder weltweit für Negativschlagzeilen. In dieser Zeit der
»Troubles« war Belfast wahrlich kein Ziel für Touristen.
Erst durch das sogenannte Karfreitagsabkommen von
1998 wurden die »Troubles« offiziell für beendet erklärt.
Seitdem blüht die Stadt wieder auf und auch die Besucher – inzwischen immerhin mehr als neun Millionen
im Jahr – müssen nicht mehr um ihre Sicherheit fürchten.
Doch noch immer erinnert vieles an die dunklen Jahre der
Unruhen: Friedenslinien, Mauern und Stacheldrahtzäune
trennen einzelne Stadtviertel, auch wenn die Kontroll-
punkte mittlerweile nicht mehr besetzt und die Tore ständig geöffnet sind – anscheinend ist die Zeit noch nicht
reif, die Symbole der Teilung einfach abzureißen. Auch
die zahlreichen *Wall Murals* mit teilweise martialischen
Motiven und Sprüchen erinnern daran, dass noch längst
nicht alle Wunden verheilt sind.

REGION 9
Belfast

Das Titanic Memorial vor der City Hall hält die Erinnerung an die Opfer der Schiffs-katastrophe von 1912 wach

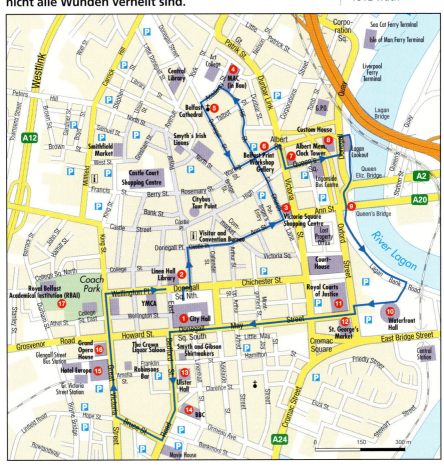

**REGION 9
Belfast**

Zum 100. Jahrestag des Untergangs der »Titanic« im Jahr 2012 hat sich Belfast mächtig herausgeputzt; ein hochmodernes Museum erinnert an den auf der Jungfernreise gesunkenen Luxusdampfer, ein ganzes Titanic-Viertel soll folgen. Man ist stolz auf seine ruhmreiche Geschichte und möchte sich als moderne Stadt mit sehenswerter viktorianischer Architektur, modernen Shoppingmeilen und urigen Pubs präsentieren.

Ein Stadtrundgang durch die nordirische Hauptstadt

Der Stadtrundgang durch Belfast beginnt mitten im Herzen der Stadt an der ❶ **City Hall**, in der die Stadtverwaltung ihren Sitz hat. Das 1906 fertiggestellte Rathaus ist nicht nur ein Wahrzeichen Belfasts, es zählt sogar zu den bedeutendsten Bauwerken Großbritanniens. Sowohl sein viktorianisches Äußeres mit den vier Türmen und der imposanten Kuppel als auch sein Inneres mit der marmornen Eingangshalle und dem repräsentativen Treppenaufgang sind sehenswert.

Rings um die City Hall erinnern Statuen an Personen und Ereignisse, die für die Stadtgeschichte von Bedeutung waren. Vor dem Haupteingang ist Königin Victoria zu sehen, an der Ostseite Sir Edward Harland, der Begründer der Werft Harland and Wolff, in der – neben zahlreichen anderen Luxuslinern – auch die »Titanic« gebaut wurde. Ein Denkmal für die Opfer des »Titanic«-Untergangs befindet sich vor dem Rathaus.

Das Wahrzeichen der nordirischen Hauptstadt Belfast: Albert Memorial Clock Tower

Vom Haupteingang der City Hall blickt man auf den Donegall Square North. Linker Hand befindet sich die ❷ **Linen Hall Library**, ein wichtiges Informationszentrum für alle, die mehr über die Geschichte von Belfast erfahren möchten – nirgendwo sonst gibt es eine umfangreichere Sammlung von Büchern und Zeitungsartikeln über die Zeit der »Troubles«.

In der Straße Donegall Place erreicht man nach wenigen Metern das **Visitor & Convention Bureau**, das nicht nur Material zu Belfast, sondern zu ganz Nordirland bereithält. An der Castle Lane biegt man rechts ab und erreicht via Ann Street den ❸ **Victoria Square Shopping Centre**. Hier lohnt ein Zwischenstopp, und das nicht nur, wenn man einkaufen will, denn von der Aussichtsplattform im Obergeschoss eröffnet sich ein weiter Blick über die Innenstadt.

Über Church Lane und Hill Street geht es in nördlicher Richtung weiter ins **Cathedral Quarter**. In dem Stadtviertel mit seinen vielen Kneipen und Restaurants lohnt es, ein bisschen kreuz und quer zu gehen und die Atmosphäre zu schnuppern. Als Orientierungspunkte bieten sich das neue Kunstzentrum ❹ **MAC** (Metropolitan Art Centre) und die nur einige Schritte davon entfernt liegende ❺ **Belfast Cathedral** an. Die protestantische, neoromanische Kathedrale besitzt die größte Pfeifenorgel Nordirlands.

REGION 9
Belfast

Man verlässt das Cathedral Quarter über die Donegall Street und wendet sich an ihrem Ende nach links in die Waring Street, wo die ❻ **Belfast Print Workshop Gallery** in einem ehemaligen Zolllager Ausstellungen zur Druckgrafik zeigt. Viele der Exponate kann man auch käuflich erwerben und außerdem Künstlern bei der Arbeit zuschauen. Dann erreicht man mit dem ❼ **Albert Memorial Clock Tower** ein weiteres Wahrzeichen der Stadt. Der Uhrturm am belebten Queens Square wurde Mitte des 19. Jahrhunderts zu Ehren von Prinz Albert, Königin Victorias Gemahl, errichtet.

Vorbei am Laganside Bus Centre gelangt man zum ❽ **Custom House**. Die prächtige Fassade ist besonders beeindruckend, wenn sie abends angestrahlt wird. Auf den Stufen steht die Skulptur »The Speaker« von Gareta Knowles, denn ähnlich wie an der Speaker's Corner im Londoner Hyde Park konnte hier jeder seine Meinung öffentlich kundtun.

John Kindness' Keramikskulptur »Big Fish« am Donegall Quay erinnert an die Rückkehr der Lachse

Belfast Waterfront Hall am Ufer des Lagan

REGION 9
Belfast

Nun ist es nicht mehr weit bis zum Ufer des Lagan und der Skulptur »**Big Fish**« von John Kindness, die an die Rückkehr der Lachse erinnert. In den letzten Jahren hat sich die einst schlechte Wasserqualität des Lagan erheblich verbessert, sodass heute wieder Lachse im Fluss schwimmen. Am »Big Fish« gibt es eine Fußgängerbrücke über den Fluss, von der man das **Lagan Weir**, eine Stauanlage mit fünf Stahltoren, ebenso gut sieht wie die Hafenanlagen der Stadt mit den riesigen Kränen der Werft Harland and Wolff.

Die Uferpromenade führt zur 1849 von Königin Victoria eröffneten ❾ **Queen's Bridge** und der modernen Skulptur »**Harmony of Belfast**«. Modern präsentiert sich auch die ❿ **Belfast Waterfront Hall**, ein 1997 von Prinz Charles eröffnetes Konferenz- und Veranstaltungszentrum, das zu einem Symbol für die Erneuerung des Hafenviertels und der gesamten Stadt geworden ist.

Gegenüber befinden sich mit dem ⓫ **Royal Courts of Justice** und dem ⓬ **St. George's Market** zwei historische Gebäude. Die Markthalle wurde Ende des 19. Jahrhunderts im klassizistischen Stil errichtet; ursprünglich nur ein Obstmarkt, beheimatet sie heute freitags und samstags einen Lebensmittel-, Kleidungs- und Haushaltsmarkt. Folgt man nun der May Street, erreicht man bald den Donegall Square South und die City Hall.

Kurz hinter dem Rathaus biegt man links in die Bedford Street ein und sieht nach 100 Metern auf der linken Straßenseite die neu renovierte ⓭ **Ulster Hall**. 1862 als großer Tanzsaal errichtet, ist die Halle einer der wichtigsten Veranstaltungsorte der Stadt und hat schon viele legendäre Konzerte, Sportveranstaltungen und politische Kundgebungen gesehen. Unter Musikliebhabern bekannt ist die Orgel der Ulster Hall – sie gilt als eine der schönsten in Großbritannien.

Vor dem Hotel Europa in Belfast

**REGION 9
Belfast**

Das Grand Opera House von 1895

Nach weiteren 100 Metern erreicht man an der Ecke zur Ormeau Avenue das ⓮ **BBC-Gebäude**. Während Fernsehfreaks hier – allerdings nur sofern sie vorbestellt haben – an Studioführungen teilnehmen können, interessieren sich Kinofreunde mehr für das **Movie House**, ein Multiplexkino am Übergang zwischen Bedford und Dublin Street. Man biegt rechts in die Bruce Street ein, folgt ihr bis zur nächsten Kreuzung und wendet sich dann nach rechts in die Great Victoria Street.

Hier steht das ⓯ **Hotel Europa**. In den 1960er und 1970er Jahren erwarb es den zweifelhaften Ruhm, das am häufigsten bombardierte Gebäude Europas zu sein. Damals übernachteten in dem Hotel vor allem Journalisten, die über den Nordirlandkonflikt berichteten. Damit kein Anschlag in der Presse ignoriert wurde, zündeten protestantische wie katholische Terroristen ihre Bomben mit Vorliebe hier. Sind die Journalisten persönlich betroffen – so das Kalkül –, werden sie mit Sicherheit in ihrer Heimat über den Anschlag berichten.

Die damaligen Zeiten waren auch für den **Crown Liquor Saloon** gegenüber dem Hotel nicht leicht. Der populäre Pub war von den Anschlägen gleichermaßen betroffen, und bald wagten sich nur noch die Mutigsten auf ein Guinness an die Bar. Heute ist das Crowns wieder gut besucht und die mit Abstand bekannteste und schönste Kneipe der Stadt. Schon dem bunt gefliesten Eingang mit seinen Säulen sieht man an, dass sich hinter den Schwingtüren etwas Besonderes verbirgt. Bunte Fliesen, farbenfrohe Fenster, antike Lampen und gemütliche »Separées« schaffen viel Flair. 1826 erbaut, war der Crown Liquor Saloon zunächst nur eine einfache Bahnhofsgaststätte der Great Northern Railwaystation. Den Bahnhof

Die *Wall Murals* von Belfast

Die *Wall Murals* in den Wohngebieten radikaler Protestanten und Katholiken sind keine Sehenswürdigkeiten im eigentlichen Sinn, sondern politische Zeugnisse aus der Zeit der »Troubles«, wie man in Nordirland die bürgerkriegsähnlichen Unruhen zwischen Mitte der 1960er und Ende der 1990er Jahre nennt. Inzwischen wird zwar kein Blut mehr vergossen, doch bei einem Spaziergang durch die Wohngebiete in Westbelfast ist die Spannung noch heute greifbar. Die protestantischen Wandbilder in der Shankill Road und ihrer Umgebung strotzen vor aggressiven Motiven. Maschinengewehrtragende Kapuzenmänner sind an den Häusergiebeln in Siegerposen abgebildet und verurteilte Terroristen werden in großen Bildern an den Häuserwänden als Helden verherrlicht. Im Vergleich dazu wirken die »Werke« der katholischen Wandmaler in der Fall Road fast schon zurückhaltend, aber auch hier ist das Thema dasselbe: Hass und Aggression gegen die andere Volksgruppe.

»Wall Murals« in der überwiegend von protestantisch eingestellten Iren bewohnten Shankill Road und ...

Politisch interessierte Besucher sollten unbedingt die protestantischen und katholischen Wohngebiete in Westbelfast besuchen, denn hier kann man die Dramatik des Nordirlandkonflikts, der das Land für viele Jahre in Atem gehalten und mehr als 3500 Menschenleben gekostet hat, am besten verstehen. Auf bedrückende Weise eindrucksvoll ist die »Belfast's Berlin Wall« am Cupar Way, die protestantische und katholische Wohngebiete trennt.

Wer sich einem geführten Rundgang bzw. einer Rundfahrt durch die Wohngebiete in Westbelfast anschließen möchte, erhält weitere Informationen unter: www.citysightseeing.com, www.discovernorthernireland.com.

... in der vorwiegend von katholisch-republikanischen Iren besiedelten Belfaster Falls Road

gibt es schon lange nicht mehr, das Pub aber wurde 1885 und 1895 grundlegend renoviert und erhielt damals sein heutiges Aussehen. Sollte er überfüllt sein: Zehn Meter weiter ist es in der **Robinson's Bar** ebenfalls sehr gemütlich.

Das ⑯ **Grand Opera House** von 1895 ist vom Hotel Europa nur durch die schmale Glengall Street getrennt. Der moderne Anbau sieht für sich genommen zwar gar nicht so schlecht aus, zum viktorianischen Stil der Oper passt er aber wie die sprichwörtliche Faust aufs Auge.

Wiederum nur wenige Schritte entfernt, steht an der Ecke zur Howard Street das **Prebyterian Assembly Building**, in dem heute die Spires Shoppingmall untergebracht ist. In den 1970er Jahren wurde auch dieses Gebäude, wie so viele in der Stadt, durch Terroranschläge beschädigt. Etwas weiter erblickt man in der Mitte der Straße die Statue von Henry Cooke (1788–1868), einem presbyterianischen Geistlichen und Führer der protestantischen Bewegung.

Auf der linken Straßenseite liegt die ⑰ **Royal Belfast Academical Institution**, zwischen 1809 und 1814 nach Plänen von John Soane erbaut. Die Baukosten wurden durch Spenden von Kauf- und Geschäftsleuten aufgebracht. Im Gegenzug durften diese einen Sohn der Familie auf die Schule schicken. Berühmtester Schüler war Thomas Andrews, der die Pläne für die »Titanic« zeichnete und mit ihr und etwa 1500 weiteren Passagieren im April 1912 unterging.

Biegt man an der Schule rechts in die Wellington Place ab, erreicht man nach 200 Metern wieder die City Hall, den Ausgangspunkt des Stadtrundgangs.

REGION 9
Belfast

Guided Taxi Tours
Während der »Troubles« stellten die alten »Black Taxis« oft die einzige Möglichkeit dar, in die problematischen Teile der Stadt zu gelangen, in denen es keinen öffentlichen Nahverkehr mehr gab. Heute werden diese Taxis von Touristen gern für Stadtrundfahrten gebucht, denn die Fahrer kennen die besten »Wall Murals« und können viel über die jüngste Belfaster Geschichte erzählen.

Service & Tipps:

✈ **Belfast International Airport**
✆ (028) 94 48 48 48
www.belfastairport.com
Der internationale Flughafen liegt etwa 30 Autominuten nordöstlich der Stadt.

Der Airport Express 300 fährt ins Zentrum, werktags tagsüber alle 15 Minuten, sonst in größeren Abständen. Die einfache Fahrt kostet £ 7, hin und zurück zahlt man £ 10.

ℹ **Visitor & Convention Bureau**
47 Donegall Place
Belfast
Co. Antrim, BT1 5AD
✆ (028) 90 24 66 09
www.gotobelfast.com

Mo–Sa 9–19, Okt.–Mai nur bis 17.30, So 11–16 Uhr

ℹ **Belfast Black Taxi Tours**
✆ (028) 90 64 22 64
www.belfasttours.com/about.htm

ℹ **Belfast Taxi Tours**
✆ (028) 94 32 12 27
www.belfast-taxitours.com

ℹ **The Original Black Taxi Tours**
✆ (028) 90 31 57 77
www.taxitrax.com

🏛 **Discovery Centre**
2 Queen's Quay, Belfast
✆ (028) 90 46 77 00
www.w5online.co.uk

Die Service-Adressen Belfast finden Sie in dieser Abfolge: Info-Adressen und Stadttouren, Museen, Sehenswürdigkeiten und Parks, Restaurants, Kneipen und Nachtclubs, Läden und Märkte. Innerhalb der Kategorien ist die Sortierung alphabetisch.

223

St. Anne's Cathedral, Belfasts protestantische Kathedrale

Flora unter Glas: ▷ das Palm House der Royal Belfast Botanic Gardens

Konstruktion der »Titanic« auf der damals weltgrößten Werft Harland & Wolff in Belfast

Mo–Fr 10–17, Sa 10–18, So 12–18 Uhr
Eintritt £ 7.90/5.90, Familienticket £ 21.80–38.50
Hier darf nach Herzenslust experimentiert werden. Für alle, die sich für naturwissenschaftliche Phänomene interessieren.

🏛🛈 **Titanic Belfast**
Titanic House, 6 Queens Rd.
Belfast
✆ (028) 90 76 63 99
www.titanicbelfast.com
April–Sept. Mo–Sa 9–19, So 10–17, Okt.–März tägl. 10–17 Uhr, letzter Einlass 1 Stunde 40 Minuten vor Schließung
Eintritt ca. £ 7–19, je nach Alter der Besucher, Monat, Wochentag; Rabatt bei Online-Buchung
Seit April 2012 hat Belfast eine neue Attraktion: In einem 117 Mio. € teuren, schon für sich sehenswerten Neubau mit den einem Schiffsbug nachempfundenen silbernen Außenmauern präsentiert das hochmoderne Titanic Museum auf 4 Etagen eine Multivisionsausstellung. Dabei geht es nicht allein um das Schiff und seine schicksalhafte Jungfernreise.

Die Besucher werden mitgenommen auf eine Zeitreise in die ersten Jahrzehnte des 20. Jh. – die Epoche, in der die »Titanic« gebaut wurde. Man erfährt viel über die damalige politische Situation, die Lebens- und Arbeitsbedingungen. Gelungen ist auch die Idee, dass man in den unterschiedlichen Teilen der Ausstellung immer wieder auf dieselben »Personen« trifft. So kann man z. B. den Lebensweg einiger beim Untergang ums Leben gekommener Passagiere nachverfolgen.

Da das Museum zu den meistbesuchten Sehenswürdigkeiten des Landes gehört, sollte man die Eintrittskarten vorab im Internet buchen. Ist die Höchstbesucherzahl erreicht, werden an der Tageskasse keine Tickets mehr verkauft.

Das Museum steht genau an der Stelle, an der die »Titanic« einst gebaut wurde. Auf dem **Außengelände**, das man ohne Eintritt besuchen kann, zeigen Markierungen im Boden, wo das Schiff in der Werft lag und wie groß es war.

Vor der City Hall im Herzen von Belfast

Cathedral Quarter
Das Viertel im Schatten der Kathedrale ist der Ausgehbezirk der nordirischen Hauptstadt. Ein Spaziergang durch die engen Gassen rund um die Donegall Street lohnt sich jedoch auch für Besucher, die auf der Suche nach schönen Fotomotiven sind.

Wenige Schritte vom Museum entfernt liegt die **SS Nomadic** vor Anker. Das Schiff zog die »Titanic« vor ihrer Schicksalsreise als Schlepper aus dem Hafen und dient heute frisch renoviert als Restaurant.
 Um das Titanic Museum herum ist ein ganz neues Stadtviertel entstanden – das **Titanic Quarter**. Hier findet man neben einer Sportarena und Filmstudios auch den neuen Campus der technischen Universität sowie einige Hotels.

🏛 **Ulster Museum**
Botanic Gardens, Belfast
℅ (084) 56 08 00 00
www.nmni.com
Tägl. außer Mo 10–17 Uhr
Eintritt frei
Das nach gründlicher Sanierung neu eröffnete Museum findet man im Botanischen Garten. Die einzelnen Stockwerke gliedern sich in »Art Zone«, »Nature Zone« und »History Zone«. Gezeigt werden gut aufbereitete Ausstellungen über die irische Geschichte von der prähistorischen Zeit bis zu den »Troubles« und zur Natur von der Eiszeit bis zum Leben im Meer sowie eine umfangreiche Gemäldegalerie. Über alle Stockwerke zieht sich ein Innenhof, das sogenannte »Window of our World«. Hier sind u. a. ein irisches Hochkreuz, ein Dinosaurierskelett, ein Totempfahl aus Nordamerika und Utensilien aus einem japanischen Tempel ausgestellt.

📷 **❺ Belfast Cathedral**
Donegall St., Belfast
℅ (028) 90 32 83 32
www.belfastcathedral.org
Mo–Sa 10–16, So nur vor und nach den Gottesdiensten
Eintritt frei
Im Innern der protestantischen **St. Anne's Cathedral**, 1899 begonnen und erst 1981 fertiggestellt, sind die Mosaike und die

bunten Glasfenster sehenswert. Die große Orgel hat vier Manuale und 70 Register.

ⓒ ⓘⓘ ❻ Belfast Print Workshop Gallery
Cotton Court, 30–42 Waring St. Belfast
ⓒ (028) 90 23 13 23
www.bpw.org.uk
Mo–Fr 10–16.30, Sa/So 11–16 Uhr
Hier dreht sich alles um Druckgrafik. Man kann Künstlern bei der Arbeit zuschauen, Ausstellungen besuchen und Kunstwerke erwerben.

✿❦ Botanic Gardens
Botanic Ave., Belfast
ⓒ (028) 90 31 47 62
www.belfastcity.gov.uk
Garten tägl. bei Tageslicht, Tropenhaus tägl. 10–12 und 13–16.45, Okt.–März nur bis 15.45 Uhr
Nur wenige Meter von der Universität entfernt liegt der Botanische Garten Belfasts. Hauptattraktion ist das Palmenhaus aus dem Jahr 1851, dessen elegante Glas- und Schmiedeisenkonstruktion zu den frühsten Beispielen dieser Bauweise gehört. Unter der hohen Glaskuppel wachsen in tropenwarmer, feuchter Luft Palmen und Bananen. Ein wunderbarer Ort für einen gar nicht so seltenen nasskalten Tage. Am Ausgang des Botanischen Gartens kann man sich ein Denkmal für den 1824 in Belfast geborenen Physiker Lord Kelvin anschauen – seine größte Entdeckung ist die nach ihm benannte Kelvin-Temperaturskala.

ⓒ ❶ City Hall
Donegall Sq., Belfast
ⓒ (028) 90 23 02 02
www.discovernorthernireland.com
Führungen Mo–Fr 11, 14, 15, Sa 14, 15 Uhr
Eintritt frei
Das imposante Gebäude aus hellem Stein von der Insel Portland wurde 1906 errichtet. Es war Schauplatz der Unterzeichnung des nordirischen Unabhängigkeitsvertrages im Jahr 1912, außerdem eröffnete König George V. hier das erste nordirische Parlament.

ⓒ❦ ⓰ Grand Opera House
2–4 Great Victoria St., Belfast
ⓒ (028) 90 24 19 19
www.goh.co.uk
Führungen So 12 und 13 Uhr
Eintritt £ 4
Das Grand Opera House wurde 1894/95 im spätviktorianischen Stil errichtet. In den 1960er

REGION 9
Belfast

Bunte Vielfalt im Botanischen Garten von Belfast

Prestigebau für etwa 117 Millionen Euro: Titanic-Erlebniszentrum in Belfast, davor Rowan Gillespies Gallionsfigur »Titanica«

**REGION 9
Belfast**

und 1970er Jahren war es von den Bombenanschlägen auf das benachbarte Hotel Europa betroffen, wurde jedoch 1980 renoviert. Sehenswert ist nicht nur die Außenansicht, sondern auch der opulent ausgestattete Saal.

◉ ❷ **Linen Hall Library**
17 Donegall Sq. North, Belfast
✆ (028) 90 32 17 07
www.linenhall.com
Mo–Fr 9.30–17.30, Sa 9.30–16 Uhr
Die älteste Bibliothek Belfasts wurde 1788 gegründet und verfügt heute über das umfassendste Archiv zu den politischen Unruhen in Nordirland.

◉ ❹ **MAC – Metropolitan Arts Centre**
St. Anne's Sq., Belfast
✆ (028) 90 23 50 53
www.themaclive.com
Tägl. 10–19 Uhr
Das 2012 eröffnete »Kunsthaus« von Belfast beherbergt zwei Theater sowie Galerien. Zugleich ist es Treffpunkt für die Einheimischen, die hier im gemütlichen Café eine kleine Pause einlegen. Perfekt zur Erholung nach dem Besuch des Cathedral Quarter.

◉ **Queen's University**
University Rd., Belfast
✆ (028) 90 24 51 33
www.qub.ac.uk
1845 gegründet, gilt die Queen's University heute als eine der besten Universitäten Großbritanniens. Sie hat viele berühmte Absolventen hervorgebracht, beispielsweise die irische Präsidentin Mary McAleese und den Literaturnobelpreisträger Seamus Heaney. Mit seiner von dem Belfaster Architekten Sir Charles Lanyon entworfenen Vorderfront gehört das Gebäude zu den schönsten Bauten Irlands.
Nahe dem Haupteingang liegt die Besucherinfo, in der man mehr über die Universität erfährt und auch Souvenirs kaufen kann.

◉ ⓭ **Ulster Hall**
34 Bedford St., Belfast
✆ (028) 90 33 44 55 (Tickets)
www.ulsterhall.co.uk

Sie genießt einen hervorragenden akademischen Ruf: Queen's University in Belfast

Die Halle, die 1862 als großer Tanzsaal errichtet wurde, ist einer der wichtigsten Veranstaltungsorte der Stadt. Die Orgel der Ulster Hall gilt als eine der schönsten in Großbritannien.

Apartment
2 Donegall Sq. West, Belfast
✆ (028) 90 50 97 77
www.apartmentbelfast.com
Bar und Restaurant in modernem Design. Von den Plätzen am Fenster hat man einen herrlichen Blick auf die City Hall. £

Auntie Annies
44 Dublin Rd., Belfast
✆ (028) 90 50 16 60
Studentenkneipe, in der regelmäßig die besten Bands der Stadt auftreten. £

Cafe Vaudeville
25–39 Arthur St., Belfast
✆ (028) 90 43 91 60
www.cafevaudeville.com
Edel. Cocktailbar und Café, in dem man mittags und abends auch Kleinigkeiten essen kann. ££

The Crown Liquor Saloon
46 Great Victoria St.
Belfast
✆ (028) 90 24 31 87
www.crownbar.com
Mo–Mi 11.30–23, Do–Sa 11.30–24, So 12.30–22 Uhr
Traditionell. Ins Crown sollten nicht nur Belfast-Besucher kommen, die auf der Suche nach einem kühlen Bier sind, sondern auch solche, die sich für historische Gebäude interessieren. Das Pub – 1826 erbaut und 1885 bzw. 1895 renoviert – ist mit seinen bunten Fliesen und farbenfrohen Fenstern eine der Sehenswürdigkeiten der Stadt. Deswegen gehört die Kneipe auch keinem Privatmann, sondern dem National Trust, dessen Aufgabe es ist, die größten Kulturdenkmäler des Landes zu erhalten. ££

The Duke of York
Commercial Court/Donegall St.
Belfast
✆ (028) 90 24 10 62
So stellt man sich einen typischen irischen Pub vor. Gemütlich und vollgestopft mit Krimskrams. Das Guinness kommt frisch vom Fass und donnerstags sowie sonntags wird abends Livemusik gespielt. Größte Auswahl an irischen Whiskeys in Nordirland. Meistens sehr voll. £

Grüb Belfast
13 Wellington Place, Belfast
✆ (028) 90 31 49 25
www.grubbelfast.com
Erste jüngst eröffnet, ist das Café inzwischen Treffpunkt »ökologisch bewusster Genießer«. Die kleinen Gerichte werden frisch zubereitet, die Rohwaren dafür stammen meist von Bauernhöfen der Umgebung. £

John Hewitt Bar
51 Donegall St., Belfast
✆ (028) 90 23 37 68
www.thejohnhewitt.com
Gemütliche Bar im Cathedral Quarter, in der regelmäßig Livemusik gespielt wird – von irischen Traditionals bis zu Jazz. Mittags kann man hier auch essen. Gemütlich: Wenn es draußen kalt ist, knistert drinnen der offene Kamin. £

Madden's Bar
74 Berry St., Belfast
✆ (028) 90 24 41 14
www.maddensbar.com
Mo–Sa 11.30–1, So 12–24 Uhr
Mo, Fr und Sa wird hier traditionelle irische Musik gespielt. Der Besitzer ist das Dubliner Blues-Talent Richie Uzell.

The Menagerie Bar
130 University St., Belfast
✆ (028) 90 23 56 78
http://menageriebar.tumblr.com
Von außen pfui, innen hui. Nicht von der Fassade abschre-

REGION 9
Belfast

Eine Perle viktorianischer Pub-Kultur in Belfast: The Crown Liquor Saloon

**REGION 9
Belfast**

Gefragte Souvenirs: »Titanic«-Memorabilien

cken lassen, drinnen ist eine der beliebtesten Bars der Stadt. Häufig Livemusik.

🗙 **Mourne Seafood Bar**
34–36 Bank St., Belfast
✆ (028) 90 24 85 44
www.mourneseafood.com
Mo–Do 12–21.30, Fr/Sa 12–16 und 17–22.30, So 13–18 Uhr
Eines der besten Fischrestaurants der Stadt, bekannt u. a. für seine Muschelgerichte. Fleischfans finden auf der Karte ebenfalls ein paar Angebote. Öffnungszeiten beachten: Das Restaurant schließt relativ früh. ££

🗙🍸 **Mynt**
2–16 Dunbar St., Belfast
✆ (028) 90 23 45 20
www.myntbelfast.com
Schwulenbar, in der auch Heteros willkommen sind. Abends wird gefeiert, tagsüber kann man im Restaurant essen. Zum Mynt gehört auch der Nachtclub Yello (Sa 22–5 Uhr), in dem Techno, Elektro und House gespielt werden. £–££

🛏🗙🎵 **Robinsons**
38–42 Great Victoria St., Belfast
✆ (028) 90 24 74 47
www.robinsonsbar.co.uk
Typischer irischer Pub gegenüber dem Europa Hotel. Bevor man im Erdgeschoss an der Bar sein Guinness trinkt, kann man sich im Restaurant im ersten Stock stärken. Livemusik. £

🗙 **Shu**
Lisburn Rd., Belfast
✆ (028) 90 38 16 55
www.shu-restaurant.com
Wird immer wieder unter die besten Restaurants Nordirlands gewählt. Reisende mit kleinem Budget kommen etwas früher und wählen das preisgünstige Pre-Theatre-Menue. ££–£££

🍸 **Stiff Kitten**
1 Bankmore Sq., Belfast
✆ (028) 90 23 87 00
www.stiffkitten.com
Kühle und coole Bar, in sich die jungen Gäste lässig in den Ledersesseln lümmeln. Bekannte DJs legen die Platten auf.

🛍 **Castle Court Shopping Centre**
Royal Ave., Belfast
✆ (028) 90 23 45 91
www.castlecourt-uk.com
Mo–Sa 9–18, Do bis 21, So 13–18 Uhr
Eines von Nordirlands größten Shopping-Zentren mit rund 80 Läden unter einem Dach.

🛍 **The Irish Linen and Gift Centre**
65 Royal Ave., Belfast
✆ (028) 90 31 42 72
www.theirishlinenandgiftcentre.com
Mo–Sa 10–17 Uhr
Gut sortierter Souvenirladen – mit »Titanic«-Andenken, Irland-Pullovern und einer Auswahl an Leinenprodukten.

🛍🗙 **Smithfield Market**
West St./Winetavern St., Belfast
✆ (028) 90 32 32 48
www.belfastcity.gov.uk/markets
Mo–Sa 9–17.30 Uhr
Markt in der Nähe des Shoppingcenters Castle Court. Hier bekommt man alles von Kleidung bis zu Antiquitäten. Außerdem finden auf dem Markt diverse Veranstaltungen wie Ausstellungen, Konzerte oder Modenschauen statt. Mit dem **Oxford Exchange** befindet sich hier auch eines der besten Restaurants der Stadt.

🛍 **Smyth and Gibson Shirtmakers**
Bedford House, 16–22 Bedford St., Belfast
✆ (028) 90 23 03 88
www.smythandgibson.com
Mo–Sa 9–18 Uhr
Maßgeschneiderte Hemden in exzellenter Qualität.

In Belfast wird das ganze Jahr über gefeiert. Jeden Monat finden mehrere Feste und Festivals statt. Hier eine kleine Auswahl:

**REGION 9
Belfast**

Januar:
Chinesisches Neujahrsfest
Das chinesische Neujahr feiert man auf dem St. George's Market mit Drachentänzen und Leckereien.

Februar:
International Festival of Chamber Music
Kammermusik der internationalen Spitzenklasse.

März:
Belfast Children's Festival
Eine Woche lang Kultur und Spaß für Kinder bis 14 Jahre.

April/Mai:
Festival of Fools
Straßenmusikfestival, bei dem Clowns, Jongleure, Feuerschlucker, Einradfahrer, Comedians und Entfesselungskünstler auftreten.

Mai:
Cathedral Quarter Arts Festival
Kunst und Musik bilden die Grundlage für diese Party rund um die Uhr. Das Cathedral Quarter, das ohnehin schon das Ausgehviertel der Stadt ist, legt hier noch einen drauf.

Juni:
Lord Mayor's Parade
Bei der Parade des Bürgermeisters präsentiert die nordirische Hauptstadt ihr »Multi-Kulti-Gesicht«, wenn Einwanderer beim Straßenumzug ihre Kultur zeigen.

Juli:
Belfast Pride
Während der Prideweek geht es um die Probleme von Schwulen und Lesben, doch das Feiern kommt dabei definitiv nicht zu kurz.

August:
Belfast City Blues Festival und **Belfast Taste and Music Fest**
Gleich zwei Musikfestivals finden im August in Belfast statt. Beim Blues Festival treten sowohl unbekannte Nachwuchsmusiker als auch internationale Stars auf. Während des Taste and Music Fest wird fünf Tage lang gesungen, gespielt und getanzt – vor allem aber verwöhnen die besten Köche Nordirlands die Gaumen der Gäste.

September:
Ulster Covenant Commeoration Parade
anlässlich der Unterzeichnung der »Ulster Covenant«.
Autumn Fair
Herbstfest mit Musik, Essen und Aktionen für die ganze Familie.

Oktober:
Belfast Fashion Week
Die besten Designer des Landes zeigen ihre Herbst- und Winterkollektion.

November:
Festival of Racing
Pferderennen spielen in Nordirland das ganze Jahr über eine große Rolle. Bevor das Wetter zu ungemütlich wird, findet Anfang November auf dem Dow Royal Racecourse in Belfasts Nachbarstadt Lisburn noch einmal ein großer Renntag statt.

Dezember:
St. George's Christmas Market
Weihnachtsmarkt im Herzen der Stadt.

Ulster Covenant Commemoration Parade im September

**REGION 9
Belfast**

Die bei Belfast aufgeführten Ausflugziele sind von Nordwesten nach Südosten sortiert.

Rugby-Fans im Ravenhill Stadium in Belfast

🛍 Spires Mall
Church House
Wellington St., Belfast
✆ (028) 90 32 22 84
www.spiresbelfast.co.uk
Die Shoppingmall befindet sich in einem alten viktorianischen Gebäude von 1905, dessen Äußeres an ein schottisches Schloss erinnern soll. Die Glocken im Turm waren einst die ersten auf den britischen Inseln, die nicht von einem Glöckner, sondern von einem Elektromotor geläutet wurden.

🛍☕ St. George's Market
Oxford St., Victoria St., St. Mary St., Belfast
✆ (028) 90 43 57 04
www.belfastcity.gov.uk/markets
Das historische Marktgebäude im klassizistischen Stil wurde 1896 fertiggestellt und kürzlich renoviert. Jeden Freitag von 6–14 Uhr (Variety Market), Samstag 9–15 (City Food and Garden Market) und Sonntag 10–16 Uhr (Sunday Market) ist Markttag; die rund 350 Stände bieten in erster Linie Lebensmittel, Kleidung und Haushaltswaren an.

🛍☕ Victoria Square Shopping Centre
1 Victoria Sq., Belfast
✆ (028) 90 32 22 77
www.victoriasquare.com
Das neueste Shoppingcenter der Stadt lockt nicht nur mit den auf 4 Stockwerke verteilten Geschäften, dem Restaurant und dem Multiplexkino, sondern auch mit einer Aussichtsplattform auf dem Dach.

🛍 The Wicker Man
River House, 44–46 High St. Belfast
✆ (028) 90 24 35 50
Hier verkauft man die Arbeiten von mehr als 150 Künstlern und Kunsthandwerkern aus Irland. Angefangen von Schmuck über Töpferwaren bis zu Uhren und Instrumenten findet man hier alles. Anlaufstelle für alle, die ein etwas anspruchsvolleres Mitbringsel suchen.

Ausflugziele:

☕🛍 Patterson's Spade Mill
751 Antrim Rd., Templepatrick, Co. Antrim, BT39 0AP
✆ (028) 94 43 36 19
www.nationaltrust.co.uk
Öffnungszeiten differieren stark, sind im Internet einzusehen, im Winter geschl.
Eintritt frei
Sparen Sie sich den nächsten Besuch im Baumarkt und nehmen Sie ein wirklich originelles Andenken mit nach Hause – einen handgefertigten Spaten für die Arbeit im heimischen Garten. Die letzte Schmiede Irlands, die noch Spaten in Handarbeit fertigt, wirkt wie ein Museum. Die Maschinen sind von Wasserkraft angetrieben, das glühende Eisen wird ohne Eile mit dem Hammer zu einem Spaten geformt.

🐾 Belfast Zoo
Antrim Rd., Belfast, Co. Antrim
✆ (028) 90 77 62 77
www.belfastzoo.co.uk
Tägl. 10–16, April–Sept. bis 19 Uhr
Eintritt £ 10/5, Familienticket £ 27

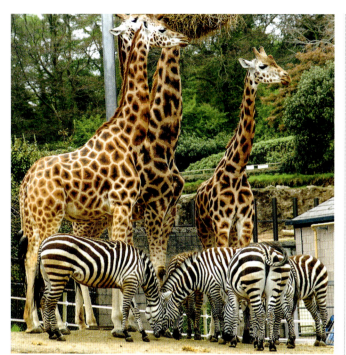

REGION 9
Belfast

Ein ausgezeichneter Tipp, wenn Sie mit Kindern unterwegs sind: der am Stadtrand gelegene Belfast Zoo

Seit der Sanierung des 1934 eröffneten Zoos haben die 140 hier gehaltenen Tierarten erheblich mehr Platz. Nun gehört der Belfaster Zoo zu den besten Tierparks in Irland und Großbritannien; mit rund 300 000 Besuchern im Jahr ist er zudem äußerst beliebt. Zu sehen gibt es u. a. Großkatzen, Elefanten, Bären, Pandas und diverse Affenarten. Pinguine und Seelöwen kann man sogar unter Wasser beobachten. Durch die Hanglage am Rande der Stadt genießt man an vielen Stellen einen schönen Ausblick.

Belfast Castle
Antrim Rd., Belfast, Co. Antrim
℘ (028) 90 77 69 25
www.belfastcastle.co.uk
Mo–Sa 9–22.30, So 9–18 Uhr
Eintritt frei
Das Castle wurde 1870 nach Plänen von Sir Charles Lanyon erbaut, dem Architekten, der auch die Queen's University plante. Das Schloss kann kostenlos besichtigt werden, die Innenräume sind aber wenig spektakulär. Hierher kommt man vor allem, um den herrlichen Blick über die Stadt zu genießen oder einen Spaziergang durch den großen Schlosspark zu machen.

Lagan Valley Regional Park
www.laganvalley.co.uk
Immer am Flussufer des Lagan entlang gelangt man vom Belfaster Zentrum bis nach Lisburn. Der rund 20 km lange Treidelpfad eignet sich zum Wandern und Radfahren. Unterwegs passiert man die bewaldete Flussschleife Lagan Meadows, die sich für ein Picknick anbietet. In der Belfaster Touristeninformation gibt es eine Broschüre mit Karte (»Towpath Leaflet«). Das Buch »By the Banks of the Lagan: Belfast to Drum Bridge«, u. a. in der Touristeninformation von Lisburn erhältlich, erzählt

REGION 9
Belfast

Parlament für die Provinz Nordirland: das Stormont Parliament Building in Belfast

die Geschichte der Menschen am Lagan.

🔵 **Parliament Buildings**
Upper Newtonards Rd.
Belfast, Co. Down
✆ (028) 90 52 07 00
Park tägl. 7–21 Uhr, Parlamentsgebäude Mo–Fr 9–16 Uhr, sofern keine Versammlung stattfindet
Das Stormont Estate liegt südöstlich vom Belfaster Zentrum und war ursprünglich der Sitz des nordirischen Parlaments. Das repräsentative Gebäude aus Portland-Stein liegt inmitten eines weitläufigen Parks.
  Am Eingang erinnert das Carson-Monument an Lord Carson, einen der Begründer Nordirlands. Das Anwesen, von dem man einen vorzüglichen Blick auf Ost-Belfast genießt, wird nicht nur für offizielle Anlässe genutzt, hier fanden auch Popkonzerte und das Staatsbegräbnis für Nordirlands legendären Fußballspieler George Best statt. Idyllisch gelegen ist auch das Stormont Castle, ein Landsitz aus dem 19. Jh.

🏛 **Ulster Folk & Transport Museum**
Cultra, Holywood, Co. Down, BT18 0EU
✆ (028) 90 42 84 28
www.nmni.com
März–Sept. Di–So 10–17, Okt.–Feb. Di–Fr 10–16, Sa/So 11–16 Uhr
Eintritt £ 8.50/5
Das Heimat- und Verkehrsmuseum befindet sich 12 km östlich vom Belfaster Zentrum in der Nähe von Holywood. Auf dem weitläufigen Gelände wurden Gehöfte, Kirchen und Mühlen aus der Provinz Ulster wiederaufgebaut. Zusammen mit der Vorführung traditionellen Handwerks geben sie einen guten Einblick in das ländliche Leben im Irland vergangener Zeiten.
  Das benachbarte Verkehrsmuseum zeigt Dampflokomotiven, Autos, Straßenbahnwaggons und Ausstellungen zur Schiffsbautradition. Prachtstück der Autosammlung ist das Kultauto zum Kultfilm »Zurück in die Zukunft«: der DeLorean DMC von 1981. 🔆

Auf dem Cave Hill über der Stadt erhebt sich Belfast Castle

Unterkünfte

Hotels, Guest-Houses, Farm-Houses, Country Houses, B&Bs, Cottages und Hostels

Die angegebenen Preiskategorien gelten pro Person für eine Übernachtung im Doppelzimmer inklusive Frühstück.

€ – unter 50 Euro
€€ – 50 bis 100 Euro
€€€ – über 100 Euro

Aran-Inseln

⊠ Man of Aran Cottages
Kilmurvey, Inishmore, Co. Galway
✆ (099) 613 01
www.manofarancottage.com
Die Idylle der windumtosten Cottages von Joe und Maura Wolfe ist nicht zu übertreffen. B&B und Restaurant. €€

Armagh

Dundrum House
Dundrum Rd.
Tassagh, Co. Armagh, BT60 2NG
✆ (028) 37 53 12 57
www.dundrumhouse.com
Mögen Sie Schafe? 10 km von Armagh City entfernt steht dieses Haus aus dem 18. Jh. mitten in unberührter Natur. Das Einzige, was Geräuschempfindliche stören könnte: das »Määäh« einer großen Schafherde! €–€€

Fairylands Country House
25 Navan Fort Rd.
Armagh, Co. Armagh, BT60 4PM
✆ (028) 37 51 03 15, www.fairylands.net
Nette Zimmer mit viel Rot, nicht plüschig, sondern schlicht. Schöner Aufenthaltsraum mit Kamin. €

Athlone

Benown House
Glasson, Athlone, Co. Westmeath
✆ (090) 648 54 06
www.glasson.com
Bei Pat und Teresa gibt es für einen kleinen Preis schlichten Komfort und viele Informationen über Athlone auf der Website. €

Ballycastle

⊠ Glenmore House
94 White Park Rd.
Ballycastle, Co. Antrim, BT54 6LR
✆ (028) 20 76 45 84
www.glenmore.biz
Haben Sie Interesse an traditioneller irischer Musik? Hier wird sie rundum in allen Pubs gespielt. Country House mit Gästezimmern und Restaurant. €

Ballyvaughan

Ballyvaughan Lodge
Ballyvaughan, Co. Clare
✆ (065) 707 72 92
www.ballyvaughanlodge.com
Die 11 großen Gästezimmer sind individuell gestaltet und nur eine Autostunde von Galway und dem Shannon Airport entfernt. Das Frühstück mit selbstgemachtem Brot und frischen Säften ist ein Genuss. €

Unterkünfte

Bantry

⊠ ⊙ ♣ Bantry House
Bantry, Co. Cork
✆ (027) 500 47
www.bantryhouse.com
Schlafen im verwunschenen Schloss: Als B&B oder Selbstversorger in der Gatelodge. Very pretty, indeed! €€

Belfast

The Arc
Apartment 914 The Arc, 2 Queens Rd.
Belfast, Co. Antrim, BT3 9FL
✆ (077) 90 31 49 03
www.belfastselfcatering.com
Nicht jeder muss morgens in seinen Kaffee fallen, damit er den Tag erlebt. Wer bereit ist, gleich morgens Belfast – sprich ein Frühstückscafé – zu entdecken, versucht es mal mit *self-catering*. Wohnung mit 2 Schlafzimmern und 2 Bädern. €–€€

⊠ ⛻ Crescent Townhouse Hotel
13 Lower Crescent
Belfast, Co. Antrim, BT7 1NR
✆ (028) 90 32 33 49
www.crescenttownhouse.com
Townhouse-Feeling 15 Gehminuten von der Belfast City Hall entfernt. Mit Restaurant und kleiner Bar für den letzten Absacker nach einem schönen Abend. Unbedingt nach speziellen Angeboten Ausschau halten. €€

Evelyn's
17 Wellington Park Terrace
Wellington Park
Belfast, Co Antrim, BT9 6DR
✆ (028) 90 66 52 09
Tipp: Schon allein diese eine spezielle Badewanne ist es wert. Alles ist klein, aber so fein. €

Failte
11 Finaghy Park North
Belfast, Co. Antrim, BT10 0JA
✆ (028) 90 61 96 10
Manche denken, dass hier nichts los ist. Andere denken: Schön, dass die Vögel zwitschern und das für richtig kleines Übernachtungsgeld. Abends Party, dann ist noch das Taxi drin und für den morgendlichen

Schlafen im verwunschenen Schloss: Bantry House

Kater – Ruhe, außer eben der Vögel! So kann City-Life dann auch aussehen. €

Unterkünfte

☒ ☂ ☺ ⚙ ☯ **La Mon Hotel and Country Club**
41 Gransha Rd., Castlereagh
Belfast, Co. Antrim, BT23 5RF
℡ (028) 90 44 86 31, www.lamon.co.uk
Wenn die Kids genug von der Großstadt haben, ist das La Mon Hotel in 15 citynahen Autominuten eine attraktive Anlaufstelle. Tennis und Wellness für die Großen, Pool, großer Garten sowie ein reichhaltiges Spieleangebot für die Kleinen. Auf der Internetseite nach mehrtägigen Familienangeboten Ausschau halten! €€

☒ **Radisson SAS Hotel**
The Gasworks, 3 Cromac Place, Ormeau Rd.
Belfast, Co. Antrim, BT7 2JB
℡ (028) 90 43 40 65
www.belfast.radissonsas.com
Der Luxus vieler Sterne am Rande der Innenstadt. Für Autofahrer ideal wegen des hoteleigenen Parkplatzes vor der Tür. €€–€€€

Ravenhill Guest House
690 Ravenhill Rd.
Belfast, Co. Antrim, BT6 OBZ
℡ (028) 90 20 74 44
www.ravenhillhouse.com
Ein bisschen Vorstadtidylle gefällig? Zwei Meilen vom Stadtzentrum liegt das kleine viktorianische Haus der Nicholsons. €–€€

Blarney

☒ ☂ **Blarney Castle Hotel**
Village Green, Blarney, Co. Cork
℡ (021) 438 51 16
Das Hotel, nur 10 Autominuten von Cork City entfernt, befindet sich seit 1837 in Familienbesitz. Nahe beim Cork Golf Club. €–€€

Bunratty

☒ ☯ **Bunratty Castle Hotel**
Bunratty, Co. Clare
℡ (061) 47 87 00
www.bunrattycastlehotel.com
Wellnesshotel vom Feinsten mit unschlagbar freundlichem Serviceteam. €€–€€€

Carrickfergus

⚙ **Beechgrove Farm**
412 Upper Rd., Trooperslane
Carrickfergus, Co. Antrim, BT38 8PW
℡ (028) 93 36 33 04
www.beechgrovefarm.co.uk
Wundervoll einfaches Landleben mit allem, was Kinder gern streicheln. Für Eltern, die beim Wandern auf maulende Kinder verzichten wollen, gibt es einen Babysitter. €

Clifden

☒ ☯ **Abbeyglen Castle Hotel**
Sky Rd., Clifden, Connemara, Co. Galway
℡ (095) 212 01, www.abbeyglen.ie
Sehr luxuriös, aber bei Weitem nicht abgehoben. Im Restaurant steht neben Hummer auch das heimische Connemara-Lamm auf der Karte. Jeden Dienstag gibt es eine irische Nacht. €€€

Cobh

☒ ☂ **Bella Vista Hotel**
Cobh, Co. Cork
℡ (021) 481 24 50, www.bellavistahotel.ie
Hier ist der Name Programm. Hotel mit prima Aussicht über Cobh und hinab aufs Meer. Mit Restaurant und Bar. €€

Coleraine

☒ ☯ ☂ **The Bushtown Hotel**
283 Drumcroone Rd.
Coleraine, Co. Derry, BT51 3QT
℡ (028) 70 35 83 67
www.bushtownhotel.com
Kleines Freizeithotel mit einigen Sportmöglichkeiten. €–€€

Cork

Achill Guest House
Western Rd., Cork, Co. Cork

237

Unterkünfte

✆ (021) 427 94 47
www.achillhouse.com
Kleines, gemütliches Bed & Breakfast. €

⊠❂ **Radisson SAS Hotel & Spa Cork**
Ditchley House, Little Island, Cork, Co. Cork
✆ (021) 429 70 00
www.radissonsas.com
Das Hotel besitzt eine Spa-Abteilung mit diversen Behandlungsmöglichkeiten, Saunen und großem Pool. €€

Derry/Londonderry

⊠❂ **Beech Hill Country House**
32 Ardmore Rd.
Derry, Co. Derry, BT47 3QP
✆ (028) 71 34 92 79
www.beech-hill.com
Alles an diesem Hotel ist schlichtweg elegant. Der Ardmore Golf Club und ein Reitstall befinden sich in unmittelbarer Nähe. €€

⊠❂ **The Best Western White Horse Hotel**
68 Clooney Rd., Derry, Co. Derry, BT47 3PA
✆ (028) 71 86 06 06

Nur 1 km vom Flughafen und 6 km vom Stadtzentrum entfernt. Großer Pool. Am Wochenende Spa-Angebote. €€

⊠ **Maghera**
8 Gorteade Rd.
Upperlands, Co. Derry, BT46 5SA
✆ (028) 79 64 44 90 , www.ardtara.com
Die Auszeichnungen, die dieses Landhotel erhalten hat, sind endlos. Die Automobile Association beispielsweise hat es zum romantischsten Hotel der britischen Inseln gewählt. Von den 9 Zimmern gleicht keins dem anderen. €€–€€€

⊠❂❂ **Roe Park Resort**
Limavady, Co. Derry, BT49 9LB
✆ (028) 77 72 22 22
www.roeparkresort.com
So weit das Auge reicht: grün, grün, grün. Ein Teil davon gehört zum 18-Loch-Golfplatz. Fitnessraum, Pool und ein umfangreiches Spa-Programm runden das Sportangebot ab. €€–€€€

Dingle

⊠ **Alpine Guesthouse**
Dingle, Co. Kerry
✆ (066) 915 12 50
www.alpineguesthouse.com
Stimmungsvoller Wohnkomfort für vergleichsweise kleines Geld. €–€€

Doolin – ein kleiner Fischerort im County Clare

Donegal

Unterkünfte

☒ 🍽 **Ard na Breatha, Drumrooske Nahen**
Donegal, Co. Donegal
✆ (074) 972 22 88
www.ardnabreatha.com
Unterkunft mit allem, was man braucht: schnuckelige Zimmer, gutes Restaurant für den Hunger, Bar für hinterher. €–€€

Atlantic Guesthouse
Main St., Donegal, Co. Donegal
✆ (074) 972 11 87
www.atlanticguesthouse.ie
Mittendrin in der City, rundum Pubs und Restaurants, aus denen man gern in die netten Zimmer des Atlantic Guesthouse zurückkehrt. €

Harvey's Point Hotel
Lough Eske, Donegal, Co. Donegal
✆ (074) 972 22 08
www.harveyspoint.com
Schloss plus Lough in Stadtnähe: Das kostet. Sehr schön. Für diejenigen, die sich mal richtig etwas gönnen wollen. €€€

Doolin

Atlantic Sunset House
Cliffs of Moher Rd., Co. Clare
✆ (065) 707 40 80
www.atlanticsunsetdoolin.com
Nette Unterkunft zu einem netten Preis. €

☒ **Cullinans Restaurant & Guesthouse**
Doolin, Co. Clare
✆ (065) 707 41 83
www.cullinansdoolin.com
Hier sollte man schon allein wegen des Frühstücks übernachten: Buttermilch-Pfannkuchen mit Limone und Honig, Lachs mit Ziegenkäse – und abends geht der kulinarische Genuss mit frischen Meeresfrüchten weiter. Übrigens: Die Zimmer sind auch sehr schön. €–€€

Dublin

☒ 🍽 🎵 **Arlington Pub**
23–25 Bachelors Walk, O'Connell Bridge
Dublin 1
✆ (01) 804 91 00
www.arlington.ie
2008 renoviertes Hotel mit Pub, das in zentraler Lage eine preiswerte Unterkunft bietet. Nach dem Pub-Besuch tut es gut, wenn man einfach ins Bett fallen kann. €

Avalon House
55 Aungler St., Dublin 2
✆ (01) 475 00 01
www.avalon-house.ie
Das Hostel wurde von Backpackern unter die 10 besten Billigunterkünfte Europas gewählt. Je nach Geldbeutel kann man hier entweder im Einzel- oder Doppelzimmer, aber auch im Schlafsaal übernachten. Zentrale Lage nahe St. Stephen's Green.
€

Buswells Hotel
23–27 Molesworth St., Dublin 2
✆ (01) 614 65 00
www.buswells.ie
Bereits 1882 eröffnet und damit eines der ältesten Hotels Dublins, 2005 komplett saniert, ohne jedoch den Charme des Hauses zu zerstören. Das Hotel verteilt sich auf 5 typische Stadthäuser. Nur wenige Schritte bis zum Trinity College und zur Grafton Street.

Butlers Town House
44 Lansdowne Rd., Ballsbridge, Dublin 4
✆ (01) 667 40 22
www.butlers-hotel.com
Das elegante Stadthaus versprüht noch den Charme der viktorianischen Zeit. 20 liebevoll und elegant ausgestattete Zimmer stehen zur Verfügung. Hier erfreut jedes Detail, Romantiker können sogar ein Zimmer mit Himmelbett buchen. €€€

☒ 🎵 **The Clarence**
6–8 Wellington Quay, Dublin 2
✆ (01) 407 08 00
www.theclarence.ie
Zentral gelegenes Jugendstil-Hotel aus dem Jahr 1852, von dem man einen schönen Blick auf den Fluss genießt. Besitzer der gediegenen Eleganz, die eine gelungene Mischung aus Nostalgie und Moderne bietet, ist Bono von U2. Auch das Restaurant

Unterkünfte

The Tea Room genießt bei den Dublinern einen hervorragenden Ruf. €€€€

Deer Park Hotel
Howth, Co. Dublin
℡ (01) 832 26 24
www.deerpark-hotel.ie
Wer im Grünen wohnen möchte, ist hier richtig. Nur eine halbe Stunde vom Zentrum entfernt. Solider Standard, relativ günstige Preise, mit schönem Blick über Howth und die Irische See. Nach dem Stadtbummel kann man eine Runde Golf spielen oder ins Spa gehen. €€€

Dergvale Hotel
4 Gardiner Palace, Dublin 1
℡ (01) 874 47 53
www.dergvalehotel.com
Kleines Hotel mit nur 20 Zimmern in zentraler Lage. Die Zimmer machen einen etwas plüschigen Eindruck, bieten aber ein ausgezeichnetes Preis-Leistungs-Verhältnis. €€

Jury's Inn Parnell Street
Moore St. Plaza, Parnell St., Dublin 1
℡ (01) 878 49 00, www.jurysinns.com
Solider 3-Sterne-Komfort in zentraler Lage zum erfreulichen Preis. €€

The Leeson Inn
24 Lower Leeson St., Dublin 2
℡ (01) 662 20 02
www.leesoninndowntown.com
Das Hotel liegt in einem alten georgianischen Gebäude von 1810. Sehr zuvorkommender Service. Zu Fuß sind es etwa 10 Minuten bis ins Zentrum. €€

Mercantile Hotel
28 Dame St., Dublin 2
℡ (01) 670 71 01
www.mercantilehotel.ie
Kleines, zentral gelegenes Hotel mit überzeugendem Service. Nach Spezialpreisen fragen. €–€€

Mespil Hotel
50–60 Mespil Rd., Dublin 4
℡ (01) 488 46 00
www.leehotels.com
Solides Businesshotel am Rande des Zentrums nur wenige Schritte vom Grand Canal entfernt. €€

Number 31
31 Leeson Close, Dublin 2
℡ (01) 676 50 11
www.number31.ie
Dem bekannten Architekten Sam Stephenson ist es perfekt gelungen, einen klassisch-

Restaurant The Tea Room im Clarence Hotel, Dublin

georgianischen Stil mit modernen Elementen zu kombinieren. Absolut sehenswert ist die Lounge mit den eingelassenen Sitzmöglichkeiten. Das Frühstück gilt als eines der besten in ganz Dublin. €€€

The Oliver St. John Gogarty Restaurant
58–59 Fleet St., Temple Bar, Dublin 2
✆ (01) 671 18 22
www.gogartys.ie
Hostel, Hotel, Apartments und B& B im selben Haus wie eines der bekanntesten Restaurants in Temple Bar. Alles da, um rundum abfeiern zu können! €

Phoenix Park House
38–39 Parkgate St., Kingsbridge, Dublin 8
✆ (01) 677 28 70
www.phoenixparkhotel.ie
Noch relativ zentral gelegen und vom Preis sehr überzeugend. Gemütliche Zimmer ohne viel Luxus, die überwiegend mit Kiefernmöbeln eingerichtet sind. Das reichhaltige irische Frühstück wird im viktorianischen Ambiente serviert. Auch der Aufenthaltsraum strahlt nostalgische Gemütlichkeit aus. €€

Radissons SAS St. Helen's Hotel
Stilorgan Rd., Dublin 4
✆ (01) 218 60 00
www.dublin.radissonSAS.com
10 Minuten vom Stadtzentrum entfernt liegt dieses 5-Sterne-Luxushotel inmitten eines riesigen Parks. Teile des Hotels befinden sich in einem alten Herrenhaus aus dem 18. Jh. €€€

The Schoolhouse Hotel
2–8 Northumberland Rd., Dublin 4
✆ (01) 667 50 14
www.schoolhousehotel.com
Das kleine, luxuriöse Hotel mit nur 31 Zimmern ist in einem alten Schulgebäude von 1861 untergebracht. Das hoteleigene Restaurant überzeugt mit ausgewählten Speisen. €€€

The Westbury
Grafton St., Dublin 2
✆ (01) 679 11 22
www.doylecollection.com
Eine Legende unter den Hotels der irischen Hauptstadt. 5-Sterne-Luxus mit Tradition. Die zum Hotel gehörige Terrace Lounge ist der ideale Ort für den Fünf-Uhr-Tee. Von hier aus hat man einen herrlichen Blick auf das geschäftige Treiben der Innenstadt. €€€

Ennis

Old Ground Hotel
Ennis, Co. Clare
✆ (065) 682 8127
www.flynnhotels.com
Traditionshotel im Zentrum von Ennis. Kinder übernachten im Zimmer der Eltern kostenlos. €€

Enniskillen

Belle Isle Castle
Lisbellaw, Co. Fermanagh, BT94 5HG
✆ (028) 66 38 72 31, www.belle-isle.com
Das Landhaus auf einer durch eine Brücke mit dem Festland verbundenen Insel im Upper Lough Erne (nahe Enniskillen) ist der perfekte Urlaubsort für Romantiker. Regelmäßig werden Kochkurse angeboten. €€

Glendarragh Valley Inn
9 Castlederg Rd.
Ederney, Co. Fermanagh, BT93 0AL
✆ (028) 68 62 27 77
Es hat ein wenig etwas von quadratisch, praktisch, gut. Aufgeräumt und sauber. €€

The Killyhevlin Hotel
Killyhevlin
Enniskillen, Co. Fermanagh, BT74 6RW
✆ (028) 66 32 34 81
70 weiträumige Zimmer und ein umfangreiches Spa-Programm. €€

Manor House Country Hotel
Killadeas
Enniskillen, Co. Fermanagh, BT94 1NY
✆ (028) 68 62 22 00
www.manorhousecountryhotel.com
Anwesen aus dem 19. Jh. mit Blick auf Lough Erne. Als Konferenzhotel ausgerichtet, können Watergate- und Kellerbar voll werden. €€

Unterkünfte

Galway

Anam-Sámh Landhaus
Am Lough Corrib, Co. Galway
www.fewo-direkt.de/32599
Wer im Lough Corrib nach Forellen, Lachsen oder Flussbarschen angeln möchte, wohnt in diesem 170 m² großen, luxuriös ausgestatteten Ferienhaus mit direktem Seezugang ideal. 5 Schlaf- und 3 Badezimmer. € 500–750/Woche

Atlantic View Guesthouse
4 Ocean Wave, Dr. Colohan Rd.
Galway, Co. Galway
✆ (091) 58 21 09
Tara Treacy ist eine reizende Gastgeberin und der Blick auf das Meer vis-à-vis des Hotels wunderbar. Tolle Sportmöglichkeiten: sämtliche Wassersportarten, Reiten, Tennis, Golf. €–€€

Corribh Haven Guest House
107 Upper Newcastle, Galway, Co. Galway
✆ (091) 52 41 71
Zwischen Efeu, Clematis und Palmen! Angela und Tom Hillary sprechen beide fließend Deutsch und bieten in ihren 9 Zimmern weit mehr als gute Sprachkenntnisse. €–€€

⊠ ▼ ◉ The House Hotel
Spanish Parade, Galway, Co. Galway
✆ (091) 53 89 00
www.thehousehotel.ie
Cocktailclub und Cocktailbar für Erwachsene schließen kinderfreundliche Gegenveranstaltungen nicht aus, etwa die »Sundays Kiddies Kitchen«. Das Hotel ist sehr geschmackvoll eingerichtet. Ein Wohlfühlhotel. €€–€€€

Inishmore House
109 Fr. Griffin Rd., Galway, Co. Galway
✆ (091) 58 26 39
www.inishmoreguesthouse.com
Nach dem Sightseeing, das die Gastgeber gern mit Insidertipps bereichern, kann man sich hier ausruhen – fast wie zu Hause. €–€€

⊠ ◉ The Twelve
Barna Coast Rd., Galway, Co. Goalway
✆ (091) 59 70 00, www.thetwelvehotel.ie
Schickes Boutique-Hotel. €€

Glengariff

Casey's Hotel
Glengarriff, Co. West Cork
✆ (027) 630 10
www.caseyshotelglengarriff.ie
Traditionshotel in Familienbesitz. Ideale Lage für Ausflüge auf dem Ring of Beara. €

Kells

⊠ ◉ Headfort Arms Hotel
Headfort Place, Kells, Co. Meath
✆ (046) 924 00 63
www.headfortarms.ie
45 nobel eingerichtete Zimmer im Herzen des Boyne Valleys, wo das Book of Kells geschrieben wurde. €€

Kildare

⊠ ▼ ◉ The Kildare Hotel, Spa and Country Club
Straffan, Co. Kildare
✆ (01) 601 72 00
www.kclub.ie/hotels-kildare
Das einem französischen Château nachempfundene Herrschaftshaus vom Ende des 19. Jh. beherbergt ein spektakuläres Luxushotel. Vom irischen Automobilverband 2011 zum besten Hotel des Landes gewählt. Eigene Kunstsammlung mit Werken von Irlands berühmtesten Maler Jack B. Yeats. €€€

Kilkenny

Bridgecourthouse
Greensbridge, Kilkenny, Co. Kilkenny
✆ (056) 776 29 98
www.kilkennybridgecourthouse.com
Familengeführtes B&B, in dem Don und Niamh Egan sich bemühen, es ihren Gästen *very cosy* zu machen. €

Butler House
16 Patrick St., Kilkenny, Co. Kilkenny

☏ (056) 772 28 28
www.butler.ie
Das Butler House hat direkten Zugang zum Kilkenny Schloss. Das dicht mit Efeu bewachsene Gebäude aus dem 18. Jh. zeigt innen wie außen sehr viel Charme. €€

Unterkünfte

🅿 Glendine Inn
Castlecomer Rd., Kilkenny, Co. Kilkenny
☏ (056) 772 10 69
www.glendineinn.com
Mit 250 Jahren ist das Pub des Glendine Inn der älteste der Stadt. Was zählen da schon 15 Gehminuten ins Stadtzentrum, wenn man abends nach ein paar Bierchen dafür gleich ins Bett fallen kann. €–€€

⊠🍴🅿♪ The Kilford Arms Hotel
John St., Kilkenny, Co. Kilkenny
☏ (056) 776 10 18
www.kilfordarmskilkenny.com
Ausgehen erübrigt sich: Das Kilford Arms Hotel beherbergt das Super-Pub schlechthin. Das O'Faoláin's erstreckt sich über drei Ebenen und ist architektonisch in die Ruinen einer Kirche aus dem 16. Jh. integriert. Lifemusik, Karaoke, DJ-Nächte – wie für Vergnügungssüchtige gemacht! €€

⊠ Kilkenny Club House Hotel
Patrick St., Kilkenny, Co. Kilkenny
☏ (056) 772 19 94
www.clubhousehotel.com
Das Haus ist im georgianischen Stil gebaut – mit wunderschönen Stuck, der sich besonders gut im Speisesaal macht. €€

⊠🍴 Langton House Hotel
67 John St., Kilkenny, Co. Kilkenny
☏ (056) 776 51 33
www.langtons.ie
Nicht nur die 34 Zimmer des Langton sind extreme stylish, auch seine Bars – Edward Langton Bar, The 67 Bar, Harry's Bar, Middle Bar, Garden Bar & Patio, Living Room, Marble City Bar & Tea Rooms. Jede einzelne ist mehrfach preisgekrönt und einen Besuch wert. €€–€€€

Rosquil House
Castlecomer Rd., Kilkenny, Co. Kilkenny
☏ (056) 772 14 19
www.rosquilhouse.com
Nicht alles, was gut ist, muss teuer sein. Phil & Rhoda Nolan kümmern sich spürbar gern um das Wohl ihrer Gäste. B&B und *self-catering*. €

Killarnay

⊠ Arbutus Hotel
College St., Killarney, Co. Kerry
☏ (064) 663 10 37
www.arbutuskillarney.com
Der Gründer des Hotels, Tim Buckley, setzte alles daran, sich seinen Traum vom eigenen

Eine feine Adresse: Butler House in Kilkenny

Unterkünfte

Hotel zu erfüllen und erarbeitete sich das notwendige Geld in den USA. Viele Möbel- und keltischen Designerstücke des heutigen Vier-Sterne-Hotels haben Geschichte. €€

Ashville House
Rock Rd., Killarney, Co. Kerry
✆ (064) 663 64 05
www.ashvillekillarney.com
Sonniges, kleines Gästehaus: Kein Wunder, denn hier dominiert die Farbe Gelb und das freundliche Lächeln der Gastgeber Declan und Elma Walsh. €

⊠ **Brook Lodge Hotel**
High St., Killarney, Co. Kerry
✆ (064) 663 18 00
www.brooklodgekillarney.com
Angenehmes Vier-Sterne-Hotel im Stadtzentrum. €–€€

⊠ 🅳 🅖 **Great National Darby O'Gill's Country House Hotel**
Mallow Rd., Killarney, Co. Kerry
✆ (064) 663 41 68
www.darbyogillshotel.com
Familienfreundliches Hotel wenige Autominuten von Killarney entfernt. Restaurant und Pub, das mit Billard und Dart auftrumpft. €€

⊠ **The Heights Hotel**
Cork Rd., Killarney, Co. Kerry
✆ (064) 663 11 58, www.killarneyheights.ie
Natursteinhotel eine Meile vor den Stadttoren auf der Anhöhe mit Blick auf die Heights gelegen. Dekorativ: Der Naturstein verschönert auch das Restaurant. €–€€

⊠ 🅖 **The Lake Hotel**
Lake Shore, Muckross Rd.
Killarney, Co. Kerry
✆ (064) 663 10 35
www.lakehotelkillarney.com
Direkt am Seeufer gelegen mit einem fantastischen Blick auf die Berge, nur 1 km von der Stadt entfernt. €€

⊠ 🆈 🅖 **The Ross**
Town Centre, Killarney, Co. Kerry

✆ (064) 663 18 55
www.theross.ie
Pretty in Pink! Selbst diejenigen, die kein Faible für Pink haben, werden es lieben! Ein Blick auf die Internetseite sagt alles. €€–€€€

⊠ 🆈 **Victoria House Hotel**
Muckross Rd., Killarney, Co. Kerry
✆ (064) 663 54 30
www.victoriahousehotel.com
Nette Zimmer – netter Service. €€

Kilmallock

⊠ 🅷 **Deebert House Hotel**
Kilmallock, Co. Limerick
✆ (063) 312 00
www.deeberthousehotel.com
Das Gästebuch ist voll des Lobes ob der Gastfreundschaft in dem familienbetriebenen Hotel. Gibt es etwas zu organisieren, z. B. eine Wanderung in den Ballyhoura Bergen, dann wird das umgehend und gern erledigt. €€

Kinnitty

Kinnitty Castle Hotel
Kinnitty Castle
✆ (057) 913 73 18
www.kinnittycastlehotel.com
Nicht nur für Könige und Fürsten – Urlaub im Schloss. Von den 37 Zimmern gleicht keines dem anderen. Der offene Kamin in der Bar sorgt für authentisches Schlossgefühl. Ziemlich romantisch und bei einem Preis ab 100 Euro pro Doppelzimmer nicht einmal unerschwinglich teuer. €€

Kinsale

⊠ **Blue Haven Hotel**
3–4 Pearse St., Kinsale, Co. Cork
✆ (021) 477 22 09
www.bluehavenkinsale.com
Drei-Sterne-Hotel mit sehr gutem Seefood-Restaurant. €€

Friars Lodge
Friar St., Kinsale, Co. Cork
✆ (021) 477 73 84
www.friars-lodge.com

Große, helle Zimmer und überaus freundliches Personal. €–€€

Unterkünfte

🅳 Jim Edwards
Market Quay, Kinsale, Co. Cork
✆ (021) 477 25 41
www.jimedwardskinsale.com
Superstimmung bei Jim. Wer dort nicht wohnt, sollte zumindest nicht das leckere Seafood in seinem Restaurant und Pub verpassen. €

Tierney's Guesthouse
70 Main St., Kinsale, Co. Cork
✆ (021) 477 22 05
www.tierneys-kinsale.com
Geht doch: gut und günstig mit 2 Sternen in 9 frisch renovierten Zimmern. €

🗙🍸 The White House
Pearse St., Kinsale, Co. Cork
✆ (021) 477 21 25
www.whitehouse-kinsale.ie
Ein Haus wie seine Fassade: viel Weiß, aber nicht durchgängig. Nur durchgängig schön. €€

Kinvara

🗙🅳🎵 Merriman Inn
Kinvara, Co. Galway
✆ (091) 63 82 22
www.merrimanhotel.com
Guter Service, feine Unterkunft. €–€€

Leixlip

🗙🅳🎵 Court Yard Hotel
Main St., Leixlip, Co. Kildare
✆ (01) 62 95 10, www.courtyard.ie
Wenn es so etwas wie gediegene Gemütlichkeit gibt, dann in diesem Steinhaus, das 25 km vom Stadtzentrum Dublins entfernt liegt. €–€€

Letterfrack

🗙🍸 Rosleague Manor Hotel
Letterfrack, Connemara, Co. Galway
✆ (095) 411 01, www.rosleague.com
Herrliches Anwesen mit einem riesigen Wintergarten inklusive Bar. Chillen auf hohem Niveau! €€–€€€

Letterkenny

🗙 Castle Grove Country Hotel and Restaurant
Ballymaleel, off Ramelton Rd.
Letterkenny, Co. Donegal
✆ (074) 915 11 18
www.castlegrove.com
Die Zimmer muten in der Tat etwas königlich an und fürstlich speisen lässt es sich dort auch. €€

🗙♨ Silver Tassie 4 Star Hotel and Spa
Letterkenny, Co. Donegal
✆ (074) 912 56 19
www.silvertassiehotel.com
Für alle, die sich von oben bis unten verwöhnen lassen wollen: viele Wellness-Möglichkeiten, interessante Spa-Pakete inklusive Übernachtung. €–€€

Limerick

🗙♨ Absolute Hotel & Spa
Sir Harry's Mall
Limerick, Co. Limerick
✆ (061) 46 36 00
www.absolutehotel.com
Absolut modern und schick. Schön ist nicht nur der Wellnessbereich, sondern auch der Blick aus dem Restaurant auf den Shannon. €€

Liscannor

Moher Lodge Farmhouse
Cliffs of Moher, Liscannor, Co. Clare
✆ (065) 708 12 69
www.cliffsofmoher-ireland.com
Mary Considine verspricht: »You might come as a stranger, but you'll leave as a friend ...« Wie wahr! €

Lismore

Best Western Pery's Hotel
Glentworth St., Limerick, Co. Limerick

Unterkünfte

✆ (061) 41 38 22
www.perys.ie
Verkehrsgünstig gelegenes Boutique-Hotel: Zu Fuß ist man in 5 Minuten an Limericks Bus- und Bahnstation. €€–€€€

🗙 **Lismore House Hotel**
Main St.
Lismore, Co. Waterford
✆ (058) 729 66
www.lismorehouse.com
Schönes, ruhiges Hotel in einem schönen, ruhigen Städtchen. €–€€

Navan

🗙 **Newgrange Hotel**
Bridge St.
Navan, Co. Meath
✆ (046) 907 41 00
www.newgrange.ie
Konferenzhotel mit 62 Zimmern, nur eine halbe Stunde außerhalb von Dublin gelegen und nahe am Hill of Tara. €€

Portaferry

🗙 **Portaferry Hotel**
The Strand
Portaferry, Co. Down, BT22 1PE
✆ (028) 427 28 23
www.portaferryhotel.com
Kleines Hotel nur wenige Schritte vom Fähranleger entfernt, einige Zimmer mit Blick aufs Wasser. Ausgezeichnetes Hotelrestaurant. €€

Portrush

Albany Lodge
2 Eglinton St.
Portrush, Co. Antrim, BT56 8DX
✆ (028) 70 82 34 92
www.albanylodge.net
Im Herzen von Portrush mit Blick auf den Atlantischen Ozean, den White-Rocks-Strand und die Skerries, 20 Minuten vom Giant's Causeway und ca. 10 km von der Bushmill Distillery entfernt. €€

🗙🍸 **Ramada Portrush**
73 Main St.
Portrush, Co. Antrim, BT56 8BN
✆ (028) 70 82 61 00
www.ramadaportrush.com
Unbedingt Zimmer mit Blick auf den Atlantischen Ozean bestellen. Die Aussicht ist fantastisch. €€–€€€

Rosslare

🗙 **The Harbour View Hotel**
Rosslare Harbour, Co. Wexford
✆ (053) 916 14
www.harbourviewhotel.ie
Alles in näherer Laufentfernung: Busbahnhof, Fähren – und Hafenatmosphäre. €€

🗙 **Hotel Rosslare**
Rosslare Harbour, Co. Wexford
✆ (053) 913 31 10
www.hotelrosslare.ie
Kleines Drei-Sterne-Boutique-Hotel für Gäste, die es ab und zu mal gern weniger *traditional* haben. Auch direkt am Hafen. €–€€

Sligo

🗙🛎🏊 **Sligo Park Hotel & Leisure Club**
Pearse Rd., Sligo, Co. Sligo
✆ (071) 919 04 00
www.sligoparkhotel.com
Modernes Hotel mit 136 Zimmern. Mit Restaurant, Pool und Fitnessraum. €€

Stradbrook
Pearse Rd., Sligo, Co. Sligo
✆ (071) 916 96 74
www.stradbrook.com
Die günstigere B&B-Variante in derselben Straße wie das Sligo Park Hotel. Weniger modern, aber auch nett. €

Trim

Cranmor Guest House
Dunderry Rd., Trim, Co. Meath
✆ (046) 943 16 35
www.cranmor.com

Ein allerliebstes georgianisches Haus aus dem Jahr 1825, ca. 1,5 km nordöstlich von Trim. Für Angler: Die Wirtsleute erklären gern, wo man die dicksten Fische fängt. €

Unterkünfte

⊠ Trim Castle Hotel
Castle St., Trim, Co. Meath
✆ (046) 948 30 00
www.trimcastlehotel.com
68 Zimmer mit direktem Blick auf das Trim Castle, das unmittelbar am Fluss Boyne liegt – besonders schön am Abend, wenn die Schlossruine beleuchtet ist. €€

Tullamore

⊠ 🛇 Bridge House Hotel
Tullamore, Co. Offaly
✆ (057) 932 56 00
www.bridgehouse.com
Das Vier-Sterne-Hotel gefällt auch den Testern des Michelin Guides. Beeindruckende Eingangshalle und ein Schwimmbad wie aus einem türkischen Traum. €€€

Grennan's Country House
Aharney, Tullamore, Co. Offaly
✆ (057) 935 58 93
www.grennanscountryhouse.ie
Viele Sterne (vier) für wenig Geld im Herzen der Highlands! B&B und *self-catering*. €€

Gormagh Bed and Breakfast
Gormagh, Durrow, Tullamore, Co. Offaly
✆ (057) 935 14 68
www.gormaghbandb.com
Die Internetseite entlarvt Anne O'Brien sofort als Blumenliebhaberin. 5 Autominuten von Tullamore entfernt. €

Waterford

⊠ Dooley's Hotel
The Quay, Waterford, Co. Waterford
✆ (051) 87 35 31
www.dooleys-hotel.ie
Traditionell in Frauenhand: Das Hotel wurde im 19. Jh. von den Schwestern Mol und Kate Dooley gegründet. Heute wird es von den Darrer-Ladies betrieben: Großmutter, Tochter und Enkelin. Empfehlenswert, nicht nur wegen des tollen Blicks auf das Hafenviertel. €€

⊠ Fitzwilton Hotel
Bridge St., Waterford, Co. Waterford.
✆ (051) 84 69 00
www.fitzwiltonhotel.ie
89 Zimmer, alle zeitgemäß eingerichtet. €€

Wexford

Killiane Castle
Drinagh, Wexford, Co. Wexford
✆ (053) 915 88 85
www.killianecastle.com
Wie soll man das beschreiben? Farmhouse eingebaut in Schlossruinen. In jedem Fall sehr malerisch. 10 Minuten vom Hafen entfernt. €

Maple Lodge
Castlebridge, Wexford, Co. Wexford
✆ (053) 915 91 95 (mobil)
www.maplelodgewexford.com
Castlebridge: Hier ist die Geburtsstätte des Guinnessbuchs der Rekorde. Muss man sich nicht unbedingt merken. Nur vielleicht, dass es hier eine nette Unterkunft gibt. €–€€

Youghal

⊠ Aherne's Townhouse
163 North Main St., Youghal, Co. Cork
✆ (024) 924 24
www.ahernes.com
Das kleine Hotel mit nur 12 Zimmern bietet individuellen Service, geräumige Zimmer und gutes Essen. €€€

Vom Trim Castle Hotel genießt man einen direkten Blick auf Trim Castle

Service von A bis Z

An- und Einreise 248	Nachtleben 256
Auskunft 249	Nordirland in Zahlen und Fakten 258
Automiete und Autofahren 250	Notrufe 256
Diebstahl und Sicherheit 250	Öffentliche Verkehrsmittel...... 257
Diplomatische Vertretungen 251	Presse und TV 258
Einkaufen 251	Rauchen 259
Eintrittspreise und Ermäßigungen 251	Republik Irland in Zahlen und Fakten 257
Essen und Trinken 252	
Feiertage und Feste 252	Sport und Urlaubsaktivitäten ... 259
Gärten und Parks 254	Sprachführer 261
Geld und Kreditkarten 254	Strom 269
Hinweise für Menschen mit Behinderungen 255	Telefon, Post 270
	Trinkgeld 270
Mit Kindern in Irland 255	Unterkünfte 270
Klima, Reisezeit, Kleidung 256	Zeitunterschied 271
Medizinische Versorgung 256	Zollbestimmungen 271

An- und Einreise

Flüge nach Dublin
Die irische Hauptstadt Dublin wird von vielen sogenannten Billigfliegern angeflogen. Eine Anreise ist also für wenig Geld möglich. In der Regel kann man ein Flugticket für unter 100 Euro bekommen.
 Die Deutsche Lufthansa (www.lufthansa.de) fliegt Dublin von Frankfurt aus an. Aer Lingus (www.aerlingus.com) von Berlin, Düsseldorf, Frankfurt, Hamburg, Stuttgart und München sowie von Wien und Zürich. Ryanair (www.ryanair.com) von Berlin-Schönefeld, Frankfurt-Hahn und Memmingen sowie Salzburg. Mit Germanwings (www.germanwings.com) kommt man von vielen deutschen Städten (Köln/Bonn, Berlin-Tegel, Leipzig, Halle, Dresden, Friedrichshafen) aus in die irische Hauptstadt.

Insbesondere bei den Billiganbietern ändern sich die Flugrouten häufig. Reisende sollten sich deswegen aktuell informieren.
 Busverbindung vom Flughafen in die Stadt gibt es mit der Linie 747 (zum Busbahnhof, zur O'Connell St. und zur Heuston Station, Ticket € 6), www.dublinairport.com bzw. www.dublinbus.ie.

Flüge nach Cork, Shannon/Limerick und Kerry/Killarney
Aer Lingus fliegt von München nach Cork, Ryanair von Frankfurt-Hahn nach Kerry/Killarney.
Bus Éireann verbindet die jeweiligen Flughäfen mit Cork und Killarney.

Flüge nach Belfast
Zurzeit gibt es fast keine Direktflüge von Billigflug-Anbietern nach Belfast. Fluglinien

wie British Airways, KLM und Air France fliegen von vielen Städten in Deutschland mit Zwischenstopp in England nach Belfast.

Mit dem Airport Express kommt man vom Flughafen ins Stadtzentrum.

Fährüberfahrten nach Irland
Fährschiffe der Irish Ferries (www.irishferries.com oder www.directferries.de) bzw. von Stena Line (www.stenaline.co.uk) verkehren mehrmals täglich von Holyhead nach Dublin bzw. Dun Laoghaire. Weitere Verbindungen zwischen **Großbritannien und Irland:** von Pembroke und Fishguard nach Rosslare und von Swansea nach Cork/Cobh (www.aferry.de).

Verbindungen zwischen **Frankreich und Irland**: Die Schiffe von Irish Ferries verkehren zwischen Cherbourg bzw. Roscoff und Rosslare.

Zu den **nordirischen Häfen** Belfast bzw. Larne gibt es Verbindungen von Cairnryan, Birkenhead und Troon sowie von Douglas auf der Isle of Man. Infos bei Stena Line, P&OLine (www.poirishsea.com) und der Steam Packet Company (www.steam-packet.com).

Da die Fährüberfahrten im Vergleich zum Flug extrem teuer sind, lohnt die Mitnahme des eigenen Wagens nur bei sehr langen Aufenthalten. Ansonsten ist es günstiger zu fliegen und sich vor Ort einen Mietwagen zu nehmen.

Einreise
Zur Einreise nach Irland bzw. Nordirland benötigen Deutsche einen Reisepass oder Personalausweis, der noch sechs Monate Gültigkeit haben sollte. Für den Grenzübertritt zwischen der Republik Irland und Nordirland benötigt man keine Dokumente.

Mit einem EU-Reisepass für Haustiere (EU Pet Passport, Heimtierausweis) dürfen Hunde und Katzen nach Irland einreisen. Alle anderen tollwutgefährdeten Tiere müssen vor der Einreise in Quarantäne. Das genaue Procedere erfährt man beim heimischen Tierarzt; Informationen liefern auch die Webseiten der Botschaften (www.embassyofireland.de, www.ukingermany.fco.gov.uk).

Auskunft

Fremdenverkehrsämter
Irland Information – Tourism Ireland
Gutleutstr. 32
60329 Frankfurt am Main
✆ (069) 923 18 50
Fax (069) 92 31 85 88
www.discoverireland.com/de oder
www.tourismireland.com
Hier erhält man Informationen sowohl zur Republik Irland als auch zu Nordirland.
Die Adressen der lokalen Fremdenverkehrsämter findet man in diesem Buch bei den jeweiligen Städtebeschreibungen.

Service von A bis Z

Geheimtipp: der kleine idyllisch gelegene Fischerhafen Ballintoy Harbour (County Antrim)

Service von A bis Z

Im Internet

Im Web findet man unzählige Seiten über Irland bzw. Nordirland. Die Internetadressen der örtlichen Fremdenverkehrsämter findet man in diesem Buch jeweils in Verbindung mit der Städtebeschreibung. Für Dublin ist besonders die Seite www.dublin.de zu empfehlen. Dort kann man sich auch einen regelmäßig erscheinenden, kostenlosen Newsletter über die irische Hauptstadt bestellen.

Automiete und Autofahren

Alle großen Autovermieter bieten auch in Irland bzw. Nordirland ihre Dienste an. An Kunden unter 21 (Nordirland meist 23) und über 70 wird in der Regel kein Fahrzeug vermietet. Die Zahlung des Mietpreises und die Hinterlegung der Sicherheitsleistung sind nur mit Kreditkarte möglich. Einige Autovermieter verlangen einen Zuschlag, wenn man von der Republik Irland nach Nordirland einreisen will. Einwegmieten sind dagegen meist ohne Zuzahlung möglich. Generell ist es günstiger, einen Mietwagen bereits in Deutschland zu mieten. Zudem lassen sich dann schon vorab die Versicherungsbedingungen klären und eventuell ist auch die Altersbeschränkung zu umgehen.

Vor Ort kann man auch Wohnmobile (Motorhome) mieten, folgende Firmen bieten Fahrzeuge an: Bunk Campers (Belfast und Dublin, ✆ 0044 28 90 75 57 46, www.bunkcampers.com), Celtic Campervans (Dublin, ✆ 00353 87 279 49 27, www.celticcampervans.com), Galway Campers (Kiltomer, ✆ 00353 87 699 81 71, www.galwaycampers.com).

In Irland sowie in Nordirland wird auf der linken Straßenseite gefahren! Trotzdem gilt – wie im Rechtsverkehr – die Vorfahrtsregel: rechts vor links.

In Irland liegt die Alkoholgrenze bei 0,5 Promille, in Nordirland gelten noch 0,8 Promille. Streng und nicht immer freundlich geht man mit Falschparkern um. Da wird schnell mal eine Reifenkralle angelegt. In vielen Städten wird fürs Parken generell Geld kassiert; wer glaubt, einen kostenlosen Parkplatz gefunden zu haben, täuscht sich meist. Irgendwo steht (manchmal versteckt) ein Parkautomat, der gefüttert werden will.

Die Straßen in Irland sind meist eng und kurvig. Selbst die erlaubten Höchstgeschwindigkeiten von 50 km/h in Ortschaften (46 km/h in Nordirland) und 80 bzw. 100 km/h (96 km/h in Nordirland) auf Regional- bzw. Nationalstraßen erreicht man nur selten. Zur Berechnung der Reisezeit ist ein Stundenmittel von 50–60 km/h ein realistischer Anhaltspunkt. Auf den wenigen Autobahnen sind 120 km/h (Republik Irland) bzw. 110 km/h (Nordirland) erlaubt.

Auf einigen Autobahnen rund um Dublin sowie einigen gut ausgebauten Landstraßen muss eine geringe Maut bezahlt werden. Eine Besonderheit: Auf der M 50 kann die Gebühr nicht direkt vor Ort entrichtet werden, sie muss innerhalb von 24 Stunden entweder am Flughafen oder telefonisch (in Irland unter ✆ 1890 50 10 50, aus dem Ausland unter ✆ 00353 1 443 05 55) bezahlt werden. Auch online unter www.eflow.ie ist die Bezahlung möglich.

Diebstahl und Sicherheit

Dublin ist keine Stadt, in der man um Leib und Leben oder Hab und Gut fürchten muss. Taschendiebe sind aber, wie in allen Großstädten, besonders im Gewühl der Einkaufsstraßen durchaus aktiv. Etwas Vorsicht ist also angebracht.

Ähnliches gilt für Belfast. Mit dem Friedensvertrag von 1998 scheint die Zeit der »Troubles« in Derry und Belfast endgültig vorbei zu sein. Barrikaden und Straßensperren sind abgebaut und man kann sich wieder frei bewegen. Dass es unter der Oberfläche aber noch gärt, sieht man an den teilweise aggressiven *Wall Murals* in West Belfast und Derry. Auffällig ist auch, dass nach Geschäftsschluss praktisch alle Geschäfte mit eisernen Rollläden gesichert werden, ein Relikt aus der Zeit der »Troubles«.

Sollte man Opfer oder Zeuge eines Vergehens werden, sollte man sofort die Polizei verständigen, sowohl in der Republik als auch in Nordirland unter der Nummer 999.

Service von A bis Z

Diplomatische Vertretungen

Deutsche Botschaft
31 Trimleston Ave.
Booterstown, Co. Dublin
✆ (01) 269 30 11
www.dublin.diplo.de
Mo/Di, Fr 8.30–11.30, Mi 13.30–15.30 Uhr
Die Deutsche Botschaft befindet sich an der Grenze zum Vorort Dun Laoghaire.

Österreichische Botschaft
93 Ailesbury Rd.
Ballsbridge, Dublin 4
✆ (01) 269 45 77
www.bmeia.gv.at/dublin

Schweizer Botschaft
6 Ailesbury Rd., Ballsbridge, Dublin 4
✆ (01) 218 63 82
www.eda.admin.ch/dublin

Einkaufen

Irland ist kein billiges Reiseland. Mit Ausnahme einzelner Waren – wie etwa Tee – kauft man hier in der Regel teurer ein als zu Hause.

Typische Souvenirs sind Kleidung aus Tweed, Pullover von den Aran-Inseln, Kristallglas aus Waterford und natürlich irischer Whiskey.

Staatlich festgelegte Ladenöffnungszeiten gibt es nicht. Die meisten Geschäfte haben montags bis samstags von 9 bis 18 Uhr geöffnet, in ländlichen Gebieten teilweise erst ab 9.30 Uhr. Große Supermarktketten wie Tesco und Dunnes sind an manchen Standorten sogar sieben Tage in der Woche rund um die Uhr geöffnet. In Dublin und vielen Städten Nordirlands haben die Geschäfte donnerstags bis 21 Uhr offen. Sonntags kann man in vielen Supermärkten und Einkaufszentren von 12 bis 18 Uhr einkaufen. In Nordirland beginnt die Sonntagsöffnungszeit um 13 und endet um 17 Uhr.

Eintrittspreise und Ermäßigungen

Die in diesem Buch angegebenen Eintrittspreise gelten für Erwachsene, Kinder und Familien. Senioren (über 60 Jahre) und Studenten haben fast überall ermäßigte Tarife.

Pubs und Restaurants bieten oft zwischen 17 und 19.30 Uhr sogenannte *Early-Bird-Menüs* an. Auch bei Sehenswürdigkeiten, Übernachtungen und öffentlichen Verkehrsmitteln gibt es vielfältige Möglichkeiten, Geld zu sparen. Hier einige Beispiele:

Ireland at a Glimpse
Ein Gutscheinheft, mit dem man auf der ganzen Insel rund 75 Sehenswürdigkeiten zu ermäßigten Preisen besichtigen kann. Bei Vorlage des entsprechenden Coupons bekommt eine weitere Person freien Eintritt. Das Heft kostet £ 8.99. Weitere Infos unter www.take-a-glimpse.com.

Irelandcard
Mit der Irelandcard erhält man 5 bis 50 Prozent Ermäßigung bei Sehenswürdigkeiten, B&B-Übernachtungen, Restaurants und Cafés sowie einigen Shops. Die Broschüre mit den Gutscheinen kostet € 5 und kann unter www.irish-shop.de bestellt werden.

Heritage Card
Die Heritage Card (Erwachsene € 21, Senioren € 16, Kinder und Studenten € 8 und Familien € 55), die man über das Internet erwerben kann, bietet ein Jahr lang uneingeschränkten Zugang zu rund 65 kulturell bedeutenden Stätten (✆ 01-647 65 92, www.heritageireland.ie).

Heritage Island
Heritage Island ist eine Organisation, die die wichtigsten privaten Besucherattraktionen sowohl in der Republik als auch in Nordirland repräsentiert. Auch die Orte, die wegen ihres einzigartigen Charakters den Zusatz »Heritage Town« tragen, werden von Heritage Island vermarktet. Die Broschüre »Ireland's Visitor Attractions Guide« kostet € 6,99 und listet alle Sehenswürdigkeiten auf; im Preis enthalten ist ein Discount Pass, mit dem man sparen kann (Heritage Island, 27 Merrion Sq., Dublin 2, ✆ 01-775 38 71, www.heritageisland.com).

Service von A bis Z

Für Rundreisen mit öffentlichen Verkehrsmitteln werden diverse Spezialtarife wie Emerald Card, Irish Rover, Irish Explorer, Open Road Pass oder Freedom of Northern Ireland angeboten. Weitere Infos unter www.buseireann.ie und www.translink.co.uk.

Essen und Trinken

In Irland wird traditionell sehr üppig gefrühstückt. Als Getränke werden Kaffee oder Tee gereicht. Anstelle eines sparsamen Brötchens gibt es aber Cornflakes oder Porridge – Haferbrei. Außerdem: Eier in allen Variationen, Bohnen mit Tomatensauce, gegrillte Tomaten, gebratenen Speck, gebratene Würstchen und Toast. Alles in allem: fetthaltig und kalorienreich.

Bei einer solchen Grundlage gibt es zum Mittagessen meist nur Sandwiches. Nachmittags wird Tee serviert, zu dem durchaus auch etwas gegessen wird.

Abends wird dann wieder reichlich kalorien- und fettreich aufgetischt. Besonders beliebt sind Lammgerichte und Fisch.

Irish Stew, eine Kasserolle mit Lamm- oder Hammelfleisch, Zwiebeln und Kartoffeln, gilt als Nationalgericht. *Dublin Coddle* ist ein Eintopf aus Würstchen, Schinken, Kartoffeln und Zwiebeln. Beliebt – und auch von Touristen oft gegessen – sind *Fish and Chips*, also paniertes, frittiertes Fischfilet mit Pommes Frites.

Als Nachtisch kommt oft Apfelkuchen, *Apple Tart*, auf den Tisch, oder man isst *Porter Cake*, der aus Trockenfrüchten, braunem Zucker, Guinness und etwas Mehl hergestellt wird.

Während irisches Essen außerhalb der Grenzen der Insel nur wenige Anhänger findet, sieht es bei den Getränken anders aus. Das irische Bier – allen voran das Guinness – und der Whiskey genießen Weltruhm.

Die Pubs sind für viele Inselbewohner das zweite Wohnzimmer. Hier trifft man sich zu einem Schwatz mit den Nachbarn, um Sport im Fernsehen zu schauen, um einen kleinen Snack einzunehmen oder auf ein Guinness zwischendurch. Außer sonntags öffnen die meisten Pubs um 10.30 Uhr und bleiben dann montags bis donnerstags bis 23.30 Uhr geöffnet, freitags und samstags schließen sie um 0.30 Uhr. Am Sonntag geht es erst nach dem Kirchgang los: von 12.30 bis 23 Uhr.

Für Nordirland gelten ähnliche Öffnungszeiten: montags bis samstags 11.30 bis 23 Uhr, sonntags bis 22 Uhr.

Während *a pint of Guinness* (=0,57 l) im Pub zwischen 3 und 5 Euro kostet, also durchaus erschwinglich ist, und ein *Bar menue* die Reisekasse mit etwa € 10 belastet, ist Essengehen in Irland richtig teuer. Selbst in normalen Gaststätten muss man mit mehr als 15 Euro für das günstigste Hauptgericht rechnen.

Die in diesem Buch unter Service & Tipps empfohlenen Restaurants sind nach folgenden **Preiskategorien** eingeteilt, die sich jeweils auf ein Hauptgericht ohne Getränke beziehen:

€/£	– bis 12 Euro
€€/££	– 12 bis 18 Euro
€€€/£££	– 18 bis 25 Euro
€€€€/££££	– über 25 Euro

Feiertage und Feste

Feiertage

In der Republik Irland: Neujahr, St. Patrick's Day am 17. März, Ostermontag, Maifeiertag jeweils am ersten Montag im Mai, Junifeiertag am ersten Montag im Juni, Augustfeiertag am ersten Montag im August, Oktoberfeiertag am letzten Montag im Oktober sowie der 25. und 26. Dezember. Der Karfreitag ist eigentlich kein offizieller Feiertag, trotzdem haben an diesem Tag die meisten Läden und Restaurants geschlossen.

In Nordirland: Neujahr, St. Patrick's Day am 17. März, Karfreitag, Ostermontag, Maifeiertag am ersten Montag im Mai, 12. Juli zur Feier des protestantischen Sieges in der Schlacht am Boyne River, Summer Bank Holiday am letzten Montag im August und der 25. und 26. Dezember.

Feste

Um die Reiseplanung zu erleichtern, sind hier die wichtigsten Feste und Festivals der ganzen Insel zusammengefasst, die sich großteils auch bei den jeweiligen Orten unter Service & Tipps finden.

Service von A bis Z

Januar
Anfang bis Ende Januar: Belfast Cathedral Quarter Arts Festival, Festival mit Theater, Musik, Literatur und Zirkus (www.cqaf.com).
Ende Januar: Irish Champion Hurdles, eines der wichtigsten Pferderennen des Jahres in Leopardstown bei Dublin.

Februar
Six-Nations-Rugbyturnier in Dublin zwischen Irland, England, Schottland, Wales, Frankreich und Italien. Wer die Spiele nicht im Stadion anschaut, ist auf jeden Fall im Pub dabei.
Ende Februar: Malahide Food and Drink Affair, kulinarisches Festival.

März
St. Patrick's Day am 17. März: Straßenumzüge und Feierlichkeiten in vielen Orten.
17. März: District Horse Ploughing Championship in Ballycastle, Pferdepflügwettbewerb, der seit über 100 Jahren stattfindet.

April
Anfang April: Belfast Film Festival.
Anfang April: Pan Celtic Festival in Tralee
1. Aprilwochenende: Colours Boat Race, Ruderrennen auf der Liffey zwischen University College Dublin und Trinity College – vergleichbar mit dem Rennen zwischen Cambridge und Oxford in England.
3. Aprilwoche: Dublin Film Festival.
Ende April: Howth Bay Prawn Festival, Howth Harbour.

Mai
1. Mai: Belfast Marathon.
Anfang Mai: Tullamore Arts Festival, buntes Fest für die ganze Familie mit Musikveranstaltungen, Umzügen und Straßenfest.
1. Montag: May Day Parade, es wird gefeiert und getrunken – und die Politiker halten Reden, denen keiner zuhört.
Apfelblütenfest in der Grafschaft Armagh.
Fleadh Nua in Ennis: Irisches Festival mit Tanz und Musik.
Ende Mai/Anfang Juni: Lord Mayor's Parade in Belfast, farbenfroher Karnevalsumzug.
Ende Mai/Anfang Juni: Laytown Beach Race, Pferderennen am Strand.
Ende Mai/Anfang Juni: Docklands Summer Festival in Dublin, Straßenfest.

Juni
Music in the Park: Den ganzen Monat über Freiluftkonzerte in Dublins Parks.
Mitte Juni: Maracycle, Radrennen Dublin–Belfast–Dublin.
16. Juni: Bloomsday, Gedenktag, der an Leopold Bloom, die Hauptfigur aus »Ulysses« von James Joyce, erinnert. Für viele Dubliner besteht der Tag aus einem Kneipenbummel auf den Spuren des Dichters.
Mitte Juni: Scurlogstown Olympiad Haymaking Festival in Trim, ein traditionelles Festival rund ums Landleben.
Ende Juni/Anfang Juli: Belfast Titanic Maritime Festival, Segelschiffe aus aller Welt sind zu Gast in der nordirischen Hauptstadt.

Juli
12. Juli: Überall in Nordirland wird mit Umzügen an den Sieg in der Schlacht am Boyne River von 1690 gedacht. Noch vor wenigen Jahren Anlass für Straßenschlachten zwischen Protestanten und Katholiken, inzwischen ist es ein großes Volksfest.
Ende Juli: Fiddler's Green International Festival Rostrevor – irische Musik.
Mitte bis Ende Juli: Galway Arts Festival.
Ende Juli: Lughnasa Harvest Festival, Mittelalterjahrmarkt im Carrickfergus Castle.
Ende Juli: O'Carolan, Festival für Harfen- und traditionelle Musik in Nobber.

August
Anfang August: Eine Woche geht das Folkmusicfestival in Letterkenny.
Anfang August: Summer Music Festival in Dublin, St. Stephen's Green, Freiluftkonzerte zur Mittagszeit.
Mitte August: Puck Fair in Killorglin, großes traditionelles Fest, Höhepunkt: eine Ziege wird zum König gekrönt.
Mitte August: Kunstwoche von Kilkenny.
Ende August: Oul' Lammas Fair in Ballycastle, Irlands ältester traditioneller Jahrmarkt.

September
1. Samstag: Liffey Swim, Schwimmwettbewerb zwischen Watling St. Bridge und Custom House.

Service von A bis Z

2. und 3. Septemberwoche: Dublin Fringe Theatre Festival.
2. Sonntag: All-Ireland Hurling Final, Croke Park, Dublin.
4. Sonntag: All-Ireland Football Final, Croke Park, Dublin – Hurling und Gälischer Fußball sind zwei urirische Sportarten. Die alljährlichen Finals sind die wichtigsten Sportereignisse des Jahres.
Ende September/Anfang Oktober: Matchmaking Festival in Lisdoonvarna. Früher ein Pferdemarkt, heute die größte Singlebörse im Land. Eine Woche lang feiern Alleinstehende in der Hoffnung, den Partner fürs Leben zu finden, oder einfach um eine Woche lang Spaß zu haben.

Oktober
Anfang Oktober: Kinsale Gourmet Festival.
Erste zwei Oktoberwochen: Dublin Theatre Festival.
Letzter Montag: Dublin City Marathon.
Halloween am 31. Oktober: In Irland begründet, ist die Tradition des Halloween inzwischen auch bei uns populär.
Ende Oktober: Cork Jazz Festival.
Oktober/November: Belfast Festival at Queens, großes internationales Kulturfestival.

November
Anfang November: Internationales Chorfestival in Sligo.
Mitte November: Dudelsack-Festival in der Grafschaft Armagh.
Mitte November: Opera Ireland, Opernfestival im Gaiety Theatre in Dublin.
Mitte November: Cork Film Festival.

Dezember
26. Dezember: St. Stephens Day, die »Wren Boys«, als Schornsteinfeger verkleidete Sänger, ziehen von Haus zu Haus.
26. bis 29. Dezember: Leopardstown Races, das größte Pferderennen Irlands.

Gärten und Parks

Parks und Gärten haben seit Jahrhunderten auf der gesamten irischen Insel Tradition. Schon die Seefahrer brachten von ihren Reisen ungewöhnliche Pflanzen mit, um sie zu Hause zu kultivieren. Das milde atlantische Klima lässt selbst exotische Pflanzen aus ganz unterschiedlichen Klimazonen gedeihen. Zusätzlich hat man Gärten und Parks mit hohen Mauern umgeben, die die Wärme speichern, und schon zu viktorianischer Zeit Pflanzen in Gewächshäusern kultiviert. Einige dieser Gewächshäuser – wie das im Botanischen Garten von Belfast – sind noch heute zu bewundern. Mit viel Liebe und Können haben Gärtner und Gartenarchitekten im Auftrag des Adels oft wahre Kunstwerke geschaffen, die je nach Zeitgeist akkurat viktorianisch oder naturalistisch gestaltet wurden. Viele Gärten sind öffentlich zugänglich und auch Privatleute öffnen im Rahmen von »Garden Festivals« oder »Garden Trails« ihre Pforten für Besucher. Weitere Informationen unter www.castlegardensireland.com.

Geld und Kreditkarten

In der Republik Irland ist der Euro seit 2002 offizielle Währung. In Nordirland wird mit Pfund Sterling (£) bezahlt, einige große Geschäfte akzeptieren aber auch den Euro. In Nordirland gibt es eigene Pfundscheine. Diese sind theoretisch auch in den anderen Teilen des Königreichs gültig. In England, Schottland oder Wales kennt man die nordirischen Scheine aber meistens nicht und deswegen werden sie oft nicht angenommen.

Tipp: Wer seine Pfundnoten auf der britischen Insel verwenden will, sollte seine nordirischen Pfundnoten vor Verlassen des Landes an der Hotelrezeption oder in einer Bank in »Bank of England«-Pfundnoten umtauschen.

Die meisten Banken verfügen über Bankautomaten, bei denen man mit Visa-, Master- und EC-Karte Geld abheben kann.

Die allgemeinen Bankenöffnungszeiten sind in ganz Irland montags bis freitags von 9.30 bzw. 10 bis 17 Uhr. Mittags sind sie oft für eine Stunde geschlossen. Einige Banken in Nordirland haben auch samstags geöffnet.

Visa-, Mastercard- und (meist auch) American Express-Kreditkarten werden sowohl in der Republik Irland als auch in Nordirland in vielen Geschäften und Restaurants akzeptiert. In Pubs wird generell bar bezahlt.

Hinweise für Menschen mit Behinderungen

Ein Unterkunftsverzeichnis für Hotels und Bed & Breakfasts mit verbindlich festgelegten, behindertengerechten Standards erhält man bei der Irland Information in Frankfurt am Main.

Wenig behindertenfreundlich ist der öffentliche Nahverkehr. Nur sehr wenige Busse sind mit absenkbaren Böden ausgestattet, und es ist auch nicht vorgesehen, dass die Fahrer beim Einstieg helfen.

Weitere Infos für das Reisen in der Republik:
National Disability Authority
Access Dept, 25 Clyde Rd.
Dublin 4
✆ (01) 608 04 00
www.nda.ie

Weitere Infos für das Reisen in Nordirland:
Disability Action
189 Airport Rd. West
Belfast BT3 9ED
✆ (028) 90 29 78 80
www.disabilityaction.org

Service von A bis Z

Mit Kindern in Irland

Irland ist ein junges Land mit vielen Kindern. Entsprechend gut ist man deshalb auf Reisende mit Kindern vorbreitet. Sehenswürdigkeiten und öffentliche Gebäude haben in der Regel Wickelräume. Es gibt nahezu überall Kindermenüs, Hochstühle und Rampen für Kinderwagen und Buggys.

Die meisten Museen und Sehenswürdigkeiten bieten verbilligte Kindertickets und oft auch Sonderpreise für Familien. In Zügen fahren Kinder unter fünf Jahren kostenlos, Jugendliche bis 15 bezahlen nur die Hälfte. In Bussen können Kinder bis zu drei Jahren kostenlos mitgenommen werden, Jugendliche bis 16 Jahren erhalten Ermäßigungen.

Ein Schwachpunkt ist oft der öffentliche Nahverkehr in größeren Städten. Dort sind nur wenige Busse mit Einstiegshilfen für Rollstuhlfahrer ausgestattet – entsprechend schwer ist auch der Zugang mit Kinderwagen.

Das 1425 erbaute Bunratty Castle gilt als die am authentischsten erhaltene mittelalterliche Burg Irlands, im angeschlossenen Park wurde das bäuerliche Leben im 19. Jahrhundert rekonstruiert

Service von A bis Z

Klima, Reisezeit, Kleidung

Die Insel Irland ist vom Golfstrom umgeben und kann sich deshalb über ein relativ mildes Wetter freuen, das jedoch extrem wechselhaft und regnerisch sein kann. Für irische Verhältnisse liegt Dublin allerdings in einem regelrechten Trockengebiet, denn im Osten des Landes sind die Niederschläge wesentlich geringer als im Westen.

Das zweite typische Wetterphänomen Irlands ist der Wind – der nicht selten zum Sturm auffrischt. Regenschirme nützen dann nichts mehr, da muss wetterfeste Funktionskleidung her. An einem Tag kann man in Irland durchaus vier Jahreszeiten erleben. Nicht selten kann man nach einem verregneten Morgen in der Abendsonne sein Bier trinken – umgekehrt verspricht ein sonniger Morgen allerdings auch nicht zwangsweise einen ebensolchen Tag. Bei der Kleiderwahl sollte man dies berücksichtigen; eine leichte Regenjacke gehört immer ins Gepäck.

Im Sommer bleiben die Temperaturen unter denen, die man in Deutschland gewöhnt ist, im Winter ist es dagegen in Irland wesentlich wärmer als hierzulande – Schnee ist die Ausnahme.

Die beste Reisezeit ist zwischen Mai und September.

Medizinische Versorgung

Die medizinische Versorgung ist sowohl in der Republik Irland als auch in Nordirland ausgezeichnet. Mit der EHIC-Karte (European Health Insurance Card), die man bei der Krankenkasse erhält, hat man im Notfall denselben Anspruch auf medizinische Leistungen wie jeder Ire. Da die Kosten in der Regel verauslagt werden müssen und die deutschen Krankenkassen nicht jede Leistung als »medizinisch notwendig« anerkennen, kann der Abschluss einer Auslandskrankenversicherung trotzdem zweckmäßig sein.

Wer regelmäßig Medikamente einnehmen muss, sollte diese aus der Heimat mitnehmen.

Zwar gibt es von Ort zu Ort Unterschiede, doch in der Regel sind Apotheken montags bis freitags zwischen 9 bzw. 9.30 Uhr und 18 bzw. mitunter auch 21/22 Uhr geöffnet, einige auch am Wochenende und an Feiertagen ganztags. In Dublin hat die Hickey's Pharmacy, 310 Harold's Cross, ✆ (01) 492 37 69, Spätdienst bis 22Uhr. Es gibt allerdings keinen 24-Stunden-Service, haben die Apotheken geschlossen, wendet man sich an das nächstgelegene Krankenhaus.

Nachtleben

Das Rückgrat des irischen Nachtlebens bilden die Pubs. Selbst in kleinen Dörfern gibt es meistens einen traditionell eingerichteten Pub, oft sind es sogar mehrere. Neben dem frisch gezapften Guinness wird in vielen Pubs auch einfaches, relativ preiswertes Essen serviert. Bei Sportveranstaltungen läuft gern der Fernseher, hin und wieder wird auch Livemusik geboten. Wer auf mehr Abwechslung wie Theater, klassische Musik, Oper oder Tanz aus ist, findet solche Angebote beispielsweise in Dublin, Galway, Waterford, Cork oder Belfast.

Notrufe

Kostenfreier Notruf für Polizei, Feuerwehr und Krankenwagen, sowohl in der Republik als auch in Nordirland: ✆ 999
Notruf bei Autopannen: Automobile Association (AA): ✆ (01) 617 99 99 (Republik Irland), ✆ 0800 88 77 66 (Republik Nordirland)

Klimatabelle Dublin:

	Jan.	Febr.	März	Apr.	Mai	Juni	Juli	Aug.	Sept.	Okt.	Nov.	Dez.
Max. Temperatur	8	9	10	13	15	19	20	18	17	14	10	8
Min. Temperatur	1	2	3	4	7	9	11	11	10	7	4	3
Sonnenstunden	2	3	4	6	7	7	6	6	5	4	3	2
Regentage	11	10	9	10	11	12	12	12	10	12	12	13

Irish Tourist Assistance Service: Mo–Fr: 6–7 Hanover St. East, Dublin 2, Sa/So/Feiertage: Store St. Garda Station, Dublin 1, Mo–Sa 10–18, So/Feiertage 12–18 Uhr, ✆ 1890 36 57 00. Die Organisation besteht größtenteils aus Freiwilligen und hilft Touristen, die Opfer eines Verbrechens wurden. In Nordirland hilft jede örtliche Polizeidienststelle ✆ (08 45) 600 80 00 oder Victim Support Northern Ireland ✆ (08 45) 303 09 00
Zentrale Nummer für die Sperrung von Kreditkarten: ✆ +49 116 116

Öffentliche Verkehrsmittel

Durch Streckenstilllegungen ist das Schienennetz ziemlich geschrumpft, zudem sind die Preise für Zugfahrten recht hoch. Mit Überlandbussen erreicht man dagegen so gut wie jeden Ort.

Infos über Busverbindungen und -preise in der Republik Irland:
Irish Bus – Bus Éireann
✆ (01) 836 61 11
www.buseireann.ie

Infos über Zugverbindungen und -preise in der Republik Irland:
Irish Rail – Iarnród Éireann
✆ (01) 836 62 22
www.irishrail.ie

Infos über Bahn- und Buspreise sowie Fahrpläne in Nordirland:
Translink
✆ (028) 90 66 66 30
www.translink.co.uk

Dublin

Dublin hat ein sehr gut ausgebautes öffentliches Verkehrsnetz. Da die Hauptlast des Transports auf dem Busverkehr lastet, steckt man auf vielen Strecken im Stau. Als Tourist sollte man daher die Rushhour meiden. Der Hauptumsteigebahnhof liegt in der O'Connell Street beim General Post Office.

Seit 2004 gibt es auch zwei **Straßenbahnlinien (Luas)**. Die Red Line verkehrt von der Connolly Station nach Tallaght und die Green Line von St. Stephen's Green nach Sandyford.

Die **Vorortbahn DART** verbindet Howth im Norden und Bray im Süden und durchquert dabei auch das Stadtzentrum. Sie ist die schnellste und bequemste Verbindung ins Umland.

Informationen rund um den **Dubliner Busverkehr** erhält man unter www.dublinbus.ie und beim Discover Ireland Centre Dublin in der Suffolk St., ✆ 1850 23 03 30, www.visitdublin.com.

Die Busse fahren werktags von 6 bis 23.30 Uhr. Ab 0.30 Uhr verkehren am Donnerstag, Freitag und Samstag auf einem beschränkten Routennetz Nachtbusse. Der Preis für ein Busticket liegt je nach Streckenlänge zwischen € 1,65 und € 2,80, Express bis € 4 (Ermäßigung für Jugendliche bis 16 Jahre), Nachtbusse sind teurer. Wechselgeld wird im Bus nicht gegeben. Wer zu viel zahlt, bekommt vom Busfahrer ein »Überzahlticket«, das er dann im Dublin Bus-Informationsbüro (59 Upper O'Connell St., ✆ 01-873 42 22) in

Service von A bis Z

Republik Irland in Zahlen und Fakten

Landesname: Irland – Ireland – Éire
Größe: 70 282 km², damit in etwa so groß wie Bayern
Einwohner: 4,5 Millionen
Hauptstadt: Dublin
Sprache: Irisch, Englisch
Währung: Euro
Religion: 86,6 % römisch-katholisch, 3 % Anglikaner (Church of Ireland), 0,8 % Muslime, 4,4 % ohne Religionszugehörigkeit
Nationalfeiertag: 17. März – St. Patrick's Day
Flagge: Grün-weiß-orangefarbene Trikolore
Telefonvorwahl: +353
Wirtschaft: Die bedeutendsten Wirtschaftssektoren waren im Jahr 2010 das Dienstleistungsgewerbe, das 66 % des BIP erwirtschaftete, und die Industrie mit 29 % des BIP. Die Landwirtschaft hatte einen Anteil von 2 % am BIP.
Bruttoinlandsprodukt pro Kopf: € 34 800 (2011)

Service von A bis Z

Bargeld zurücktauschen kann. Das ist umständlich und zeitaufwendig.

Fährt man viel, lohnt sich vielleicht ein **Tagesticket** (»Rambler«). Es wird für € 6,90 verkauft. **3- und 5-Tage-Tickets** sind für € 15 bzw. € 25 zu haben. Für Nachtbusse, Luas und DART gelten diese Tickets allerdings nicht. Um den Tarifwirrwarr noch zu vergrößern, gibt es auch ein **3-Day Freedom Ticket**. Das beinhaltet zu einem Preis von € 28 (Kind € 12) zusätzlich zum Bustransport auch Stadtrundfahrten mit dem offenen Doppeldeckerbus sowie Fahrten mit dem Nachtbus und dem Flughafenbus.

Will man nicht nur Bus fahren, sondern auch Sehenswürdigkeiten besuchen, lohnt eventuell der **Dublin Pass**. Er berechtigt neben dem kostenlosen Bustransfer vom Flughafen in die Stadt auch zu freiem Eintritt in fast alle Sehenswürdigkeiten Dublins. Den Pass gibt es für 1, 2, 3 und 6 Tage und er kostet € 35/55/65/95, für Kinder € 19/31/39/49 (www.dublinpass.ie).

Nordirland in Zahlen und Fakten

Landesname: Nordirland – Northern Ireland – Tuaisceart Éireann
Größe: 13 843 km²
Einwohner: 1,8 Millionen (2011)
Hauptstadt: Belfast
Sprache: Englisch, Irisch, Ulster Scots
Währung: Pfund Sterling
Religion: 47 % Protestanten, 44 % Katholiken (2011)
Nationalfeiertage: St. Patrick's Day – 17. März, 2. Samstag im Juni (The Queen's Birthday)
Flagge: keine eigene offizielle Flagge, verwendet wird der Union Jack
Telefonvorwahl: +44
Wirtschaft: Dienstleistungssektor, Textil-, Elektro- und Lebensmittelindustrie
Bruttoinlandsprodukt pro Kopf: £ 13 952 (zum Vergleich: Festland-GB £ 17 235)

Belfast

Die Gesellschaft **Citybus** bietet über 60 Verbindungen in und um Belfast an. Tickets bekommt man an größeren Haltestellen und Kiosken.

Mehrfahrtenkarten, **Smartlink Multi-Journey-Cards**, werden mit je fünf Fahrten aufgeladen. Mit **Smartlink Travel Cards** kann man sieben Tage oder einen Monat unbegrenzt das Citybusnetz nutzen.

Centrelink Service: Die Nummer 100 verbindet das Stadtzentrum mit den wichtigsten Bushaltestellen und Bahnhöfen innerhalb der Stadt. Die Fahrt mit Centrelink ist umsonst, wenn man ein gültiges Bus- oder Zugticket besitzt.

Eine gute Möglichkeit, um Belfast kennenzulernen, ist der **City Sightseeing Bus**, der auch in die Außenbezirke und zu den *Wall Murals* fährt. Eine Rundfahrt kostet £ 12.50/6, Familienticket £ 31 (bei Online-Buchung £ 9/5/25). Das Ticket für die Hop-On/Hop-Off-Touren mit mehrsprachigen Erläuterungen ist 48 Stunden gültig (℡ 028-90 32 13 21, www.belfastcitysightseeing.com).

Der Airbus Express 300 verkehrt rund um die Uhr mindestens stündlich, zeitweise sogar im 15-Minuten-Takt, am Wochenende fährt er alle 20 bis 30 Minuten. In der Stadt halten die Flughafenbusse bei der Busstation Glengall Street, hinter dem Europa Hotel.

Presse und TV

Die wichtigsten irischen Tageszeitungen sind: *The Irish Times* und *The Independent*. Veranstaltungshinweise und Berichte zum Kulturleben von Dublin findet man in *Day&Night*, der Beilage des *Independent*, *The Ticket*, der Beilage der *Irish Times*, und den Stadtmagazinen *Totally Dublin* und *In Dublin*.

In Nordirland erscheinen der *Belfast Telegraph*, *News Letter* und *Irish News*.

In größeren Städten sind auch ausländische Zeitungen erhältlich.

Neben den staatlichen Fernsehkanälen RTÉ1 und RTÉ2 gibt es noch die privaten Sender TG 4 und TV 3. Channel 6 ist nur über Kabel zu empfangen. Auch der nordirische Sender UTV und die Fernsehkanäle aus Großbritannien können empfangen werden. Nur wenige große Hotels haben deutsche Sender im Angebot.

Rauchen

Die Republik Irland hat 2004 – als erstes Land der EU – in allen öffentlichen Gebäuden ein totales Rauchverbot eingeführt. Seit 2007 gilt ein ähnliches Gesetz auch in Nordirland. Dies betrifft Ämter, Pubs, Restaurants, Hotels, B&B-Unterkünfte und öffentliche Verkehrsmittel. Bei Missachtung des Rauchverbots drohen hohe Strafen. Einige Hotels bieten spezielle Raucherzimmer an.

Sport und Urlaubsaktivitäten

Die alten gälischen Sportarten sind in Irland an der Spitze der Beliebtheitsskala: **Gaelic Football** und **Hurling** bei den Männern und **Camogie** bei den Frauen. Wer ein Spiel besuchen möchte, geht am Besten zum Croke Park in Dublin, dem viertgrößten Stadium Europas. Im Stadion in der Landsdowne Road finden die großen Rugby- und auch die Fußballländerspiele statt. Unter »football« versteht man in Irland übrigens die gälische Version des Sports. Fußball ist dort als »soccer« bekannt – beide Teams, das aus der Republik Irland und das aus Nordirland, haben eine große Anhängerschaft.

Für Touristen kaum nachvollziehbar ist die Faszination der Iren für den **Pferderennsport**. Die großen Rennen verfolgt fast die ganze (männliche) Bevölkerung. Ihr Interesse gilt dabei aber nicht nur den Pferden, sondern auch möglichen Wettgewinnen. Die bekannteste Rennbahn des Landes liegt in Leopardstown (www.leopardstown.com) am Stadtrand von Dublin, aber auch Wettbewerbe auf einer der anderen rund 25 Rennstrecken haben ihren ganz speziellen Reiz.

Wie in England sind auch in Irland **Greyhoundrennen** ungemein populär. Die beiden bekanntesten Rennbahnen Dublins liegen in der Harold's Cross Road und der South Lotts Road.

Wer nicht nur zuschauen, sondern sich selbst sportlich betätigen möchte, findet in Irland genügend Möglichkeiten.

Viele Iren sind Pferdenarren und von allem, was mit **Reitsport** zu tun hat, begeistert. Rund 30 Reiterhöfe gibt es landesweit, die sowohl Anfänger als auch Fortgeschrittene aufnehmen. Bei einigen kann man einen Sprachkurs mit Reiterferien kombinieren. Wer es gemütlich liebt, kann Urlaub mit dem Planwagen machen. Weitere Infos unter: www.irishhorsedrawncaravans.com, www.countrysiderecreation.com, www.discoverireland.com/de.

Sehr beliebt in Irland ist auch der **Golfsport** mit mehr als 500 Plätzen landesweit. Rein statistisch ist der Abstand von einem Golfplatz zum nächsten nie größer als einen Kilometer! Golf ist in Irland Volkssport und wird wegen des milden Klimas das ganze Jahr über ausgeübt. Auf vielen öffentlichen

> *Service von A bis Z*

Lässt Golferherzen höher schlagen: der 18-Loch-Golfplatz von Adare Manor

Service von A bis Z

Golfplätzen kann man auch ohne Klubmitgliedschaft spielen. Golfpässe bieten diverse Sparmöglichkeiten. Infos unter www.openfairways.com.

Radtouren durch Irland erfreuen sich steigender Beliebtheit, inländische und auch deutsche Veranstalter bieten Touren mit Gepäcktransfer an. Wer auf eigene Faust unterwegs ist, sollte seine Route genau planen, enge, stark befahrene Straßen meiden und auf Wind und Regen vorbereitet sein. Auf dem markierten Fernradweg »Kingfisher Trail« kann man auf 370 Kilometer Länge überwiegend auf kleinen Straßen durch die Counties Cavan, Fermanagh, Leitrim und Monaghan radeln (www.cycleni.com/101/kingfisher-trail).

Zum **Wandern** eignen sich besonders die sechs Nationalparks Killarney, The Burren, Connemara, Glenveagh, Wicklow und Mayo. Infos unter www.wandernirland.de und www.mountaineering.ie.

Wer abseits markierter Wanderwege unterwegs ist, hat unter Umständen nicht nur Schwierigkeiten mit der Orientierung, sondern wird auch immer wieder durch Hecken, Feldmauern und Zäune ausgebremst. Dem beugt man vor, wenn man die insgesamt 31 markierten Fernwanderwege nutzt, die die gesamte Insel durchziehen. Hier einige Vorschläge: 1000 Kilometer umfasst der Ulster Way, der durch alle nordirischen Counties einschließlich Donegal führt (www.walkni.com/ulsterway). Der Wicklow Way mit gut 130 Kilometern Länge war der erste Fernwanderweg Irlands (www.wicklowway.com). Der längste Fernwanderweg in der Republik ist mit mehr als 200 Kilometern der Kerry Way (www.kerryway.com). Der Beara Way führt auf einer Länge von knapp 200 Kilometern durch das westliche County Cork (www.bearatourism.com/bearaway.html). Auf dem 179 Kilometer langen Dingle Way kann man zu Fuß eine der schönsten irischen Halbinseln umrunden (www.dingleway.net).

Wem noch ein **Marathon** oder **Triathlon** in seiner Sammlung fehlt, der kann sich für den Belfast City Marathon (www.belfastcitymarathon.com), den Connemara Marathon (www.connemarathon.com), den Cork City Marathon (www.corkcitymarathon.ie), den Dublin Marathon (www.dublinmarathon.ie) oder den Galway Ironman (www.ironmanireland.com) anmelden.

Entlang der über 5000 Kilometer langen Küstenlinie gibt es unzählige **Sandstrände**, von denen knapp 100 mit der Blauen Flagge für gute Wasserqualität ausgezeichnet wurden. Vor allem die Süd-, Südwest- und Westküste sind vom Golfstrom beeinflusst und bieten deshalb Wassertemperaturen, die mit denen der Nordsee vergleichbar sind.

Für **Angler** sind die irische Küste, die Flüsse und Bäche sowie die großen Seen ein ideales Revier. Zu finden sind alle Spielarten des Sportangelns: Das Hochseeangeln, das »Game Angling« auf Forelle und Lachs, das »Coarse Angling« auf Hechte und Aale und das »Pike Angling« auf Hechte. Bei den Einheimischen ist das »Game Angling« am meisten verbreitet. Für das Angeln auf Lachs und Meerforelle benötigt man eine staatliche Lizenz. Damit darf man aber noch nicht in privaten Gewässern angeln, dazu ist noch eine Erlaubnis vom jeweiligen Eigentümer oder Pächter erforderlich. Der Erlaubnisschein kann für einen Tag oder auch für die ganze Saison erworben werden, die Preise variieren stark und sind abhängig vom zu erwartenden Fang. Infos und spezielle Angebote für Angler gibt es unter folgenden Adressen: www.dcal-fishingni.gov.uk, www.fishinginireland.info, www.irelandflyfishing.com und www.discovernorthernireland.com/angling.

Hausboote werden vor allem von Familien und kleinen Gruppen gemietet und können ohne Bootsführerschein gesteuert werden. Die acht bis fünfzehn Meter langen Schiffe bieten Platz für bis zu acht Personen. Alle Boote sind mit Dusche, Toilette und Küche ausgestattet. Vor der Abfahrt bekommt man eine kurze, aber ausreichende Einweisung. Die Navigation bereitet in der Regel keine Probleme, denn alle Wasserstraßen sind gut markiert. Die Boote können am ersten Miettag – das ist meist ein Samstag – am Nachmittag übernommen und sollten am letzten Tag am Morgen wieder übergeben werden. Empfohlen werden Tagesetappen von bis zu 40 Kilometern, denn nachts muss angelegt werden. Weitere Infos unter: www.boatholidaysireland.com, www.waterwaysireland.org und www.iwai.ie. Hilfreich ist auch die Broschüre »Irlands Binnenseen und Wasserstraßen« vom irischen Fremdenverkehrsamt.

Wandern im Bergland von Connemara, Synonym für Wildheit und Ursprünglichkeit mit endlosen Mooren

Seit der Instandsetzung des Shannon-Erne-Waterway 1994 können die beiden Flüsse wieder in ihrer ganzen Länge befahren werden. Mitte des 18. Jahrhunderts wurden die wichtigsten Flüsse Irlands – Shannon, Erne und Barrow – mit Kanälen verbunden. Zur gleichen Zeit entstanden der Grand Canal und der Royal Canal, die den Anschluss Dublins an dieses Wasserstraßensystem herstellten.

Ein ganz besonderes Erlebnis sind Fahrten auf dem Barrow mit sogenannten »River Barges«, die an die Lastkähne früherer Zeiten erinnern. Auf diesen Schiffen können Touristen Kabinen buchen und sich von einem Kapitän in gemütlichem Tempo über Irlands Flüsse schippern lassen (Barrowline Cruisers, www.barrowline.ie).

Sprachführer

Die wichtigsten Wörter für unterwegs

In der Republik Irland gibt es zwei Amtssprachen: Englisch und Irisch (Gälisch). Irisch wird in Schulen unterrichtet, offizielle Dokumente, Straßennamen und Verkehrszeichen sind zweisprachig. In den Gaeltacht-Gebieten, die sich überwiegend im Westen des Landes befinden, wird bis heute überwiegend Gälisch gesprochen, doch auch hier versteht jeder Englisch.

In Nordirland ist Englisch Amtssprache. Aufgrund der Umsiedlung von Schotten nach Nordirland im 17. Jahrhundert existiert zudem mancherorts noch der Dialekt Ulster Scot.

In Irland wird Englisch gesprochen – allerdings eine besondere Variante. Hiberno-Englisch nennen es die Sprachwissenschaftler. Dieses irische Englisch verwendet einige vom Englischen abweichende Wörter und auch die Grammatik unterscheidet sich in manchen Fällen. Für Touristen hat dies aber nur geringe Bedeutung.

Wer sich von seinem Englischlehrer wegen der Ausprache des th ärgern lassen musste, hat es auf der Insel gut – im irischen Englisch wird das zischende tiaitsch nämlich wie das t gesprochen.

Falls Sie mal nicht alles verstehen, können Sie sagen: *I didn't understand you. Could you speak a bit more slowly, please?* Wenn auch das nicht wirklich hilft, bleibt noch die Möglichkeit, sich das Gesagte aufschreiben zu lassen: *Could you write it down for me, please?*

Service von A bis Z

Begrüßung

Hello! Wer kennt diese alltagstaugliche Begrüßung nicht? Sie klingt weniger salopp als das deutsche Hallo und wird in Irland häufig verwendet. *Good afternoon* und *Good evening* kann man – je nach Anlass – natürlich auch sagen. Das ist dann schon etwas förmlicher. Junge Leute bevorzugen das inzwischen auch hier übliche *Hi!*

Noch etwas wird Ihnen den Einstieg leichter machen: im Englischen gibt es weder unterschiedliche Artikel (es heißt immer *the*) noch die Unterscheidung in »Du« und »Sie«. Man sagt einfach immer *you*.

(Good) morning!	Guten Morgen!
(Good) evening!	Guten Abend!
(Good) night!	Gute Nacht!
Hello!	Guten Tag!
Hi!	Hallo!
How are you?	Wie geht es dir/Ihnen?
Goodbye!	Auf Wiedersehen!
Have a nice trip!	Gute Reise!
Bye!/See you!	Tschüss!
See you soon!	Bis bald!
See you tomorrow!	Bis morgen!
It was nice meeting you.	Schön, dich kennen gelernt zu haben.
yes/no/maybe, perhaps	ja/ nein/ vielleicht
My name is …	Ich heiße …
What's your name?	Wie heißt du?
Excuse me! (I'm) Sorry!	Entschuldigung!
Thank you./Thanks.	Danke.
You're welcome!	Bitte schön./Keine Ursache!

Autofahren

Was auf Straßenschildern steht

diversion	Umleitung
dead-end	Sackgasse
no parking	Parkverbot
parking disc	Parkscheibe
danger	Gefahr

Rund ums Auto

I'd like to hire a car.	Ich möchte ein Auto mieten.
My car has been broken into.	Mein Auto wurde aufgebrochen.
Could you give me your name and address, please.	Bitte geben Sie mir Ihren Namen und Ihre Adresse.
You were driving too fast.	Sie sind zu schnell gefahren.
Could I see your driving licence and insurance, please.	Ihre Papiere, bitte.
You cut the corner.	Sie haben die Kurve geschnitten.
You were driving too close.	Sie sind zu dicht aufgefahren.
I was driving miles ... per hour.	Ich bin ... Meilen/h gefahren.
Can I park here?	Kann ich hier parken?
full tank, please	Bitte volltanken.
oil change	Ölwechsel
motorway	Autobahn
car park, parking space	Parkplatz
parking meter	Parkuhr
seat belt	Sicherheitsgurt
petrol station	Tankstelle
petrol	Benzin
unleaded	bleifrei
diesel	Diesel
four-star	Super verbleit
to drive	fahren
to tow away	abschleppen
to repair	reparieren
(to the) right	(nach) rechts
(to the) left	(nach) links
straight ahead	geradeaus
to cross	überqueren
map of the town/city	Stadtplan
security/safety	Sicherheit
traffic jam	Stau
a four-wheel drive/ off-roader	ein Geländewagen
a motorbike	ein Motorrad
a motor caravan/ camper van	ein Wohnmobil
driving licence	Führerschein

In der Werkstatt

I've had an accident.	Ich habe einen Unfall gehabt.
Could you tow my car away?	Könnten Sie meinen Wagen abschleppen?
My car won't start.	Mein Auto springt nicht an.
The battery is flat.	Die Batterie ist leer.

The brake is broken.	Die Bremse ist defekt.
The engine sounds funny.	Der Motor klingt seltsam.
When will the car be ready?	Wann wird der Wagen fertig sein?
gears, gearbox	Getriebe
spark plug	Zündkerze
wing, mudguard	Kotflügel
carburettor	Vergaser
flashing lights	Blinker
tyre (pressure)	Reifen(druck)
starter	Anlasser
windscreen wipers	Scheibenwischer
dynamo	Lichtmaschine
headlights	Scheinwerfer
radiator	Kühler

Einkaufen

How much is/are …?	Was kostet/kosten …?
I'd like …	Ich hätte gerne …
Where can I get …?	Wo bekomme ich …?
Could you show me …	Zeigen Sie mir bitte …
What are you looking for?	Was wünschen Sie?
Can I help you?	Kann ich Ihnen helfen?
Could I try this on?	Kann ich das anprobieren?
Where are the fitting rooms?	Wo sind die Umkleidekabinen?
Can I pay with this credit card?	Kann ich mit dieser Kreditkarte zahlen?
I'd like something cheaper.	Ich hätte gerne etwas Billigeres.
Which other sizes do you have?	Haben Sie das noch in einer anderen Größe?
What size are you?	Welche Größe haben Sie?
I'm (continental) size …	Ich habe Größe …
bigger/smaller	größer/kleiner
money	Geld
too expensive	zu teuer
cash desk	Kasse
to spend	ausgeben
to pay	bezahlen
to sell	verkaufen
special offer	Sonderangebot
shop window	Schaufenster
sales	Ausverkauf
shirt	Hemd
a pair of trousers	Hose
a pair of jeans	Jeans
a pair of shoes	ein Paar Schuhe
coat	Mantel
skirt	Rock
dress	Kleid
suit	Kostüm
tights	Strumpfhose
stockings	Strümpfe
(sports) jacket	Sakko
jacket	Jacke
scarf	Halstuch
sweater	Pullover

Service von A bis Z

Farben und Muster

beige	beige
blue	blau
brown	braun
yellow	gelb
red	rot
pink	rosa
green	grün
black	schwarz
white	weiß
grey	grau
plain/one coloured	einfarbig
colourful	bunt
patterned	gemustert
checked	kariert

Essen und Trinken

Geschäfte

bakery	Bäckerei
butcher('s shop)	Fleischerei
market	Markt
greengrocer	Gemüsehändler
fruitseller	Obstgeschäft
supermarket	Supermarkt

Im Restaurant

Im Englischen ist es nicht zwingend nötig, sich vor dem Essen einen »Guten Appetit« zu wünschen, bisweilen hört man aber dennoch Bon appétit oder ein Enjoy your meal.

Is there a good restaurant around here?	Wo gibt es hier in der Nähe ein gutes Restaurant?
A table for three, please.	Einen Tisch für drei Personen, bitte.

Service von A bis Z

I'd like to reserve a table for two for eight o'clock.	Ich möchte einen Tisch für zwei Personen um acht Uhr reservieren.
Excuse me, where are the toilets?	Entschuldigung, wo sind hier die Toiletten?
This way.	Dort entlang.
Could I have the menu, please?	Die Karte bitte.
I'd just like something to drink.	Ich möchte nur etwas trinken.
Are you still serving hot meals?	Gibt es noch warme Küche?
What can you recommend?	Was empfehlen Sie mir?
I can recommend ...	Ich empfehle Ihnen ...
Do you serve vegetarian dishes?	Haben Sie vegetarische Gerichte?
I'll have (Can I have) a beer, please?	Ich möchte ein Bier, bitte.
... a (half-)bottle of red wine.	... eine (halbe) Flasche Rotwein.
Could I have the bill, please?	Ich möchte zahlen, bitte.
We'd like to pay separately.	Wir möchten getrennt bezahlen.
Could I have a receipt?	Ich möchte eine Quittung.
Did you enjoy it?	Hat es Ihnen geschmeckt?
It was delicious, thank you.	Danke, sehr gut.
Do you mind if I smoke?	Stört es dich/Sie, wenn ich rauche?
Cheers!	Zum Wohl!
tip	Trinkgeld
to eat	essen
to drink	trinken
still mineral water	Mineralwasser ohne Kohlensäure
sparkling mineral water	Mineralwasser mit Kohlensäure
house wine	Hauswein
beer	Bier
lager	helles Bier
stout	dunkles Bier
juice	Saft
glass	Glas
bottle	Flasche

Fisch und Meeresfrüchte

mussels	Muscheln
shellfish	Schalentiere
calamari	Tintenfischringe
lobster	Hummer
crayfish	Flusskrebs
king prawn	Riesengarnele
shrimps	Garnelen
crabs	Krabben
spiny lobster	Languste
oysters	Austern
anchovies	Sardellen
tuna	Tunfisch
bass	Seebarsch
eel	Aal
smoked eel	Räucheraal
trout	Forelle
sardines	Sardinen
salmon	Lachs
Dover sole	Seezunge
fishcake	Fischfrikadelle
fish fingers	Fischstäbchen
kedgeree	Reis mit Fisch und gekochten Eiern
plaice mornay	mit Käse überbackene Scholle
fish and chips	fritierte Fischstücke mit Pommes frites

Fleischgerichte

pork	Schwein
fillet of pork	Schweinefilet
hare	Hasenbraten
rabbit	Kaninchen
cutlet	Kotelett
escalope	Kalbsschnitzel
lamb	Lamm
leg of lamb	Lammkeule
beef	Rindfleisch
veal	Kalbfleisch
game	Wild
braised beef	Rinderschmorbraten
roast beef	Rinderbraten
hot pot	Eintopf mit Fleisch und Kartoffeln
stew	Fleischeintopf
Irish stew	Eintopf mit Hammelfleisch, Kartoffeln und Zwiebeln
ham and eggs	Spiegeleier mit Schinken
cottage pie	Fleischwürfel mit Soße, mit Kartoffelbrei überbacken
beefburger, rissole	Frikadelle
meat balls	Fleischklößchen

Service von A bis Z

minced meat	Hackfleisch
sausages	Würstchen
ham	Schinken
boiled/raw/smoked ham	gekochter/roher/geräucherter Schinken

Geflügel

chicken	Hähnchen, Huhn
chicken breasts/leg	Hühnerbrust/-keule
chicken wings	marinierte Hühnerflügel
chicken in the basket	paniertes halbes Hähnchen mit Pommes frites, serviert in einem Körbchen
duck	Ente
goose	Gans
turkey	Truthahn, Pute
quail	Wachtel

Gemüse

asparagus	Spargel
spinach	Spinat
cabbage	Kohl
beans	Bohnen
peas	Erbsen
potatoes	Kartoffeln
salad	Salat
tomato	Tomate
cucumber	Gurke
cauliflower	Blumenkohl
mushrooms	Pilze
onion	Zwiebel
pumpkin	Kürbis
sweetcorn	Mais
corn on the cob	Maiskolben
coleslaw	Krautsalat mit Mayonaise
carrots	Möhren

Obst

pineapple	Ananas
apple	Apfel
pear	Birne
strawberries	Erdbeeren
raspberries	Himbeeren
cherries	Kirschen
melon	Melone
peach	Pfirsich
banana	Banane
lemon	Zitrone
orange	Orange
grapes	Weintrauben
dried fruit	getrocknetes Obst

Beilagen

boiled rice	gekochter Reis
brown rice	Naturreis
wild rice	Wildreis
baked potato	gebackene Kartoffel
French fries, chips	Pommes frites
duchess potatoes	überbackener Kartoffelbrei
fried potatoes	Bratkartoffeln
mashed potatoes	Kartoffelbrei
potato fritters	Kartoffelkuchen
sweet potatoes	Süßkartoffeln
dumplings	Knödel
noodles	Nudeln
pasta	Teigwaren

Zubereitungsarten

baked	gebacken
barbecued	gegrillt
boiled	gekocht
braised	geschmort
steamed	gedämpft
deep-fried	fritiert
fried	gebraten
medium	medium
rare	englisch, blutig
well done	durchgebraten

Weitere Lebensmittel

milk	Milch
skimmed milk	fettarme Milch
cream	Sahne
cheese	Käse
yoghurt	Joghurt
porridge	Haferbrei
eggs	Eier
butter	Butter
spices	Gewürze
garlic	Knoblauch
salt	Salz
pepper	Pfeffer
chillis	Peperoni
ginger	Ingwer
horse radish	Meerettich
rosmary	Rosmarin
sugar	Zucker
vinegar	Essig
olive oil	Olivenöl
honey	Honig
coffee	Kaffee

Service von A bis Z

decaffeinated coffee, decaf	koffeinfreier Kaffee
ice cream	Eis
soup	Suppe

Backwaren

bread	Brot
sandwich	belegtes Brot
white bread	Weißbrot
wholemeal bread	Brot aus Vollkornmehl
roll	Brötchen
muffin	süßes Gebäck
donut, doughnut	süßer Hefeteigring, frittiert
bagel	ringförmiges Gebäck aus Hefeteig
cake	Kuchen
biscuits	Kekse

Körperpflege

toothbrush	Zahnbürste
toothpaste	Zahnpasta
cotton wool	Wattepads
shaving cream	Rasiercreme
razor-blade	Rasierklinge
brush	Bürste
comb	Kamm
lipstick	Lippenstift
soap	Seife
hair dryer	Fön
handkerchiefs, tissues	Papiertaschentücher
flannel	Waschlappen
nail scissors	Nagelschere
tweezers	Pinzette
cleansing milk	Reinigungsmilch
skin cream/ body cream	Hautcreme
suntan oil	Sonnenöl
mosquito repellent	Mückenschutz

Presse/Geld/Post

Im Zeitschriftenladen

I'd like to buy a German newspaper.	Ich hätte gerne eine deutsche Zeitung.
Do you sell writing-pads?	Verkaufen Sie Briefpapier?
newspaper	Zeitung
magazine	Zeitschrift/Illustrierte
stamps	Briefmarken
envelope	Briefumschlag
paper	Papier
ball-point pen	Kugelschreiber
book	Buch
glue	Klebstoff
adhesive tape	Klebeband

In der Bank

Excuse me, is there a bank around here?	Entschuldigen Sie bitte, wo ist hier eine Bank?
Where can I change some money?	Wo kann ich Geld wechseln?
When does the bank close?	Wann schließt die Bank?
I'd like to cash a traveller's cheque.	Ich möchte einen Reisescheck einlösen.
Could you give me some small change, please?	Geben Sie mir bitte etwas Kleingeld?
cash	Bargeld
cash dispenser	Geldautomat
maximum amount/limit	Höchstbetrag
credit card	Kreditkarte
traveller's cheque	Reisescheck
transfer	Überweisung
signature	Unterschrift
to sign	unterschreiben
currency	Währung
counter	Schalter
to withdraw	abheben

In der Post

Where's the nearest letterbox?	Wo ist der nächste Briefkasten?
How much is a postcard to Germany?	Was kostet eine Postkarte nach Deutschland?
sender	Absender
to send	verschicken
addressee	Empfänger
telegram	Telegramm
packet	Päckchen
parcel	Paket

Öffentliche Verkehrsmittel

train	Zug
to change trains	umsteigen

Service von A bis Z

station	Bahnhof
aircraft	Flugzeug
airport	Flughafen
take-off	Abflug
to fly	fliegen
to book	buchen
ship	Schiff
port, harbour	Hafen
ferry	Fähre
departure	Abfahrt
arrival	Ankunft
timetable	Fahrplan
extra charge	Zuschlag
luggage, baggage	Gepäck
delay	Verspätung

Medizinische Versorgung

Beim Arzt

I've got …	Ich habe …
My … hurts.	Mein … tut weh.
Does he speak German?	Spricht er Deutsch?
My husband/my wife is sick.	Mein Mann/meine Frau ist krank.
My stomach is upset.	Ich habe mir den Magen verdorben.
I've been vomiting.	Ich habe mich übergeben.
I've got a bad cold.	Ich bin stark erkältet.
I'm … months pregnant.	Ich bin im … Monat schwanger.
I've got high/low blood pressure.	Ich habe einen hohen/niedrigen Blutdruck.
It hurts here.	Hier habe ich Schmerzen.
I've hurt myself.	Ich habe mich verletzt.
I've had a fall.	Ich bin gestürzt.
Can you give me a doctor's certificate?	Können Sie mir ein Rezept ausstellen?
doctor	Arzt
General practitioner/GP dentist	praktischer Arzt Zahnarzt

Körperteile

mouth	Mund
arm	Arm
ankle	Knöchel
heart	Herz
tooth	Zahn
knee	Knie
leg	Bein
hand	Hand
eye	Auge
ear	Ohr
skin	Haut
foot	Fuß
head	Kopf
back	Rücken

Erkrankungen

diarrhoea	Durchfall
to vomit	erbrechen
nausea	Brechreiz
cough	Husten
headaches	Kopfschmerzen
circulatory problems	Kreislaufstörungen
lumbago	Hexenschuss
sunburn	Sonnenbrand
dizziness	Schwindel
hay fever	Heuschnupfen
flu, influenza	Grippe

Medikamente

ointment	Salbe
antiseptic ointment	Wundsalbe
pill, tablet	Tablette
sleeping pills/tablets	Schlaftabletten
drops	Tropfen
painkiller	Schmerzmittel
first-aid kit	Erste-Hilfe-Box, Verbandskasten
charcoal tablets	Kohletabletten
plaster	Pflaster

Orientierung

Wie man nach dem Weg fragt

Excuse me, where is …?	Entschuldigung, wo ist …?
How do I get to …?	Wie komme ich nach …?
What's the way to get to the station?	Wie komme ich zum Bahnhof?
How do I get onto the motorway?	Wie komme ich zur Autobahn?
Is this the road to …?	Ist das die Straße nach …?
Straight ahead.	Geradeaus.

Service von A bis Z

(To the) right.	Nach rechts.
(To the) left.	Nach links.
Cross the bridge.	Überqueren Sie die Brücke.

Sehenswürdigkeiten

places of interest, sights	Sehenswürdigkeiten
guided tour	Führung
bridge	Brücke
castle, palace	Schloss
treasury	Schatzkammer
tower	Turm
monument	Denkmal
river	Fluss
fountain	Brunnen
church	Kirche
cathedral	Kathedrale
square	Platz
museum	Museum
town hall, city hall	Rathaus
ruins	Ruine

Telefonieren

Where can I make a phone call?	Wo kann ich hier telefonieren?
Can you tell me where I can find a phone box?	Können Sie mir sagen, wo hier eine Telefonzelle ist?
Where can I get a phonecard?	Wo bekomme ich eine Telefonkarte?
What's the code for …?	Wie ist die Vorwahl von …?
There is no reply.	Es meldet sich niemand.
Try it again.	Versuchen Sie es noch einmal.
The line is engaged.	Die Leitung ist besetzt.
payphone	Münztelefon

Unterkunft

Do you know where I can find a room in the city centre?	Wissen Sie, wo ich ein Zimmer in zentraler Lage finden kann?
Do you have a room for two nights?	Haben Sie ein Zimmer frei für zwei Tage?
I'm looking for a bed and breakfast.	Ich suche eine Pension.
How much is it?	Wieviel kostet es?
Could you book me in?	Können Sie für mich reservieren?
Is it far from here?	Ist es weit von hier?
How do I get there?	Wie komme ich dorthin?
Do you have a double/single room?	Haben Sie ein Doppelzimmer/Einzelzimmer frei?
Can I see it, please?	Kann ich es mir bitte ansehen?
Can you put in a cot?	Können Sie ein Kinderbett aufstellen?
The key to room 10, please.	Bitte den Schlüssel für Zimmer 10.
We're leaving tomorrow.	Wir reisen morgen ab.
Could you wake me up at seven?	Können Sie mich um sieben wecken?
May I have my bill, please?	Machen Sie bitte die Rechnung fertig.
Would you order me a taxi?	Rufen Sie bitte ein Taxi.
sink	Waschbecken
shower and toilet	Dusche und WC
bathroom	Badezimmer
campsite	Campingplatz
tent	Zelt
youth hostel	Jugendherberge

Wetter

How is the weather today?	Wie wird das Wetter heute?
It's going to be warm.	Es wird warm.
It's quite humid/close.	Es ist ganz schön schwül.
What's the temperature?	Wieviel Grad haben wir?
weather forecast	Wetterbericht
hot	heiß
cloudy	bewölkt
cold	kalt
cool	kühl
variable	wechselhaft
cloud	Wolke
storm, thunderstorm	Gewitter
hailstorm	Hagelsturm
heat	Hitze
rain, shower	Regen, Regenschauer

sun	Sonne
wind	Wind
climate	Klima
wet	nass
fog	Nebel
sunrise	Sonnenaufgang
sunset	Sonnenuntergang

Zahlen

zero	null
one	eins
two	zwei
three	drei
four	vier
five	fünf
six	sechs
seven	sieben
eight	acht
nine	neun
ten	zehn
eleven	elf
twelve	zwölf
thirteen	dreizehn
fourteen	vierzehn
fifteen	fünfzehn
sixteen	sechzehn
seventeen	siebzehn
eighteen	achtzehn
nineteen	neunzehn
twenty	zwanzig
thirty	dreißig
fourty	vierzig
fifty	fünfzig
sixty	sechzig
seventy	siebzig
eighty	achtzig
ninety	neunzig
hundred	hundert
thousand	tausend

Zeitangaben/Kalender

What's the time?	Wie spät ist es?
It's (around) one o'clock.	Es ist (ungefähr) ein Uhr.
It's quarter past one.	Es ist viertel nach eins.
It's half past one.	Es ist halb zwei.
It's quarter to two.	Es ist viertel vor zwei.
In about half an hour.	In ungefähr einer halben Stunde.
today	heute
yesterday	gestern
the day before yesterday	vorgestern
tomorrow	morgen
the day after tomorrow	übermorgen
in the morning	morgens, vormittags
in the afternoon	nachmittags, abends
at night	nachts
early	früh
late	spät
too late	zu spät
day	Tag
week	Woche
month	Monat
year	Jahr
daily	täglich
Monday	Montag
Tuesday	Dienstag
Wednesday	Mittwoch
Thursday	Donnerstag
Friday	Freitag
Saturday	Samstag
Sunday	Sonntag
January	Januar
February	Februar
March	März
April	April
May	Mai
June	Juni
July	Juli
August	August
September	September
October	Oktober
November	November
December	Dezember

Service von A bis Z

Strom

Die Stromspannung beträgt 220 Volt Wechselstrom. Die in Deutschland üblichen Stecker passen aber nicht in die flachen, dreipoligen Steckdosen. Viele Hotels stellen ihren Gästen kostenlos Adapter zur Verfügung. Auch in Elektrogeschäften sind Adapter erhältlich.

Service von A bis Z

Telefon, Post

Vorwahl Irland ✆ +353 (anschließend Ortsvorwahl ohne 0)
Vorwahl Nordirland ✆ +44 (anschließend Ortsvorwahl ohne 0), von der Republik Irland aus Ortsvorwahl ✆ 028 durch ✆ 048 ersetzen
Vorwahl Dublin ✆ 01
Vorwahl Belfast ✆ 028
Vorwahl nach Deutschland ✆ +49
Vorwahl nach Österreich ✆ +43
Vorwahl in die Schweiz ✆ +41

Telefonauskunft ✆ 118 50, 118 11
International Operator ✆ 114
Telemessage ✆ 196

Telefonieren
Telefonkarten für öffentliche Telefone in der Republik Irland erhält man bei der Post und in vielen Zeitungsläden. Sie kosten zwischen € 5 und € 50. Alle Telefonzellen haben eine eigene Nummer, unter der man sich zurückrufen lassen kann.
 In Nordirland werden von privaten Telefongesellschaften Telefonkarten angeboten.
 Mobiltelefone sind weit verbreitet. Verfügen Sie über einen Roaming-Vertrag, können Sie mit Ihrem Handy telefonieren – man sollte sich jedoch zuvor bei seinem Provider über die Kosten informieren.

Post
Die Gebühren für Briefe und Postkarten sind in Irland gleich hoch. In der Republik Irland zahlt man für die Beförderung im Inland € 0,55, in alle anderen Länder € 0,82.
 Innerhalb Nordirlands sind es £ 0.39, von dort in EU-Länder £ 0.56 und in Nicht-EU-Staaten £ 0.62.
 Die Postämter in der Republik Irland sind in der Regel von 9 bis 17.30 Uhr mit einer einstündigen Mittagspause geöffnet, am Samstag bis 12.30 Uhr. Das Hauptpostamt von Dublin, O'Connell Street, ist montags bis samstags von 8 bis 20 Uhr geöffnet.
 Die Öffnungszeiten nordirischer Postämter können variieren, in der Regel haben sie montags bis freitags 9 bis 17 und samstags 9 bis 12.30 Uhr geöffnet, die Hauptpost von Belfast montags bis samstags 9 bis 17.30 Uhr.

Trinkgeld

Im Restaurant gibt man in der Regel 10 Prozent des Preises als Trinkgeld. Bevor man das tut, sollte man aber einen Blick auf die Rechnung werfen. Vielerorts ist das Trinkgeld nämlich schon im Rechnungsbetrag enthalten. Taxifahrer erhalten ebenfalls rund 10 Prozent. Kein Trinkgeld gibt man dagegen dem Barpersonal im Pub.

Unterkünfte

Hotels, Guesthouses, Ferienwohnungen und Campingplätze werden in Irland mit Sternen klassifiziert – von einem bis zu fünf. In der Hauptsaison von Juni bis August ist eine Vorausbuchung ratsam, vor allem in der Region Cork und Kerry, für Dublin gilt dies ganzjährig. Vor Ort helfen die Touristenbüros, eine Unterkunftsmöglichkeit zu finden.
 Hotels und **Guesthouses** bieten in der Regel den höchsten Standard, man kann sich sogar in alten Landsitzen und luxuriösen Schlössern einquartieren. Vier- und Fünf-Sterne-Hotels bieten häufig Sportmöglichkeiten wie Golfplätze, Pools oder Wellness-Einrichtungen.
 Bed & Breakfast, auch kurz »B&B« genannt, ist die typisch irische Unterkunftsmöglichkeit mit persönlichem Service und oft reichhaltigem Frühstück. Da die Gastgeber ihren B&B-Betrieb fast immer nur als Nebenerwerb führen, muss man damit rechnen, dass man nur zu bestimmten Zeiten – in der Regel nachmittags zwischen 14 und 18 Uhr – jemanden antrifft. B&B-Schilder findet man in so gut wie jedem Dorf an der Straße.
 Auf dem Land sind **Farmhäuser** eine vergleichbar gute Adresse für Gastfreundschaft. **Country Houses** bieten Urlaub in Herrenhäusern mit gehobenem Standard, hier muss die Unterkunft immer im Voraus gebucht werden.
 In Irland gibt es rund 200 **Campingplätze**, davon viele in schöner Lage (www.discovernorthernireland.com/camping). Man kann das Land auch mit dem **Wohnmobil** oder dem Camper entdecken. Bei **Jugendherber-**

gen gibt es keine Altersbegrenzung und viele bieten auch Familienzimmer an.

Ferienhäuser gibt es für jeden Geschmack. Größe, Komfort, Lage und Preis können stark variieren, deshalb sollte man sich vorab informieren. Fast immer liegen die Cottages ruhig und sind sehr individuell ausgestattet, denn viele werden auch von den Eigentümern selbst genutzt. Besonders gemütlich sind alte irische Cottages, die mit viel Liebe restauriert worden sind. Eine Reihe von Ferienhaus-Anbietern hat sich auf Irland spezialisiert. Informative und detaillierte Internetseiten samt komfortablen Buchungsmöglichkeiten bietet www.fewo-direkt.de.

Zeitunterschied

In Irland gilt die Greenwich Mean Time (GMT), dies bedeutet, dass Besucher aus Kontinentaleuropa die Uhren um eine Stunde zurückstellen müssen. Mit Beginn der Sommerzeit werden die Uhren auch in Irland Ende März eine Stunde vor und Ende Oktober wieder zurückgestellt. So differiert die Uhrzeit ganzjährig um eine Stunde. Während der Sommermonate bleibt es bis spät abends hell. Dagegen kann es Mitte Dezember schon um vier Uhr dunkel werden.

Service von A bis Z

Zollbestimmungen

Da Irland Mitglied der Europäischen Union ist, dürfen Alkohol und Tabak zum privaten Gebrauch zollfrei eingeführt werden. Als Richtwerte gelten etwa 800 Zigaretten, 400 Zigarillos, 200 Zigarren oder 1 Kilogramm Tabak, 10 Liter Schnaps, 10 Liter alkoholhaltige Süßgetränke (Alkopops), 20 Liter Zwischenerzeugnisse (z. B. Campari, Sherry) sowie 90 Liter Wein und 110 Liter Bier.

Für Schweizer gelten die folgenden Grenzwerte: 200 Zigaretten oder 100 Zigarillos oder 50 Zigarren oder 250 Gramm Tabak, 1 Liter Spirituosen oder 2 Liter Sherry, Sekt bzw. ähnliche Getränke und 2 Liter Wein.

Zwischen der Republik Irland und Nordirland gibt es keine Grenzkontrollen mehr, man merkt nur an den Straßenschildern, dass man die Grenze überquert hat. Bei der Einreise mit dem Flugzeug gelten die Zollbestimmungen von Großbritannien.

Eine Alternative zum Hotel: Mit dem Pferdewagen unterwegs in den Wicklow Mountains

Orts- und Sachregister

Die **fetten** Seitenzahlen verweisen auf ausführliche Erwähnungen, *kursiv* gesetzte Begriffe bzw. Seitenzahlen beziehen sich auf den Service.

Abbeylara 155
Achill Island 174 f.
– Slievemore Deserted Village 174
Adare 136
Aillwee Cave 132
Altamont Gardens 90
Anreise 248
Antrim 202
Aran-Inseln 133, **160 f.**, 235
– Aran Heritage Centre 162
– Dún Aengus 160, 162
– Dún Aonghasa 160
– Dún Duchathair 160
– Dún Eochla 160
– Dún Eoghanachta 160
– Inisheer 160
– Inishmaan 160
– Inishmore 160
– Kilronan 160
Ardagh 155
Ardgillan Castle 73 f.
Ardgroom 112
Ards-Halbinsel 207
– Ballycopeland Windmill 207
– Exploris Aquarium 207
– Greyabbey 207
– Mount Stewart House and Gardens 207
Armagh 203 f., 235
– Armagh County Museum 203
– Armagh Planetarium 203 f.
– Navan Centre & Fort 203
– St. Patrick's Cathedral 203
– St. Patrick's Trian Visitor Complex 203
Athenry 163
– Athenry Castle 163
– Athenry Heritage Centre 163

Athlone 151 f., 235
– Athlone Castle 151
– St. Peter-und-Paul-Kirche 151
Aughnacliff 155
Aughnanure Castle 168
Auskunft 249
Automiete und Autofahren 250

Ballina 175 f.
Ballinasloe 153
Ballintubber Abbey 172, 173
Ballycasey 137
Ballycastle 208, 235
– Bonarmargy Friary 208
Ballycopeland Windmill 207
Ballydehob 110
Ballyferriter 123, 124
Ballynahown 152
Ballynalackan 131
Ballyvaughan 131, 235
Bantry 111, 236
– Bantry House 111 f.
Barrow 89, 92
Barryscourt Castle 102, 103, 107
Beaghmore (Steinkreise) 199
Beara-Halbinsel 9, 99, 112 ff.
Belfast 6 f., 12, 188, **216 ff.**, 236 f.
– Albert Memorial Clock Tower 219
– BBC-Gebäude 221
– Belfast Castle 233
– Belfast Cathedral 219, 226 f.
– Belfast Print Workshop Gallery 219, 227
– Belfast Waterfront Hall 220
– Belfast Zoo 232 f.
– Big Fish 220
– Botanic Gardens 227
– Castle Court Shopping Centre 230
– Cathedral Quarter 219
– City Hall 218, 227
– Crown Liquor Saloon 221 f.
– Custom House 219

– Discovery Centre 223
– Grand Opera House 223, 227 f.
– Harmony of Belfast 220
– Hotel Europa 221
– Lagan Weir 220
– Linen Hall Library 218, 228
– MAC –Metropolitan Arts Centre 219, 228
– Movie House 221
– Parliament Buildings 234
– Presbyterian Assembly Building 223
– Queen's Bridge 220
– Queen's University 228
– Royal Belfast Academical Institution 223
– Royal Courts of Justice 220
– St. George's Market 220
– Titanic Belfast 218, 224 f.
– Ulster Folk & Transport Museum 234
– Ulster Hall 220, 228 f.
– Ulster Museum 226
– Victoria Square Shopping Centre 218
Bere Island 113
Birr 128
– Birr Castle & Gardens 147
Black Head 133
Blairscove House 112
Blarney 99, 237
Blarney Castle 99, 107
Blasket Islands 123
Book of Kells 25, 33, 59, 78
Boyle 158 f.
– Boyle Abbey 158, 159
– King House 158, 159
– Lough Key Forest Park 158, 159
Boyne (Tal und Fluss) 13, 75 ff.
Brandon Bay 123
Bray 12, 84 f.
– National Sealife Centre 85
Browneshill (Dolmen) 89 f.
Bruff 136
Bunglass Point 184
Bunratty 136, 237
– Bunratty Castle 127, 136, 138

- Bunratty Folk Park 136, 138
Burren 126, 131 f.
Burren Bird of Prey Centre 132
Bushmills 209
- Old Bushmills Distillery 209, 210 f.

Caherconnel Stone Fort 132, 133
Caherdaniel 119
Cahersiveen 118, 122
Cahir 142 f.
- Cahir Castle 142
- Swiss Cottage 143
Carlingford 72
- King John's Castle 72
- Carlingford Heritage Centre 72
Carlow 89
Carrantuohill 119
Carrick 184
Carrick-a-Rede Rope Bridge 208 f., 210
Carrick-on-Shannon 157 f.
Carrickfergus 12, 208, 210, 237
- Carrickfergus Castle 189, 208, 210
Carrigaholt 128
Carrigtwohill 103
Carrowkeel 158
Carrowmore Megalithic Cemetery 180
Cashel 139 f.
- Brú Ború 140
- Cormac Chapel 140
- Folk Village 140
- Rock of Cashel 127, 139 f.
Castle Coole 189
Castlebaldwin 158
Castlecoote House 155
Castletownbere 113
Causeway Coastal Road 189, **208 ff.**, 214
Céide Fields 13, 160, **177**
Charles Fort 108
Charleville Castle 149
Claddagh-Ring 65
Clare County 126 ff.
Clifden 170 f., 237
Cliffs of Moher 11, 127, 128, **130**

- O'Brien Tower 130
Clonakilty 109
- Lisselan Gardens 109
Clonmacnoise 12, **149 f.**, 151
Cobh 99, **101 f.**, 237
- Cobh Heritage Centre – The Queenstown Story 101
- Cobh Museum 102
- St. Colman's Cathedral 101, 102
Coleraine 210, 237
Cong 164 f.
- Ashford Castle Garden 165
- Cong Abbey 165
- Quiet Man Cottage Museum 165, 166
Connemara 11, 160, **166 ff.**
Connemara Nationalpark 167, 168
Connor Pass 123
Cookstown 198, 199, 200
Cooley Mountains 72
Coomakesta Pass 119
Cork City 6 f., 10, 98, **102 f.**, 237 f.
- Buttermuseum 105
- City Gaol 103, 104
- Cork Public Museum 103, 104
- Crawford Art Gallery 103, 104
- English Market 103, 104
- Radiomuseum 104
- St. Ann's Shandon Church 104
- St. Finn Barre's Cathedral 105
Cork County 9, 98 f.
Cormac Chapel 140
Craggaunowen 129
Crinkill 148
Croagh Patrick 172, 173
Crookhaven 110
Cross 128
Cruachan Aí Heritage Centre 154
Curlew Mountains 158
Curragh 88
Cushendall 208

Dalkey 83
- Dalkey Castle 83

Orts- und Sachregister

- Dalkey Castle & Heritage Center 84
- Dalkey Hill 83
Derry 6 f., 12, 189, **192 ff.**, 238
- Museum of Free Derry 193
- St. Columb's Cathedral 192, 193
- The Amelia Earhart Centre 193
- The Guildhall 194
- The People's Gallery 194
- Tower Museum 193
Derrynane House 119, 122
Devenish Island 196
Diebstahl 250
Dingle 122, 238
Dingle-Halbinsel 9, 99, **122 ff.**
Diplomatische Vertretungen 251
Donaghmore Museum & Workhouse 147
Donegal City 178, **181 f.**, 239
- Donegal Abbey 181
- Donegal Castle 181, 182
Donegal County 178 ff.
Doolin 130, 132, 239
- Doolin Cave 132
Downhill Estate 214
Downpatrick 204 f.
- Down Cathedral 204, 205
- Down County Museum 205
- The Saint Patrick Centre 205
Dowth 75, 76
Draperstown 198
Drogheda 73 f.
Drombeg (Steinkreis) 110
Drumcliff 178
Dublin 6 f., 9, 24 ff., 239 ff.
- Áras an Uchtaráin 44, 53 f.
- Ashtown Castle 45
- Bank of Ireland 34, 54
- Blanchardstown Centre 64

Orts- und Sachregister

- Book of Kells 25, 33, 59, 78
- Brazen Head 30, 61
- Chester Beatty Library 29, 49
- Christ Church Cathedral 25, 29, 54
- City Hall 28, 54 f.
- Clerys 40
- College Green 32
- Cricket Ground 43
- Custom House 39, 146, 55
- Docklands 40
- Dublin Castle 25, 29, 55
- Dublin City Gallery The Hugh Lane 41 f., 50
- Dublin Writers Museum 41, 46, 50
- Dublin Zoo 44, 59
- Dublinia and the Viking World 30, 50
- Fitzwilliam Square 37
- Four Courts 42, 56
- Garden of Remembrance 41, 60
- Gate Theatre 41
- General Post Office 40, 56
- Grand Canal 37
- Guinness Storehouse 25, 30, 56
- Irish Jewish Museum 50 f.
- Irish Museum of Modern Art 51
- Iveagh Gardens 33, 37, 60
- James Joyce Centre 46, 51
- James-Joyce-Denkmal 41
- Kilmainham Gaol 41, 56
- Leinster House 35, 56 f.
- Long Room 33, 59
- Mansion House 34
- Marsh's Library 31, 57
- Merrion Square 33, 36, 60
- Molly Malone 32, 33, 57
- National Gallery of Ireland 36, 51 f.
- National Library 35
- National Museum of Archaeology and History 34, 52
- National Museum of Decorative Arts and History 42 f., 52
- National Museum of Natural History 52
- National Photographic Archive 27, 52 f., 59
- Number Twenty Nine – Dublin's Georgian House Museum 37, 53
- Old Jameson Distillery 42, 57
- Old Library 33, 59
- Phoenix Park 43 f., 60
- Phoenix Park Visitor Centre 45, 53, 60
- Powerscourt Townhouse Centre 32
- Prospect Cemetery 57
- Shopping 64
- St. Anne's Church 34
- St. Audoen's Church 30, 58
- St. Mary's Pro-Cathedral 41, 58
- St. Michan's Church 42, 58
- St. Patrick's Cathedral 25, 31, 58 f.
- St. Stephen's Church 37
- St. Stephen's Green 32, 33, 34, 37, 60
- Temple Bar 26, **28**, 59, 65
- Temple Bar Gallery 25, 59
- The Casino Marino 54
- The Famine 40
- The Oliver St. John Gogarty 27
- The Shaw Birthplace 53
- The Spire 41, 57 f.
- Trinity College 25, 32, 59, 78
- Wellington Denkmal 43

Dun Laoghaire 82, 83
Dunamaise 146
Dunbeg Fort 122, 124
Dunboy Castle 113
Dunguaire Castle 165, 166
Dunluce Castle 189, 211
Dunmore Head 123
Dunseverick Castle 209, 210
Dursey Island 112

Einkaufen 251
Einreise 248
Eintrittspreise 251
Elphin 158
Emo Court & Gardens 144, 146
Ennis 134, 241
- Clare Museum 134
- Ennis Friary 134
Enniskillen 189, **196 ff.**, 241
- Castle Coole 196, 197
- Enniskillen Castle 196, 197
- Inniskillings Museum 196, 197
- Provinzmuseum von Fermanagh 196, 197
Ermäßigungen 251
Errigal 185
Essen und Trinken 252
Exploris Aquarium 207
Eyeries 112

Fanore 133
Feeard 128
Feiertage und Feste 252
Florence Court 197
Fota House & Gardens 107
Fota Wildlife Park 102, 103, 107
Foynes 136, 138

Gallarus-Oratorium 123
Galway City 164 ff., 242
- City Museum 164, 165
- Eyre Square 164
- Kathedrale 164
- Nora-Barnacle-Geburtshaus 164
Galway County 160
Garinish Island 114
Garinish Point 112
Gärten 254
Geld 254
Giant's Causeway 12, 189, 209, **212 f.**, 214
Glanmore (See) 112
Glenbeigh 118
Glencolumbkille 182 f.
- Father McDyer's Folk Village Museum 183
Glendalough 12, 71, **86 f.**
Glendassen River 87
Glendeer Pet Farm 152
Glengarriff 112, 114, 242
- Glengarriff Bamboo Park 114

Orts- und Sachregister

Glenveagh Castle and Gardens 185
Glenveagh Nationalpark 11, 185
Gortin Glen Forest Park 198
Greencastle Maritime Museum & Planetarium 187
Greyabbey 207
Greystones 85
Grianán of Aileach 13, 186, 187
Guinness 5, 25, 30 f.

Healy Pass 112
Heywood Gardens 144, 146
Hill of Tara 76 f.
Hillsborough 206
Hinweise für Menschen mit Behinderungen 255
Holywood 234
Howth (Halbinsel) 80 ff.
– Baily Leuchtturm 81
– Howth Castle 80
– Cliff Walk 81
– St. Mary's Church 80

Inch 120
Inishowen-Halbinsel 12, 186 f.
– Buncrana 186
– Dunree Head 186
– Greencastle Maritime Museum & Planetarium 187
– Grianán of Aileach 13, 186
– Malin Head 186
Innisfallen 116
Inveran 162
IRA 19, 20, 21
Ireland's Eye 81
Iveragh-Halbinsel 9, 99, **118 ff.**

Jerpoint Abbey 91

Kells 78, 242
– Kells Heritage Centre 78
– St. Columba's Church 78
Kenmare 113
Kennedy Homestead 92
Kerry Bog Village 118

Kerry County 9, 98 f.
Kilbaha 128
Kildare 88 f., 242
– Curragh 88
– St. Brigid's Cathedral 88
Kilkee 128
Kilkenny 12, 71, **90 f.,** 242
– Kilkenny Castle 90, 91
– Kilkenny Design Centre 90, 91
– Rothe House 90, 91
– St. Canice Cathedral 90, 91
Killarney 99, **115,** 118, 243 f.
– St. Mary's Cathedral 115, 117
Killarney-Nationalpark 10, 115
– Gap of Dunloe 116
– Muckross Abbey 115
– Muckross House and Gardens 116, 117
– Ross Castle 116
– Torc-Wasserfall 116
Kilbeggan Distillery 148, 149
Killorglin 118
Killybegs 184
Kilmalock 244
Kilrush 127 f.
– Vandeleur Walled Garden 128
Kinnitty 244
Kinsale 99, **108,** 244 f.
– Charles Fort 108
– Desmond Castle & The International Museum of Wine 108
Kinvara 165, 245
Kleidung 256
Klima 256
Knappogue Castle 134 f.
Knock 171
Knockdrum Fort 110
Knocknarea 180
Knowth 13, 75, **76**
Kreditkarten 254
Kylemore Abbey & Garden 168

Lady's View 119
Lagan Valley Regional Park 233 f.

Laois County 144
Larne 208
Letterfrack 167, 168, 245
Letterkenny 178, **184,** 245
– County Museum of Donegal 184
– Newmills Corn and Flax Mills 184
– St. Eunan's Cathedral 184
Leixlip 245
Limerick City 7, 127, **135 ff.,** 245
– Hunt Museum 135, 136
– King John's Castle 135, 136 f.
– Limerick City Gallery of Art 136
– St. Mary's Cathedral 135, 137
Limerick County 126 ff.
Lisburn 7, **206,** 231, 233
– Irish Linen Centre & Lisburn Museum 206
Liscannor 130, 245
Lismore 100, 245 f.
– Lismore Castle 100
Londonderry vgl. Derry
Longford 155
Loop Head 128
Lough Conn 175
Lough Corrib 164
Lough Derg 148, 181
Lough Derravaragh 153
Lough Ennell 153
Lough Fea 198
Lough Gara 158
Lough Gur 136, 139
Lough Key 158
Lough Leane 115, 116
Lough Mask 164
Lough Neagh **201 f.**
– Ardboe Cross 201
– Oxford Island 202
– Peatlands Park 202
Lough Owel 153
Lough Ree 151
Lough Veagh 185
Loughshore Trail 202

275

Orts- und Sachregister

Malahide 79
– Malahide Castle 78, 79
Mayo County 160
Medizinische Versorgung 256
Midleton 103
Mit Kindern in Irland 255
Mizen-Halbinsel 9, 99, **110**
Moll's Gap 119
Monasterboice 12, 73
Mount Stewart House 13
Mourne Mountains 204, 205
Moyasta 128
Moyne Friary 175 f.
Muckross House 13
Muiredach Hochkreuz 73
Mullingar 153
– Belvedere House & Gardens 153

*N*achtleben 256
National Stud und Japanischer Garten 88
Navan 77, 246
New Ross 92
– Dunbrody Famine Ship 92
– JFK Arboretum 92
Newbridge House & Farm 79
Newcastle 204
Newgrange 13, 75 ff.
Nordirland in Zahlen und Fakten 258
Newry 204
Nore River 90, 92
North Antrim Cliff Path 213
Notrufe 256

Öffentliche Verkehrsmittel 257
Old Bushmills Distillery 210, 211
Old Midleton Distillery 99, 102, 103, 107
Oldbridge Estate 75, 77
Omagh 198 f., 200
– Ulster American Folk Park 198, 200

*P*arks 254
Patterson's Spade Mill 232
Portaferry 207, 246
Portlaoise 144
Portmagee 119
Portrush 12, 209, **214,** 246
– Barry's Amusements 214
Portstewart 214
Portumna Castle 147, 148
Post 270
Poulnabrone Dolmen 132
Powerscourt Gardens 13, 84 f.
Powerscourt Waterfall 85
Presse und TV 258

*Q*uerrin 128

*R*athlin Island 208
Rauchen 259
Reisezeit 256
Republik Irland in Zahlen und Fakten 257
Ring of Beara 112
Ring of Kerry 9, 99, 112, 115, 118, 120
Rock of Dunamaise 144, 146
Roscommon 154 f.
– Roscommon Castle 154
– Roscommon County Museum 154
– Sacred Heart Catholic Church 154
Ross Castle 116
Rossaveal 162
Rosserk Abbey 176
Rosslare 93, 246
Rossnowlagh 181

*S*andycove 46, 82 ff.
– Forty Foot Bathing Place 82
– James Joyce Museum/ Martello Tower 46, 83 f.
Sawel Mountain 198
Shannon 7, 126 f., 135, 144, 149, 151, 157
Sheep's Head-Halbinsel 9, 99
Sicherheit 250
Skellig Islands 118, 122
Skellig Experience Centre 118, 122

Skibbereen 110, 111
– Skibbereen Heritage Center 111
Slea Head 123
Slieve Donard 204
Slieve Forest Park 72
Slieve League 178, 181, 183 f.
Slieve Snaght 185, 186
Sligo 11, **178 ff.,** 246
– County Museum 180
– Sligo Abbey 180, 181
– Yeats Memorial Building 180
Sneem 119
Sperrin Mountains 198 ff.
Sport und Urlaubsaktivitäten 259
Sprachführer 261
Staigue Fort 119
Stormont Castle 234
Strokestown 156 f.
– Famine Museum 156, 157
Strabane 198, 199, 200
Stradbally Steam Museum 146
Strom 269

*T*elefon 270
Teelin 184
The Blasket Centre 123
Thomastown 91
Tipperary County 126 ff.
Tír Sáile 176
Titanic 18, 21, 101, 102, 218, 227 f.
Tralee 122
– Ionad an Bhlascaoid Mhóir – The Blasket Centre 123
Trim 76, 246 f.
Trim Castle 12, 76 f.
Trinkgeld 270
Tullamore 148 f., 247
– Tullamore Dew Heritage Centre 148, 149
Tully 88
Tullynally Castle & Garden 156
Tulsk 13, 154
Turlogh 173
– National Museum of Country Life 173

Ulster Folk & Transport Museum 234
Unterkünfte 270

Valentia Island 118 f.
Vandeleur Walled Garden 128
Ventry 122
Verkehrsmittel 257

Wall Murals 189, 222, 223
Warrenpoint 204, 205
Waterford 94 f., 247
– Waterford Crystal 95
– Waterford Museum of Treasures 94
Wellbrook Beetling Mill 200
West Clare Railway 128, 129
Westmeath County 153
Westport 172 f.
– Westport House & Gardens 173
– Clew Bay Heritage Centre 173
Wexford **93**, 94, 247
– Selskar Abbey 93
– Wildfowl Reserve 93

Orts- und Sachregister Namenregister

White Rocks Beach 209
Whitepark Bay 209
Wicklow Mountains 12, 86 f.

Youghal 247

Zeitunterschied 271
Zollbestimmungen 271

Namenregister

Adair, John George 185
Ahern, Bertie 21
Altamont, Earl of 172
Andrews, Thomas 223

Bacon, Francis 42, 50
Barnacle, Nora 164
Barrymore, Familiendynastie 107
Beckett, Samuel 19, 24, 33, 41, 46, 47, 59
Behan, Brendan 57
Best, George 234
Bingham, Sir Richard 176
Blair, Tony 21
Böll, Heinrich 174
Brendan, heiliger 129
Brennan, Leo 185
Brian Boru 15, 203
Brigid, heilige 88
Bruce, Edward 16
Buite, heiliger 73
Burgo, MacWilliam de 175
Burk, Richard 148
Butler, Familiendynastie 91, 142

Carson, Lord Edward Henry 234
Castle, Richard 57
Castlereagh, Lord 207
Caulfeild, James 54
Chambers, William 42, 50, 54
Chester Beatty, Sir Alfred 29, 49
Childers, Erskine 31, 59
Clannad 185
Clemens, Nathaniel 45, 53
Collins, Michael 57, 109
Colman, heiliger 101
Columba, heiliger 182, 193
Connolly, James 40
Cooke, Henry 223
Cooley, Thomas 54
Corrigan, Mairead 20
Cowen, Brian 21
Cromwell, Oliver 16, 90, 142

Deane, Thomas 52
Dominik, heiliger 150
Dubliners 65

Earhart, Amelia 193
Elizabeth I. 16, 33, 113, 173

Emmet, Robert 38
Enya 185

Fitzgerald, Barry 51
Fitzgerald, Thomas 16
Fowke, Francis 36, 51
Francis, heiliger 150

Gandon, James 39, 55, 56, 146
George V. 226
Gibb, James 79
Gillespie, Rowan 40
Guinness, Familiendynastie 37, 60

Händel, Georg Friedrich 42, 58, 59
Harland, Sir Edward 218
Heaney, Seamus 227
Heinrich II. 15
Heinrich VIII. 16
Herzog, Chaim 51
Hoban, James 57
Huntor, John 136
Hyde, Douglas 31, 59

James II. 16, 75
Johannes Paul II. 150

277

Namenregister

Johnston, Francis 56
Joyce, James 24, 38, 41, 46, 47, 68, 83

Keenan, Johnny 155
Kelvin, Lord William Thomson 224
Kevin, heiliger 86
Kieran, heiliger 149, 150
Kindness, John 220
Knowles, Gareta 219

Lanyon, Sir Charles 227, 233
Laud, heiliger 54
Lawrence, heiliger 29
Le Nôtre, André 202
Leinster, Herzog von 35
Lutyens, Sir Edwin 147

Malone, Molly 32 f., 57
Mangan, James Clarence 38
Markievicz, Countess 38
Marsh, Narcissus 31, 57
McAleese, Mary 227
McDyer, James 183
McNamara, Familiendynastie 129, 135
Molaise, heiliger 196

Molloy, Matt 173
Moore, Henry 61

O'Brien, Familiendynastie 138, 142
O'Casey, Sean 46
O'Connell, Daniel 17, 37, 40, 57, 118, 119, 134
O'Conor, Rory 149
O'Flahertys, Familiendynastie 168
O'Sullivan Beare, Familiendynastie 113
O'Sullivan Maureen 159
O'Toole, Laurence 54

Paisley, Ian 20
Patrick, heiliger 14, 140, 150, 172, 181, 203, 204, 205
Pearce, Edward Lovett 34, 54
Plunkett, Oliver 73
Powerscourt, Lord 67

Quen, Bischof 58

Richard II. 16
Robinson, Mary 20

Shaw, George Bernard 19, 24, 41, 46, 47
Sheridan, Richard Brinsley 41

Soane, John 223
Stewart, Charles Parnell 17
Stoker, Bram 33, 59
Strongbow (Richard Fitz Gilbert de Clare) 29, 54, 146
Swift, Jonathan 31, 33, 41, 46, 47, 59
Synge, John Millington 46

Talbot, Familiendynastie 79
Temple, Sir William 28, 59
Tone, Theobald Wolfe 17, 38

Uzell, Richie 229

Valera, Eamon de 18 f.
Vandeleur, Familiendynastie 128
Victoria, Königin 218, 220

Wellington, Duke of 43
Wilde, Oscar 24, 33, 36, 37, 41, 46, 47, 59, 60, 158
Wilhelm von Oranien 16, 75
Williams, Betty 20
Wyatt, James 172

Yeats, Jack Butler 36, 180
Yeats, William Butler 19, 36, 38, 41, 46, 61, 178, 180

Bildnachweis

Klaus Acker, Köln: S. 73, 85 o., 110 u., 113 o., 114 u., 124, 131 o., 133 o., 140, 212, 249
Belfast Visitor & Convention Bureau: S. 220, 221, 226, 229, 232
Fáilte Ireland, Dublin: S. 87 u., 103 o., 171 o.
Fotolia/Alce: S. 197 o.; AlienCat: S. 171 u.; Algor7: S. 101 u.; Kelly Ann: S. 106; Apeschi: S. 33, 54; Banner: S. 134 o.; Jon Broughton: S. 8; Butch: S. 230, 235; Captblack76: S. 143, 215; Catnap: S. 15 u.; Daithi C: S. 94 u.; Drx: S. 18 o.; Eric Epoudry: S. 20; Fineartimaging: S. 162 o.; Jose Gil: S. 213; Sean Gladwell: S. 165 u.; David Harding: S. 41 u.; Peter Helin: S. 24; Jwblinn: S. 94 o.; Arvydas Kniukšta: S. 158; Patryk Kosmider: S. 56 o., 129 o., 129 u., 135, 137, 138 u., 255; Kwiatek7: S. 12, 125, 134 u.; Agita Leimane: S. 141; Eva Lemonenko: S. 24/25; Sarah Lindsay: S. 187; Thierry Maffeis: S. 6 u.; Manyakotic: S. 236; Morrbyte: S. 100; Martin Mullen: S. 15 o., 248; Steve Mutch: S. 53; Andrei Nekrassov: S. 105 o.; Netdomo: S. 6 o.; Kate Nolan: S. 157 o.; Panimo: S. 261; PHB.cz: S. 88 o., 155, 197 u., 198/199, 207; Photonaka: S. 44 o.; Airi Pung: S. 78 u., 80 o.; Sammy: S. 7 u.; Searagen: S. 29 u.; Sepavo: S. 58 u.; Adam Siese: S. 183; Sms2info: S. 96/97; Stephan: S. 202; Anthony Troy: S. 152; H. D.Volz: S. 243; Vom: S. 172; Edward White: S. 37; Silke Wolff: S. 104 o.
Andrea Herfurth-Schindler, Köln: S. 113 u., 130 u., 133 u., 150, 170 u., 192 o., 193, 195
iStockphoto/Francisco Lozano Alcobendas: S. 192 o.; Philippa Banks: S. 14 o., 74; Kerstin Bastian: S. 176 o., 186; Tomas Bercic: S. 57; Norbert Bieberstein: S. 89; Nigel Carse: S. 224 o.; John Cave: S. 48 o.; Ariel Cione: S. 182/183; Clu: S. 34 u.; Luca Fabbian: S. 165 o.; Paul Flynn: S. 14 u., 77; Dirk Freder: S. 40; Agnieszka Gaul: S. 178; Pawel Gaul: S. 44 u.; John Gollop: S. 112; David Greitzer: S. 82 o.; Agnieszka Guzowska: S. 166; Tim Inman: S. 194; Gabriela Insuratelu: S. 93 u., 150/151; Johngalla: S. 184; Brian Kelly: S. 82 u., 93 o., 95, 128 u., 147 u.; John Kirk: S. 216 o.; Hon Lau: S. 42, 50; Liz Leyden: S. 25; Alexandru Magurean: S. 45; Robert Mayne: S. 219 u., 228; Brian McMahon: S. 81; Missing35mm: S. 116; MOF: S. 108 o., 108 u.; Ross Niblock: S. 233; Lara OConnell: S. 80 u.; P-pix: S. 181 o., 196; Ramon Rodriguez: S. 173, 176 u.; Aleksandre Rumjancevs: S. 41 o.; Richard Semik: S. 114 o.; Tito Slack: S. 126; Rafal Stachura: S. 79; David Stava: S. 138 o.; Studioworxx: S. 120/121; Jon Tarrant: S. 227 o.; Alasdair Thomson: S. 185; Josemaria Toscano: S. 234 u.; Lisa Valder: S. 131 u.; Beverley Vycital: S. 84; Sjoerd van der Wal: S. 9 o.; Ingmar Wesemann: S. 4; Westbury: S. 30 r.; Alexey Zarodov: S. 163 o.; Peter Zelei: S. 10/11, 72 u., 117 u., 204
Volkmar E. Janicke, München: S. 22/23, 174
Gerold Jung, Ottobrunn: S. 31 u., 38, 46 o. r., 69
Roland E. Jung, Möhnesee: S. 170 u., 206
Markus Kirchgeßner, Frankfurt/M.: S. 59, 61, 62, 66 u.
Siegfried Kuttig, Lüneburg: S. 4/5, 7 o., 12/13, 35 o., 55, 63, 64, 86 o., 188/189, 189 o., 271
mauritius images: S. 75 u., 132, 147 o., 148; Photononstop: S. 153 o.; Martin Siepmann: S. 216 u.
National Portrait Gallery, London: S. 16 u.
Christian Nowak, Berlin: S. 177, 222 u., 227 u.
Pixelio: S. 107, 119, 189 u.; Annamartha: S. 117 o., 130 o.; Campomaio: S. 115, 167; Carlosh: S. 180; Jasper J. Carton: S. 85 u.; Reinhard Gerlach: S. 214 o.; Th. Glaser: S. 168; Peter Habereder: S. 181 u.; Hermann: S. 157 u.; Tim K.: S. 208/209; Ronald Kayser: S. 118/119; Mathias Klingner: S. 123 o.; Jens Kühnemund: S. 101 o.; Ulrike Lacour: S. 5; Christina Maderthoner: S. 110 o.; Dieter Möckli: S. 166/167; Detlef Müller: S. 87 o.; Rebel: S. 9 u., 72 o., 128 o.; Dieter Schütz: S. 90 u., 91, 122 u., 154, 160, 162 u., 164 u., 175, 200; Andreas Senftleben: S. 90 o.; Marge Simpson: S. 149 u., 169; Marcus Stark: S. 238; Folker Timmermann: S. 123 u., 164 o.; Claudia Zantopp: S. 136
Karsten-Thilo Raab, Essen: S. 28, 29 o., 48 u., 66 o.
The Clarence, Dublin: S. 240
Visit Britain: S. 201 o., 201 u., 210 u., 212/213, 217, 225, 234 o.
Vista Point Verlag (Archiv), Potsdam: S. 16 o., 17 u., 18 u., 19 o., 34 o., 35 u., 36 o., 36 u., 46 o. l., 46 u., 47 o., 47 Mitte, 47 u., 49, 51, 56 u., 58 o., 60, 65, 75 o., 78 o., 86 u., 102, 105 u., 109, 151, 222 o., 250, 257, 258
Wikipedia: S. 224 u.; Beam Global Deutschland: S. 149 o.; Peter Clarke: S. 88 u.; Library

Bildnachweis/Impressum

of Congress: S. 19 u., 21 o.; Thorsten Pohl: S. 144; Sarah777: S. 159; Tommyb67: S. 146; Wikipedia (CC BY-SA 2.0)/Stuart Gaie: S. 17 o.; Michal Osmenda: S. 247; Psyberartist: S. 32; Flickr/WordRidden: S. 104 u.; Wikipedia (CC BY-SA 2.5)/Mike Peel: S. 67; Wikipedia (CC BY-SA 3.0)/Ardfern: S. 203, 231; Andreas F. Borchert: S. 153 u., 163 u.; John Fahy: S. 83; Jamt9000: S. 31 o.; H.-J. Jansen: S. 30 l.; Kainjock: S. 111 o.; Lemidi: S. 103 u.; Prioryman: S. 21 u.; Schorle: S. 111 u.; Jerzy Strzelecki: S. 122 o.; Suckindiesel: S. 92; Thpohl: S. 186/187
Ernst Wrba, Wiesbaden: S. 139, 259
www.britainonview.com: S. 198, 205, 211, 214 u., 218; Martin Brent: S. 210 o., 219 o.
Fulvio Zanetti/laif, Köln: S. 76

Titelbild: Poulnabrone Dolmen, Foto: Fotolia/Patryk Kosmider
Vordere Umschlagklappe (innen): Übersichtskarte des Reisegebietes mit den eingezeichneten Reiseregionen
Schmutztitel (S. 1): Ganz Irland feiert am 17. März den St. Patrick's Day, Foto: iStockphoto/Terry J Alcorn
Haupttitel (S. 2/3): Dunluce Castle – die »starke Festung« an der Antrim Coast im Norden Irlands, Foto: Fotolia/Ydefar
Hintere Umschlagklappe (außen): Howth, ein beliebtes Ausflugsziel der Dubliner, Foto: iStockphoto/Infrontphoto
Umschlagrückseite: Papageitaucher auf Skellig Island im County Kerry, Foto: iStockphoto/Noel Moore (oben); Dublins Szeneviertel Temple Bar, Foto: Karsten-Thilo Raab, Essen (unten)

Konzeption, Layout und Gestaltung dieser Publikation bilden eine Einheit, die eigens für die Buchreihe der **Vista Point Reiseführer** entwickelt wurde. Sie unterliegt dem Schutz geistigen Eigentums und darf weder kopiert noch nachgeahmt werden.

© 2014 Vista Point Verlag GmbH, Birkenstr. 10, D-14469 Potsdam
Alle Rechte vorbehalten
Verlegerische Leitung: Andreas Schulz
Reihenkonzeption: Horst Schmidt-Brümmer, Andreas Schulz
Bildredaktion: Andrea Herfurth-Schindler
Lektorat: JB Bild|Text|Satz
Layout und Herstellung: Sandra Penno-Vesper
Coverentwurf: Martin Wellner, Fremdkörper® Designstudio, Potsdam
Reproduktionen: Henning Rohm, Köln
Kartographie: Kartographie Huber, München
Druckerei: Colorprint Offset, Unit 1808, 18/F., 8 Commercial Tower, 8 Sun Yip Street, Chai Wan, Hong Kong

ISBN 978-3-86871-141-7   www.facebook.de/vistapoint